Johann Konrad Hegner

Fortsetzung von David Cranzens Brüder

Johann Konrad Hegner

Fortsetzung von David Cranzens Brüder

ISBN/EAN: 9783744610827

Hergestellt in Europa, USA, Kanada, Australien, Japan

Cover: Foto ©ninafisch / pixelio.de

Weitere Bücher finden Sie auf **www.hansebooks.com**

Fortsetzung

von

David Cranzens

Brüder = Historie.

Barby 1791.

Zu finden in den Brüdergemeinen.

Vorbericht.

Hier erhält das Publikum die Fortsetzung von David Cranzens Geschichte der Evangelischen Brüder-Unität. Wer die Arbeit des seligen Cranz kennt, dem habe ich von dieser Fortsetzung derselben nicht viel zu sagen nöthig, da letztere sich an erstere so genau als möglich anschließt, und nicht nur der Hauptzweck unverändert, sondern auch die Art der Ausführung ziemlich dieselbe geblieben

ist.

ift. Vornemlich habe ich mir in der
aufrichtigen und der Wahrheit getreu-
en Darstellung der Begebenheiten meinen Vorgänger zum Muster genommen, und ihn auch in der Einfalt
und Deutlichkeit des Ausdrucks zu erreichen gesucht. Den größten Unter-
schied wird man darin finden, daß
meine Erzehlung etwas umständlicher
ift, als die seinige, zumal in den letzten Abschnitten seines Werkes. Der
kurze Zeitraum, den ich beschreibe,
hat mir eine mehrere Ausführlichkeit
nicht nur erlaubt, sondern auch, wie
es mir vorkam, zur Pflicht gemacht.
Cranz hatte hauptsächlich den Ursprung der erneuerten Brüder-Unität
und die Anfänge aller zu derselben gehörigen Gemeinen, Missionen und an-

derer

derer Anstalten darzulegen, und mußte sich in Ansehung des Fortganges
derselben, wenn seine Schrift nicht zu
weitläufig werden sollte, ganz kurz
fassen. Der Leser, der nun von jenen Anfängen unterrichtet ist, wird,
wie ich glaube, gern eine vollständige-
re Nachricht von dem Fortgange des
Werkes in neueren Zeiten sehen, und
eine Schrift, welche die Geschichte von
nicht viel mehr als einem Jahrzehend
in sich begreift, muß, wie mich deucht,
um nicht trocken zu werden, nach einem ausführlicheren Plane gearbeitet
seyn, als eine andere, die (ohne der
alten Brüder-Historie zu gedenken)
nahe an funfzig Jahren in sich faßt.
Das Interesse des Lesers wird hof-
fentlich dabey gewonnen haben. Ueber-

haupt

haupt ist wol zu vermuthen, daß denjenigen, die seit einiger Zeit die Evangelische Brüder-Unität als eine Anstalt zur Ausbreitung der Erkenntniß
JEsu und zur Beförderung christlicher
Gesinnungen und Handlungen mehrerer Aufmerksamkeit würdig geachtet,
und die über ihre Lehre und Verfassung, ihre Arbeit unter den Heiden,
und einige ihrer Missionen von derselben herausgegebene Schriften so wohl
aufgenommen haben, auch diese Darlegung ihrer neueren Geschichte nicht
unangenehm seyn werde. Man wird
finden, daß in diesem Zeitraume, ohngeachtet einige Missions-Anstalten keinen Fortgang hatten, der Wirkungs-
kreis der Brüder nicht unbeträchtlich
erweitert worden ist. Je weniger sie,

bey

bey allem Eifer, das ihnen anbefohl-
ne Werk des HErrn nicht läßig zu
treiben, diese Erweiterung selbst gesucht
haben, wie ich nach der genauesten
Kenntniß der Umstände zuverläßig versichern kann: desto mehr ist auch hier-
in die Hand GOttes zu erkennen, der
sich ihres Dienstes zur Ausbreitung
seines Reichs auf dem Erdboden in
Gnaden bedienen wollte. Meinen Brüdern wird diese Geschichterzehlung eine angenehme Erinnerung an die vorigen Zeiten geben, und sie werden darin vieles zur Lehre, zur Warnung,
zur Nachahmung, zur Aufmunterung,
und zur Stärkung ihres Glaubens
finden.

Was die Quellen betrifft, deren
ich mich bey meiner Arbeit bedient
habe,

habe, so sind solche keine andere, als authentische Nachrichten. Auch ist mir der größte Theil der hier beschriebenen Vorgänge gleich zu der Zeit, da sie sich ereigneten, genau bekannt worden. Mehrere meiner lieben Brüder haben sich die Mühe gegeben, diese Schrift vor dem Druck durchzulesen, und nach der ihnen beywohnenden Kenntniß zu berichtigen.

Der HErr wolle dann auch diese geringe Arbeit mit seinem Segen begleiten.

Herrnhut,
den 21sten November 1790.

J. K. Hegner.

Erster

Erster Abschnitt.

Vom Synodo 1769 bis zum Synodo 1775;

Inhalt.

A

§. 13.

2

§. 1.

Bald nach Beendigung des im Jahre 1769 gehaltenen Synodi wurde der Verlaß desselben, auf eben die Weise, wie es nach dem Synodo 1764 geschehen war, (s. D. Cranz. N. B. H.
§. 272.) in allen Gemeinen bekannt gemacht, und
sodann die zur Beförderung des innern und äußern
Wohlstandes der Brüder-Unität vom Synodo
dienlich erachteten Einrichtungen nach und nach
veranstaltet. Es gingen solche vornemlich mit
darauf, die hie und da bemerkten Abweichungen
von der einfältigen Nachfolge JEsu und von der
geringen und armen Gestalt, die ein wesentlicher
Charakter einer Gemeine JEsu ist, (s. D. Cranz
N. B. H. §. 304.) abzustellen, und solchen für
die Zukunft von vorne herein vorzubeugen. Treu-
gesinnte Mitglieder, welche manche wahrgenom-
mene Gebrechen bisher nur in der Stille beweint
hatten, freuten sich über dasjenige, was nun zur
Besserung geschahe, und unterstützten die Bemühungen der Diener der Unität in dieser Absicht,
theils mit ihrem Gebete, theils mit werkthätiger
Beförderung derselben aufs treulichste.

Zu beklagen war es, daß sich in einigen Gemeinen verschiedene Personen befanden, denen
theils das an dem Wohl und Wehe des Ganzen
aufrichtig theilnehmende Herz, theils nur die gehörige Einsicht, theils aber auch beydes fehlte, durch
deren

deren unreife Urtheile über manche dem Synodo
beſchloſſene Verfügungen hie und da Lieblosigkeit
erregt, das Vertrauen geſtört, und der Fortgang
mancher heilſamen Einrichtungen aufgehalten wurde, ſo daß die guten Folgen des Synodi erſt ein
paar Jahre ſpäter recht merklich werden konnten.
Der Heiland gab endlich Gnade, daß der Geiſt
der Liebe und der Eintracht ſich über alle Gemeinen
aufs neue ergoß, und jede derſelben für ſich, ſo wie
alle zuſammen, ihren Bund aufs kräftigſte erneuerten, nichts zu wollen noch zu ſuchen in dieſer
Welt, als was dem HErrn wohlgefällig und zur
Ausbreitung ſeines Reiches dienlich iſt; hiezu aber
auch als Theile eines Ganzen einander treulich die
Hand zu bieten.

Von beſonders guter Wirkung auf den innern
Gang der Gemeinen überhaupt, und ihrer Glieder
inſonderheit, waren die erneuerten Bibel-Lectionen,
der einfältigere und ſchriftmäßigere Vortrag der
Evangeliſchen Wahrheiten in den öffentlichen Ver-
ſammlungen, und der nach Anordnung des Synodi nun überall eingeführte zuſammenhängende Unterricht der Jugend in den Grundwahrheiten des
Chriſtenthums.

§. 2.

Die Aelteſten-Conferenz der Unität, welcher vom Synodo 1769 die Berathung
ſämtlicher Brüdergemeinen und der Angelegenheiten der Brüder-Unität ins Ganze aufgetragen
wurde, hatte anfangs in dem Schloſſe zu Groß-
hennersdorf, ohnweit Herrnhut, ihren Sitz; welchen

chen sie im August 1771 nach Barby in das dem Herrn Grafen Heinrich dem 2ten Reuß in Erbpacht überlassene Schloß (s. D. Cranz N.B. H. §. 277.) verlegte. Hier blieb sie bis zu dem nächstfolgenden Synodo.

Von einzelnen Mitgliedern derselben geschahen diesen ganzen Zeitraum hindurch verschiedene Reisen zur Visitation der Gemeinen und Missions-Anstalten, und in andern Angelegenheiten. Diese Reisen, davon in der Folge mehreres wird erwähnt werden, gingen zum Theil in sehr entfernte Gegenden, in die Englischen Kolonien in Nordamerika, nach Labrador, nach Sarepta im Königreiche Astrakan. Petrus Böhler, ein Mitglied der Aeltesten-Conferenz der Unität, endigte seinen Lauf in London, den 27ten April 1775, da er sich seit einiger Zeit in England, zur Visitation der dasigen Brüdergemeinen, aufgehalten hatte.

Anmerklich ist es, daß er den Gemeinen dieses Landes, zu deren Sammlung er als eines der ersten Werkzeuge gebraucht worden ist, auch noch seine letzten Dienste widmete, und darüber sein Leben beschloß. Seine erste Bekanntschaft mit den Brüdern war zu Jena entstanden, wo er eben zu der Zeit studirte, da sich der Graf Christian Renatus von Zinzendorf daselbst aufhielt. (s. D. Cranz N. B. H. §. 86.) Von da ward er zum Prediger der Brüder-Kolonie in Georgien berufen. Auf der Reise dahin, im Jahre 1738, machte er eine gesegnete Bekanntschaft mit verschiedenen Erweckten in England, sonderlich in London, unter welchen letztern er, auf ihr Verlangen, eine Socie-

A 4 tät

tät oder Verbindung errichtete, welche der erste Anfang der Brüdergemeinen in England war. (D. Cranz N. B. H. §. 81.)

Die folgenden Jahre verbrachte er größtentheils in Nordamerika und England, zum Dienste des den Brüdern anvertrauten Werkes GOttes in diesen Landen, bis er auf dem Synodo 1764 zu einem Mitgliede der Direction der Unität ernennet wurde, in welchem Auftrage ihn der Synodus 1769 bestätigte. Schon seit mehrern Jahren war er ein Coëpiscopus der Brüderkirche. Sein lebhafter und freymüthiger Vortrag des Evangelii zeichnete ihn besonders aus.

§. 3.

Mit der Correspondenz und der Mittheilung erbaulicher Reden und der Nachrichten aus allen Gemeinen und Missionen, wurde wie bisher fortgefahren, da man diese Mittel zur Unterhaltung der Geistesgemeinschaft, zur Erweckung des brüderlichen Theilnehmens, und zur Beförderung gleichmäßigen Wachsthums in der Gnade und Erkenntniß der heilsamen Wahrheit, durch vieljährige Erfahrung bewährt gefunden hatte.

Verschiedene gedruckte Schriften, welche auf Veranstaltung der Aeltesten-Conferenz der Unität herausgegeben wurden, dienten theils mit zu erwehnter Absicht, theils aber auch, dem Publico richtigere Begriffe von dem Zustande und der Verfassung der Brüdergemeinen mitzutheilen; und man muß sagen, daß dieser letzte Zweck in so weit erreicht wurde, daß manche angesehene Theologen anfin-

anfingen, die Sache der Brüder nicht nur einer
nähern Betrachtung zu würdigen, sondern auch
billiger zu beurtheilen, als seit mehrern Jahren gewöhnlich geschehen war.

David Cranz, dessen im Jahre 1765 zuerst
herausgekommene Geschichte der Mission in Grönland vom Publico so wohl aufgenommen worden
war, gab im Jahre 1771 die alte und neue
Brüder-Historie, oder kurzgefaßte Geschichte der Evangelischen Brüder-Unität heraus,
von welcher bereits im nächstfolgenden Jahre eine
neue Auflage veranstaltet werden mußte, und nachmals auch Dänische, Schwedische und Englische
Uebersetzungen gedruckt worden sind. Die unver-
kennbare Aufrichtigkeit, mit welcher dieses Werk
geschrieben ist, überzeugte viele Leser von dem Ungrunde der nachtheiligen Vorstellungen, die sie sich
bisher von den Brüdern, nach den Schriften ihrer
Gegner, gemacht hatten, und sie erblickten nun
diese Gemeine in einem ganz andern Lichte.

Das Leben des seligen Grafen und Herrn,
Nikolaus Ludwig von Zinzendorf und Pot-
tendorf, von August Gottlieb Spangenberg
beschrieben, welches von 1772 bis 1775 in acht
Theilen herauskam, und den Character, nebst den
Handlungen dieses Werkzeuges in GOttes Hand
zu Erneuerung der Evangelischen Brüder-Unität,
der Wahrheit gemäß darstellte, benahm vielen die
widrigen Eindrücke gegen diesen Knecht des HErrn,
welche sie aus den Aeußerungen seiner Widersacher
bekommen hatten. Einige fanden sich zu genauern
Erkundigungen nach der Verfassung der Brüder-

A 5

Uni-

Unität, und nach dem Zustande ihrer Etablissemens und Missions-Anstalten, bewogen. Eine Anfrage dieser Art, welche von dem Herrn Doctor Walch in Göttingen an die Aeltesten-Conferenz der Unität gelangte, veranlaßte die Verfertigung der kurzgefaßten Nachricht von dem gegenwärtigen Zustande und Verfassung der Evangelischen Brüder-Unität Augsburgischer Confession, die demselben zugeschickt, und von ihm in den III. Theil seiner Neuesten Religions-Geschichte eingerückt wurde. Diese kurzgefaßte Nachricht ist nachmals auch in Barby im Jahre 1774 besonders abgedruckt worden. Auch sind Englische, Französische, Dänische und Holländische Uebersetzungen davon herausgekommen.

Noch sind, außer den jährlichen Loosungs- und Text-Büchlein, folgende von den Brüdern in diesem Zeitraume herausgegebene Schriften zu bemerken:

Die Lehre JEsu Christi und seiner Apostel, zum Unterricht der Jugend in den Evangelischen Brüdergemeinen, Barby 1774. Es ist dieses das Spruchbüchlein, dessen Verfertigung der Synodus 1769 dem Bruder Samuel Lieberkühn aufgetragen hatte. (D. Cranz N. B. H. §. 304.)

Gottfried Clemens Auszüge aus den Reden des seligen Ordinarii fratrum über die vier Evangelisten wurden fortgesetzt.

Die Betrachtungen über eine verständige und christliche Erziehung der Kinder, Barby 1775, von dem Bruder Paul Eugenius Layriz, wel-

welchem dabey eine, mehr als vierzigjährige Erfahrung zu statten kam; sind seitdem in den Brüdergemeinen mit Nutzen gebraucht worden.

A succinct View of the MISSIONS established among the Heathen by the Church of the BRETHREN, or UNITAS FRATRUM, eine kurze Nachricht von den Missionen der Brüder in den unter Großbritannischer Hoheit stehenden Landen, in Englischer Sprache, wurde im Jahre 1771 gedruckt; und im Jahre 1773, als eine Fortsetzung davon, ein ganz kurzer Bericht von der neuen Mission in Labrador. Im Jahre 1774 ward ein Holländisches Gesangbuch, desgleichen ein neues Kriolisches Gesangbuch zum Gebrauch der Negergemeinen in St. Thomas, St. Croix und St. Jan; so wie bereits ein paar Jahre vorher ein Grönländisches Gesangbüchlein gedruckt.

Auch beschäftigte man sich mit Sammlung und Revision aller dermalen unter den Brüdern gebräuchlichen Lieder und Verse in Deutscher Sprache, zu Verfertigung eines vollständigen Brüder-Gesangbuchs, welches jedoch in diesem Zeitraume noch nicht zu Stande kam.

§. 4.

Die den Brüdergemeinen eigene Einrichtung, daß die besondere Seelenpflege in jeder der verschiedenen Chorabtheilungen durch Arbeiter aus demselben Chore, d. i. bey den verheiratheten Brüdern und Schwestern durch verheirathete Brüder und Schwestern, bey unverheiratheten Brüdern

durch

durch unverheirathete Brüder, bey unverheiratheten Schwestern durch unverheirathete Schwestern ꝛc. besorgt wird, ist bey vieljähriger Erfahrung sehr nützlich und zweckmäßig befunden worden. Diejenigen Brüder und Schwestern, welche als Arbeiter in ihren Chören angestellt werden,
erhielten dazu von erfahrnen Dienern den nöthigen
Unterricht und Anleitung, und es war immer eine
besondre Obliegenheit der Direction der Unität,
über die Seelenpflege in den Chören zu wachen.
Von der Angelegenheit, womit der selige Graf
von Zinzendorf sich dieser Sache annahm, ist in
D. Cranz N. B. H. S. 205. etwas angeführt.
Auf den beyden letztern Synodis ward auch dieser
wichtige Gegenstand gründlich erwogen und abge-
handelt. In jeder Gemeine erhielt die Aeltesten-
Conferenz derselben den Auftrag, so wie über alle
innere und äußere Angelegenheiten, auch insonderheit über die Bedienung der Seelenpflege in den
Chören, die Aufsicht zu führen. Die Aeltesten-
Conferenz der Unität aber machte sich bey der ihr
anvertrauten Wache über alle Gemeinen auch die
Arbeit in den Chören zum besondern Augenmerk;
daher auch diejenigen Mitglieder besagter Aeltesten-
Conferenz der Unität, die von derselben zur Visi-
tation einer Gemeine Auftrag erhielten, jederzeit
sorgfältig untersuchten, ob die Seelenpflege in den
Chören gehörig besorgt werde, und überdieß ge-
meiniglich mit allen Gemeingliedern, nach ihren
Chorabtheilungen, einzeln sprachen, welches bey
Schwestern insgemein in Gegenwart der Frau des
Visitatoris geschahe.

Da

Da gemeiniglich die unverheiratheten Brüder, desgleichen die unverheiratheten Schwestern, die Witwer, die Witwen, jede Abtheilung für sich, in einem Chorhause größtentheils beysammen wohnen; so erfodert solches auch verschiedene Einrichtungen zu ihrer äußern Besorgung, wobey ebenfalls in einer jeden Gemeine die Aeltesten-Conferenz derselben, und die Aeltesten-Conferenz der Unität ins Ganze darauf zu sehen hat, daß alles in gehöriger Ordnung gehe. Die gute Verpflegung der Witwen ließ man sich insonderheit angelegen seyn.

§. 5.

Schon seit mehrern Jahren hatte man den zu starken Anwachs der Erziehungsanstalten der Unität, wodurch derselben viele Unkosten verursacht wurden, bemerkt, und demselben abzuhelfen gesucht. (D. Cranz N. B. H. S. 241.) Der Synodus 1769 fand sich bewogen, auf die Einschränkung dieser Erziehungsanstalten, die lediglich für Kinder der Pilger und solcher Diener der Unität bestimmt waren, deren Beruf und damit verbundene oftmalige Veränderung ihres Aufenthalts ihnen nicht verstattete, sich der Erziehung ihrer Kinder selbst anzunehmen, noch ernstlicher als bisher anzutragen, und dagegen den Einwohnern der Gemeinorte die eigne Erziehung ihrer Kinder nachdrücklich zu empfehlen. Zu Beförderung dieses Zweckes suchte man aller Orten die Schulen in bessern Stand zu setzen. Die in Herrnhut befindliche Erziehungsanstalt für Mädchen, worin bisher

eine

eine große Anzahl Personen mit vielem Aufwande
verpfleat worden, bekam eine ganz neue zweckmäßigere Einrichtung; und im December 1769 würden über sechzig Personen aus derselben entlassen,
für welche man auf andre Weise sorgte.

Die Erziehungsanstalten für kleinere Knaben in Herrnhut, Niesky und Gnadenberg
(D. Cranz N. B. H. §. 275.) nahmen auch in
Gefolge dieser neuen Einrichtungen an der Zahl der
Zöglinge dergestalt ab, daß man am rathsamsten
fand, von den beyden letztgenannten Orten die wenigen noch übrigen Kinder in die Anstalt zu Herrnhut zu versetzen. Da aber die Anzahl der größern
Knaben, welche im Pädagogio zu Niesky erzogen
wurden, ebenfalls beträchtlich geringer wurde, so
verlegte man bald darauf die Erziehungsanstalt für
kleinere Knaben von Herrnhut, wo solche bisher
gewesen, nach Niesky, wo sie mit dem Pädagogio
für größere Knaben in einem und demselben Hause
Platz fand, bis in der folgenden Zeit der abermalige mehrere Anwachs dieser Erziehungsanstalten
einen neuen Anbau nothwendig machte.

§. 6.

In dem zeitherigen Collegio academico zu
Barby verringerte sich nicht nur die Anzahl
der Studirenden, sondern es ward dabey zugleich
der Plan dieses Instituts verändert. Die Erfahrung lehrte, daß, wer im juristischen und medicinischen Fache recht brauchbar werden wollte, theils
um die nöthigen Kenntnisse zu erlangen, theils um
sich die gehörige Reklamation zu verschaffen, doch
eine

eine oder die andere Universität beziehen müßte.
Dieses geschahe nun häufiger als ehedem. Es blieben daher in der Folge die Stellen der Lehrer der
Rechtsgelehrsamkeit und Arzneywissenschaft unbe-
setzt, und das Institut zu Barby bekam ganz eigentlich die Gestalt eines Seminarii theologici,
worin außer den allgemeinen Vorkenntnissen,
hauptsächlich die theologischen und damit zunächst
verwandten Wissenschaften gelehrt wurden.

Diese Anstalt, worin Lehrer der Brüdergemeinen, Erzieher der Jugend, Missionarien, und
andre Mitarbeiter am Werke des HErrn gebildet
werden sollten, war indeß ein vorzüglicher Gegenstand der Aufmerksamkeit für die Aeltesten-Conferenz der Unität. Ein Mitglied derselben, der Prediger Johann Friedrich Reichel, ward im Frühjahre 1771 nach Barby abgeordnet, mit dem Auftrage, dieses Institut in Absicht auf seine ganze
damalige Lage und Einrichtung zu prüfen, und die
nöthigen Verbesserungen zu veranstalten, insonderheit aber auch nachzusehen, was für Hoffnung
man sich in Absicht auf das Gedeihen und die künftige Brauchbarkeit der allda studirenden Jugend
machen könnte. Sein Besuch war von sehr gesegnetem Erfolge, und er kehrte zurück mit dem Eindrucke, daß das Seminarium eine Schule des heiligen Geistes sey, worin Zeugen des Todes JEsu zubereitet würden. Nicht lange darauf nahm die gesamte Aeltesten-Conferenz der Unität ihren Aufenthalt in Barby; von da an hatte sie besagtes Institut beständig unter ihren Augen. Um so eifriger
war sie bemüht, alles, was den Zweck desselben

beför-

befördern konnte, zu veranstalten, und alle Hindernisse aus dem Wege zu räumen.

Vornemlich suchte man die studirende Jugend
öfters auf die Absicht ihres dasigen Aufenthalts
recht aufmerksam zu machen, und zu ermuntern,
daß sie, um solche gehörig zu erreichen, allen Fleiß
und Treue anwenden möchten. Geraume Zeit
hindurch widmete die Aeltesten-Conferenz der Unität alle vierzehn Tage ein paar Stunden zu einer
Unterredung mit sämtlichen studirenden Brüdern,
darin sie über verschiedene wichtige Gegenstände,
das Werk GOttes auf Erden, und ihren künftigen Beruf zum Dienste bey demselben betreffend,
ihre Gesinnung, Gedanken und etwanige Zweifel
frey zu eröffnen, und gründliche Belehrung und
Unterricht zu bekommen, Gelegenheit hatten.

§. 7.

Es war ein beständiges Anliegen der Evangelischen Brüder-Unität, mit den protestantischen
Kirchen, mit welchen sie auf einem Grunde der
Lehre stehet, in der genauesten freundschaftlichen
Verbindung zu bleiben. Ihre Absicht dabey ging
auf die Beförderung der Einigkeit des Geistes, in
welcher nach dem ausdrücklich erklärten Willen des
Heilandes (Joh. 17.) alle Kinder GOttes stehen
sollen. Darum war den Brüdern das Tübingi-
sche Bedenken, wodurch die Gültigkeit der von ihren behaupteten Verbindung mit der Evangelischen
Kirche anerkannt wurde, (s. D. Cranz N. B.
H. §. 47.) so schätzbar. Darum bemüheten sie
sich, diese von den Würtembergischen Theologen
erklärte

erklärte vortheilhafte Gesinnung aufrecht zu erhalten. (D. Cranz N. B. H. §. 123. 141.) Darum hatten sie das unglücklicher Weise unterbrochene gute Vernehmen mit der sogenannten Hallischen Oekonomie wieder herzustellen gesucht. (D. Cranz N. B. H. §. 91.)

Ihre Denkungsart blieb sich in dem Theile immer gleich, und sie ließen keine Gelegenheit vorbey, die sich ihnen darbot, solches an den Tag zu legen. Hieher gehört ein Schreiben, welches von der Direction der Brüder-Unität bereits im Jahre 1763 an die theologische Facultät in Tübingen abgelassen, und von letzterer liebreich beantwortet wurde; ingleichen die Correspondenz, welche der Bischof Spangenberg mit einem vornehmen Würtembergischen Theologen unterhielt, dem er zugleich die neuerlich von den Brüdern in Druck gegebene Schriften zuschickte.

Ueberhaupt ward eine günstigere Beurtheilung der Sache der Brüder unter den angesehensten Theologen der protestantischen Kirchen um diese Zeit allgemeiner. Die Nachrichten von ihren Missionen, welche vom seligen D. Cranz, theils in der Brüder-Historie, theils in der Geschichte der Grönländischen Mission, dem Publico mitgetheilt worden, ließen bey den meisten Lesern einen guten Eindruck zurück. Aus den Schriften der Brüder, so wie aus allen ihren Lehrvorträgen, war unleugbar zu ersehen, daß sie über den Evangelischen Grundwahrheiten, die das Wesentliche von den Glaubensbekenntnissen der protestantischen Kirchen ausmachen, unverbrüchlich hielten. Dieses machte

B   sie

sie denjenigen schätzbar, welche die immer mehr
überhand nehmenden Abweichungen von der heilsamen Lehre mit Betrübniß wahrnahmen. Man
könnte sehr anmerkliche Aeußerungen anführen,
welche in dieser Absicht von den würdigsten Männern gelegentlich geschehen sind.

§. 8.

Die Verbindung, in welcher verschiedene Societäten und einzelne Freunde in den protestantischen Kirchen mit der Brüdergemeine standen,
wurde auf die vom seligen D. Cranz (N. B. H.
§. 204.) beschriebene Weise immerfort im Segen
unterhalten, und die mit den Brüdern verbundene
Erweckte, deren Anzahl an vielen Orten sich vermehrte, wurden auch fast durchgängig als die
treuesten Unterthanen und zuverläßigsten Kirchkinder bey ihren Obrigkeiten und Predigern immer
mehr erkannt. Von Leztern waren nicht wenige,
die es als eine besondere Wohlthat ansahen, und
selbst darum baten, daß sich die Brüder der durch
ihr Evangelisches Zeugniß erweckten Seelen näher
annehmen möchten. Auch traten einige dieser
Prediger in Correspondenz mit derjenigen Conferenz, zu welcher sich verschiedene Ober-Lausizische
Prediger alljährlich in Herrnhut versammleten.

Von dem Anfange dieser Conferenz ist an an-
geführtem Orte Nachricht gegeben; sie hatte seitdem einen gesegneten Fortgang, und es fanden sich
immer mehrere Prediger zu derselben ein.

Ueberhaupt muß man zum Preise GOttes bekennen, daß von der heftigen Widrigkeit, womit

in

in vorigen Zeiten sehr häufig denjenigen begegnet
wurde, die mit den Brüdern in Herzensverbindung standen, jetzt wenig mehr zu spüren war.
Nur ein Vorgang dieser Art, der sich in Grau-
bündten ereignete, verdient einiger Erwehnung.
Hier erhob sich im Jahre 1774 gegen diejenigen
Prediger, welche der Brüdergemeine geneigt
waren, ein heftiges Ungewitter. Eine Anzahl
ihrer Amtsbrüder, vielleicht von politischem Par-
theygeiste eben so sehr, als von Vorurtheilen gegen die Brüder eingenommen, verlangte auf
ihrer Synode, welche im Juny besagten Jahres
gehalten wurde, daß dem gewöhnlichen Reli-
gionseide, welchen die Candidaten zu Kirchen-
ämtern zu leisten haben, ein Verdammungsur-
theil wider die Herrnhutische Lehre und Schriften, und eine Aufsagung alles Umgangs mit den
etwa im Lande besuchenden Mitgliedern der Brüdergemeine beygefügt werden möchte. Natürlich
widersetzten sich einem so unbilligen Begehren alle
diejenigen, welche theils in der Lehre der Brüder
nichts fanden, das dem Glaubensbekenntnisse
ihrer Kirche entgegen wäre, theils aber mit einigen Gliedern dieser Gemeine zu ihrer Erbauung
und Nutzen Umgang gepflogen hatten; und überhaupt konnten alle unpartheyische Synodalen
nicht genehmigen, daß der christlichen Freyheit
ein neues Joch aufgelegt würde. Inzwischen
betrieben die Anhänger jener Partey ihre Sache
mit solchem Eifer, daß sie sogar von der im
nächstfolgenden Jahre versammleten Synode sich
öffentlich trennten, mit der Erklärung, sich nicht

eher

eher wieder vereinigen zu wollen, bis ihrem Begehren gewillfahrt worden sey. Allein das weise
und standhafte Benehmen der weltlichen Obrigkeit vereitelte das Vorhaben dieser Eiferer, und
stellte unter den Gliedern des Rhätischen Mini-
sterii die Ruhe wieder her.

Man wachte übrigens von Seiten der Brüdergemeinen mit vieler Angelegenheit darüber,
daß bey den mit ihnen in Verbindung stehenden
Societäten niemals ein separatistisches und secti-
risches Wesen entstehen, sondern alle, die dazu
gehörten, sich als die treuesten Kirchkinder beweisen, und durch Wort und Wandel darthun
möchten, daß ihre Privaterbauungen und ihre
Gemeinschaft unter einander keine andre Absicht
hätten, als einander im Glauben zu stärken, und
zu einem thätigen Christenthum zu ermuntern.
Alle Brüder, welche dergleichen Societäten zu
besuchen und zu berathen hatten, wurden dem
gemäß sich zu verhalten angewiesen. Die Aeltesten-Conferenz der Unität, welcher gar sehr daran lag, auch bey diesem Theile des Werkes
GOttes, so viel an ihnen war, hülfliche Hand
zu leisten, ließ zu dem Ende in den Jahren 1774
und 1775 durch zween ihrer Mitglieder bey einem
ansehnlichen Theile dieser Societäten einen Besuch machen. Christian Gregor, welcher zu
einer Visitation der Brüdergemeine zu Sarepta
im Königreiche Astrakan im July 1774 von Barby abreisete, und im Juny des nächstfolgenden
Jahres wiederum an letztgedachtem Orte eintraf,
besuchte auf der Hin- und Herreise die mit den
Brü-

Brüdern verbundenen Societäten in dem nordöstlichen Theile von Deutschland, in Preußen, in Liefland, und in Petersburg. In gleicher Absicht that Paul Eugenius Layritz im Jahre 1774 eine Besuchreise durch die südlichen Gegenden von Deutschland und die Schweitz. Letzterer unterhielt sich auch mit verschiedenen Theologen auf sechs lutherischen und drey reformirten Universitäten, und freute sich, noch manche aufrichtige und warme Bekenner der Evangelischen Lehre zu finden. Beyde Brüder waren sowol den verbundenen Societäten, welche sie besuchten, als auch vielen einzelnen Personen, die sich mit ihnen über ihre Herzensangelegenheiten besprachen, zu großem Segen.

§. 9.

Der Synodus hatte mit besonderer Angelegenheit darauf gedacht, daß die Brüdergemeinen, vornemlich an solchen Orten, wo sie sich einzeln angebauet hatten, von vorne her so viel möglich vor allem demjenigen sicher gestellt werden möchten, was theils von außen, theils selbst aus ihrem Mittel, dereinst eine Abweichung von ihrem ursprünglichen Plane, oder eine Störung in der zu ihrem Wesen und Bestimmung nothwendigen Verfassung veranlassen könnte. Hierauf bezogen sich hauptsächlich einige hier zu erwehnende Einrichtungen, welche um diese Zeit in verschiedenen Gemeinen theils erneuert, theils nun erst gemacht wurden. Dahin gehörten die Recesse oder schriftliche Abkommen zwischen den

Grund-

Grundherrschaften und den Gemeinen, welche sich unter ihnen angebauet hatten, worin sowol die Pflichten der letztern gegen ihre Ortsobrigkeit, als die Befugnisse, welche diese den Gemeinen zugestanden, genau bestimmt wurden. Dahin gehörten ferner und ganz vorzüglich die Gemein-ordnungen, oder das brüderliche Einverständniß einer jeden Gemeine über derselben Ordnungen, und ihrer Mitglieder und Einwohner Verhalten nach Christi Sinn.

Und da die Aufseher-Collegia in den Gemei-nen, von deren Ursprung D. Cranz N. B. H. §. 21. nachzulesen ist, vornemlich dazu bestimmt sind, daß sie zu Aufrechthaltung aller Gemein-ordnung, Sittlichkeit, Rechtschaffenheit und Wohlanständigkeit in dem Verhalten der Ge-meinglieder die nächste Aufsicht führen sollen; so ist offenbar, daß die erneuerte Instruction, wel-che diese Aufseher-Collegia, der Resolution des Synodi zufolge, um diese Zeit erhielten, auch zu dem oben erwehnten Zwecke mitwirken sollte. Die Aeltesten-Conferenz der Unität war den Ge-meinen behülflich, diese Einrichtungen gehörig ins Werk zu setzen, und dieses veranlaßte ver-schiedene Reisen einiger ihrer Mitglieder: als, des Synolci Köber, und des Bruders Johann Christian Quandt nach Neudietendorf im Jah-re 1770; ingleichen des erstern in die Schlesi-schen Gemeinen im Jahre 1771. In den Ober-Lausizischen Gemeinen nahm sich der Bischof Spangenberg, da ihm bey denselben das Hel-feramt ins Ganze aufgetragen worden, auch die-

ser

fer Sache besonders an, ward jedoch auch durch
einige andre Brüder dabey unterstützt.

Nach Nordamerika wurden drey Brüder,
Johannes Lorez, Christian Gregor, und
Hans Christian Alexander von Schweinitz
deputirt, von welchen erstere beyde Mitglieder
der Aeltesten-Conferenz der Unität waren. Sie
hatten den Auftrag, überhaupt von allen innern
und äußern Umständen der Brüdergemeinen in
diesem Lande, wie auch der Missions-Anstalten
unter den Indianern, sich genau zu unterrichten,
und alle diejenigen Einrichtungen zu machen,
welche der Synodus zur Beförderung des Wohlstandes der dortigen Gemeinen dienlich zu seyn
erachtet hatte.

Im Herbste 1770 reiseten sie über England
nach Philadelphia, von wo sie, nach einem kurzen
Aufenthalte, am 16ten November zu Bethlehem
eintrafen.

Nachdem sie hier und in den umliegenden Gemeinen ihre Aufträge erfüllt, auch im May 1771
einen vergnügten Besuch bey der Indianergemeine in Friedenshütten gemacht hatten, so begaben sie sich im August nach der Wachau in Nordkarolina. Sie beendigten ihre Geschäfte in der
dasigen Gemeine im November desselben Jahres,
besuchten auf der Rückreise noch einige Gemeinen
in andern Provinzen, und kamen am 7ten December nach Bethlehem zurück. Der Bruder
von Schweinitz blieb bey dieser Gemeine, um
derselben ferner zu dienen. Die beyden andern
Brüder aber verließen Amerika im Frühjahre

1772,

1772, froh und dankbar, daß der HErr ihnen
ihre Aufträge gelingen laffen, und mit einem lieblichen Eindrucke von dem durch die Brüder bedienten Werke GOttes in diesem Welttheile,
sonderlich auch von der Missions-Anstalt unter
den Indianern. Am 11ten July trafen sie bey
der Direction der Unität in Barby ein.

§. 10.

Diese Deputirten brachten auch die erfreuliche
Nachricht mit, daß die Brüdergemeinen
in Nordamerika den Entschluß gefaßt hätten, zur
Erleichterung der damals sehr bedrängten ökonomischen Umstände der Brüder-Unität durch außerordentliche Subscriptionen das Ihrige beyzutragen.

Aus D. Cranz N. B. H. S. 177-188. ist zu
ersehen, daß bey der erneuerten Brüder-Unität,
durch Errichtung so vieler Gemeinen, Missionen
und anderer Anstalten, die damit verknüpften
Reisen und sonstigen Aufwand, ein beträchtliches
Creditwesen entstanden ist; daß solches sonderlich
um das Jahr 1753 in eine sehr mißliche Lage gerathen war, und auf was für Weise man demselben aufzuhelfen suchte. Man siehet eben daselbst, daß der Graf Zinzendorf, als das vornehmste Werkzeug in der Hand GOttes bey allen vorerwehnten Unternehmungen, nicht nur
sein eigenes Vermögen willig daran verwendete,
sondern auch größtentheils dieses ganze Creditwesen in eigner Person vertrat. Nachdem er
aber seinen Lauf vollendet hatte, so erachtete sich

die

die gesamte Brüder-Unität verbunden, diese Last, welcher er sich lediglich aus Liebe für dieselbe und zu ihrem Besten unterzogen hatte, zu eigener Vertretung zu übernehmen, wozu die Deputirten sämtlicher Brüdergemeinen auf dem Synodo 1764 sich so willig als schuldig erklärten.

Bis dahin war durch mancherley neue und zum Theil sehr kostbare Unternehmungen, durch erlittene Unglücksfälle und durch andre Umstände der Aufwand noch vermehrt worden, und die Schuld beträchtlich angewachsen. Indeß war zu hoffen, daß durch gute Ordnung in Behandlung dieser Angelegenheiten, durch Anwendung möglichster Sparsamkeit, und durch bessere Benutzung derjenigen Fonds, welche zu diesem Creditwesen gehörten, so wie auch durch das freywillige herzliche Theilnehmen der Mitglieder der Brüder-Unität, die Sache ohne Vergrößerung der Schuldenlast fortgeführt, ja wol gar letztere nach und nach vermindert werden könnte. Auf dem Synodo 1769 stellte man abermals deswegen die sorgfältigsten Ueberlegungen an. Gerade um diese Zeit aber und in den folgenden Jahren wurde durch verschiedene Umstände dieses Creditwesen so drückend, daß die Brüder, welche solches zu verwalten hatten, oftmals wegen Zahlung der Zinsen und der aufgekündigten Kapitals-Schulden sich in der äußersten Verlegenheit befanden, zugleich aber auch gar vielmals, wenn sie sich in ihrer Noth keinen Rath mehr wußten, die augenscheinlichsten Proben der göttlichen Vorsehung erfuhren, deren sie sich in der Folge

nie

nie ohne die innigſte Rührung erinnerten. In
ſämtlichen Brüdergemeinen konnte man bey
dieſen Umſtänden keinesweges gleichgültig bleiben; vielmehr fand man ſich durchgängig bewogen, auf Mittel und Wege zu ſinnen, wie dieſer
drückenden Noth abzuhelfen ſey; wobey aber
freylich nicht immer kindliches Vertrauen auf
die Durchhülfe GOttes, mit dem redlichen Sinne, zur Aufrechthaltung eines zu ſeiner Ehre un-
ternommenen Werkes alles dran zu wagen, bey
allen und jeden vorwaltete; ſondern leider! äußerte
ſich hie und da auch Ungeduld, Mißtrauen und
lieblose Beurtheilung anderer, wodurch der
Sache ſelbſt mehr geſchadet als genutzt wurde.
Endlich aber gab GOtt Gnade, daß in den Gemeinen Liebe und Einigkeit die Oberhand bekam,
und ſich ein beſonderer Geiſt der Willigkeit und
des Theilnehmens regte. Die Gemeinen in
Nordamerika machten, wie ſchon gemeldet, dazu einen Anfang.

Verſchiedene Gemeinen in Europa äußerten
bald ähnliche Geſinnungen. In Herrnhut machte ein Schreiben von zwanzig Mitgliedern des
Gemeinraths großen Eindruck, in welchem ſämtliche Gemeinglieder ermuntert wurden, den Sinn
aufs neue bey ſich zu erwecken, alles für den Heiland und ſeine Sache dran zu wagen, und aus
dieſem Beweggrunde durch eine außerordentliche
Anſtrengung, allenfalls mit Aufopferung ent-
behrlichen Silbergeräthes, und anderer Sachen
von Werth, einen außerordentlichen Beytrag zu
Tilgung eines Theiles der Schuldenlaſt der Unität

tät zusammen zu bringen. Die ganze Gemeine
nahm diesen Vorschlag mit Beyfall an; und
man machte sogleich Anstalt, solchen ins Werk
zu setzen. Damit nun diese Sache, wozu sich
nach und nach alle Gemeinen angeregt fanden,
überall zweckmäßig ausgeführt würde, so bedienten sich die Gemeinen hiebey der Berathung der
Aeltesten-Conferenz der Unität, welche theils
durch Correspondenz, theils durch Abgeordnete
aus ihrem Mittel darin behülflich war.

Dieser wichtige Vorgang, nebst einigen andern Ereignissen, wozu auch der Segen GOttes
kam, der die Benutzung verschiedener Fonds augenscheinlich begleitete, verschaffte dem Creditwesen der Brüder-Unität in kurzer Zeit eine ganz
unerwartete und ungemeine Erleichterung; und
die gnädige Durchhülfe des HErrn in diesem kri-
tischen Zeitpunkte bleibt billig den Brüdergemeinen stets im dankbarsten Andenken.

§. 11.

Von dem äußern Zustande der Gemeinen ist
überhaupt folgendes anzumerken. Sie genossen durchgehends das Wohlwollen und den
Schutz ihrer lieben Landesobrigkeiten. Wenn
daher auch hie und da ungegründete Klagen gegen
dieselben erhoben wurden, so fanden ihre der
Wahrheit gemäße Vorstellungen den gewünschten Eingang. Ins Ganze verschwanden viele
bisherige Vorurtheile gegen die Brüder immer
mehr; auf Besuchende von allerley Nationen
und Ständen machte das, was sie in den Brü-

derge-

dergemein-Orten sahen und hörten, einen guten
Eindruck; wer auch um den eigentlichen Grund
ihrer Verfassung sich nicht bekümmerte, dem gefiel doch die in denselben bemerkte Ordnung,
Wohlanständigkeit und Industrie. Eine Folge
davon war, daß den Brüdern vielfache Anträge
geschahen, in mehrern Ländern Etablissemens
anzulegen, wovon sie jedoch nur einen einzigen,
der von dem Könige von Dännemark an sie gelangte, für die Zeit annehmen konnten.

Die meisten Gemeinen hatten eine erwünschte Ruhe, und freueten sich des Friedens, welcher
diesen Zeitraum über zwischen den Europäischen
Mächten erhalten wurde. Wo aber die Brüder von der Noth, die ganze Länder betraf, auch
ihren Antheil zu empfinden hatten, da offenbar-
ten sich zugleich viele und unleugbare Merkmaale
der über sie wachenden göttlichen Vorsehung.
So erfuhren es die Gemeinen in Irland und
Nordamerika bey den dasigen Landesunruhen;
so erfuhr es auf eine ganz ausgezeichnete Weise
die Gemeine zu Sarepta, im Astrakanischen
Gouvernement des Russischen Reichs, unter vielen Gefahren während des Krieges der Russen
mit den Türken, und bey dem Ausbruche einer
alles verheerenden Empörung. Auch bey dem
Kornmangel und der Theurung aller Lebensmittel, womit in den Jahren 1771 und 1772 ein
großer Theil von Europa, und sonderlich
Deutschland, heimgesucht wurde, erfuhren die
Brüdergemeinen die gnädige Fürsorge des
himmlischen Vaters, dessen Segen überhaupt
die

die Arbeit ihrer Hände, und den Fleiß in ihren
Gewerben begleitete.

§. 12.

Folgendes ist noch von verschiedenen Gemeinen
insonderheit anzuführen.

Herrnhut, der älteste Brüdergemein-Ort, erfüllte nunmehr seine erste Jubel-Periode. Der
17te Juny, an welchem der erste Baum zum
Anbau von Herrnhut im Jahre 1722 gefällt,
(s. D. Cranz N. B. H. §. 6.) und der 12te May,
an welchem zwey Jahre darauf der Grundstein
zum ersten Gemein- und Versammlungshause
daselbst gelegt worden ist, (s. ebendas. §. p. 10.)
waren von dieser Gemeine alljährlich zum Andenken jener Vorgänge feyerlich begangen worden.
Nun ward der erstere dieser Tage im Jahre 1772,
und der andere im Jahre 1774 zu einem Jubel-
Festtage. Zwey merkwürdige Personen, welche
der Grundsteinlegung zum ersten Saale in Herrnhut im Jahre 1724 beygewohnt hatten, waren
noch bey dieser Jubelfeyer zugegen. Der Freyherr Friedrich von Wattewille, welcher damals auf dem Grundsteine ein inbrünstiges, und
gleichsam weissagendes Gebet von dem großen
nicht zu vermuthenden Erfolge jenes geringen Anfangs gethan hat; und Melchior Zeisberger,
einer der fünf Brüder, welche zu jenem Vorgange grade aus Mähren zurecht gekommen waren.
(s. D. Cranz N. B. H. §. 9-11.)

Nachstehende Beschreibung von der Feyer
des 17ten Juny 1772 wird dem Leser einen Be-

griff

griff geben, wie dergleichen Jubelfeste in den
Brüdergemeinen begangen werden.

Nachdem morgens vor sechs Uhr der Eintritt
dieses festlichen Tages mit blasenden Instrumen-
ten angekündigt worden, so versammelte sich die
Gemeine zum erstenmale um acht Uhr. Der
Chorus musicus stimmte an:

HErr, HErr GOtt! barmherzig und
gnädig und geduldig, und von großer Gnade
und Treue, der Du beweisest Gnade in tausend Glied, und vergiebest Missethat, Ueber-
tretung und Sünde, und vor welchem niemand unschuldig ist; Du alleine kennst das
Herz aller Menschenkinder. HErr, mein
GOtt! groß sind Deine Wunder und Deine
Gedanken, die Du an uns beweisest; Dir ist
nichts gleich.

Der Prediger Gottfried Clemens grüßte
darauf die Gemeine mit dem Zuruf: Volk
GOtt's, die Freud' am HErrn sey Deine
Stärke 2c. welches die Gemeine mit dem frohen
Bekenntnisse erwiederte: Der HErr hat viel an
uns gethan! wie könnten wir der Freude wehren?
wir sehn nach unserm Herzbegehren die Stadt
des HErrn mit Augen an.

Nachdem noch einige zupassende Verse gesungen worden: so hielt der Prediger eine kurze Ein-
leitungsrede von der Veranlassung dieser Jubelfeyer, und that zuletzt ein Gebet auf den Knien.

Der Chorus machte den Beschluß dieser
Versammlung mit Absingung des musikalisch
componirten Textes:

Wie

Wie sollen wir dem HErrn vergelten alle Seine Wohlthat, die Er an uns thut! Wir sind viel zu geringe aller der Barmherzigkeit und Treue.

In einer abermaligen Zusammenkunft ward zum Eingange vom Choro gesungen:

Lobe den HErrn, meine Seele, und vergiß nicht, was Er dir Gutes gethan hat.

Hierauf wurde die Geschichte des Tages von dem Prediger theils aus einem schriftlichen Aufsatze vorgelesen, theils durch einige mündliche Zusätze erläutert: auch zum Lobe des HErrn angemerkt, was der damalige so gering scheinende Anfang für wichtige und gesegnete Folgen gehabt, und wie Herrnhut insonderheit durch GOttes Gnade unter mancherley bedenklichen Umständen bis auf diesen Tag erhalten, und in den dermaligen blühenden Zustand versetzt worden ist.

Die Kinder hatten Vormittags um elf Uhr eine besondre Versammlung, darin ihnen die Geschichte der Entstehung und des ersten Anbaues dieses Ortes erzehlt, und die Absicht, in welcher die ersten Einwohner von Herrnhut sich hier zusammen gefunden, nachdrücklich ans Herz gelegt wurde, mit dem Wunsche, daß auch einem künftigen Geschlechte der Grundplan dieses Ortes nie aus dem Sinne kommen möge, der in den Worten eines Verses so kurz und bündig dargelegt ist:

Herrnhut soll nicht länger stehen, als die Werke Deiner Hand ungehindert drinnen gehen. (D. Cranz N. B. H. §. 10.)

Nach-

Nachmittags nach zwey Uhr war das Fest-
Liebesmahl, welches mit einem musikalisch ab-
gesungenen Festpsalm unterhalten wurde.

Der Stein, welchen man vor einigen Jahren an der Stelle im Busche an der Landstraße,
wo der erste Baum zum Anbau von Herrnhut
gefällt worden, hatte aufrichten lassen, wurde
zu diesem Feste mit der Inschrift geziert:
"Hier ward den 17ten Juny 1722 der erste
"Baum zum Bau von Herrnhut gefällt."

Nach dem Liebesmahle wurden die Kinder
beyderley Geschlechts in Procession mit Musik
dahin gebracht, jedes mit einem Blumenstrauße.
Sie nahmen ihren Weg durch den herrschaft-
lichen Garten in den Busch, wo ihnen der errichtete Denkstein gezeigt wurde. Während der
Procession sangen die Knäbchen und Mädchen
wechselsweise. Den Rückweg nahmen sie durch
einige Gassen, und beschlossen in einem Kreise vor
dem Saale mit dem musikalischen Texte:

Wohl dem Volke, deß der HErr sein
GOtt ist; das Volk, das Er sich selber er-
wehlet hat, daß Sein Auge und Herz da sey
allewege! Da können die Elenden sich freuen,
und die Armen können fröhlich seyn in dem
HErrn ihrem GOtt. Wohl dem Volke, das
seine Hoffnung setzet auf den HErrn! Er füh-
ret uns wie die Jugend, und breitet Seine
Güte über die, so Ihn kennen. Der HErr
ist nahe denen, die zerbrochenes Herzens sind,
und hilft denen, die zerschlagen Gemüth haben,
und erfreuet sie mit Freuden Seines Antlitzes.

Abends

Abends um acht Uhr hielt der Prediger an die versammlete Gemeine eine Rede über die Loosung des Tages; worauf der Segen des HErrn auf die Gemeine gelegt wurde.

Zum Schluß des Tages ging die ganze Gemeine in schönster Ordnung mit Musik und Gesang in Procession durch verschiedene Gassen, stellte sich zuletzt in einen Kreis auf den Platz, und sang noch einige Verse zum Abendsegen.

Eine ziemliche Anzahl Brüder und Schwestern aus andern Brüdergemeinen in der Ober-Lausitz und Schlesien, auch viele andere Freunde aus der Nachbarschaft hatten sich zu diesem Jubelfeste nach Herrnhut begeben, und an demselben frohen Antheil genommen.

Uebrigens war im Anfange dieses Zeitraums der innere Gang der Gemeine zu Herrnhut nicht erfreulich; es zeigte sich in dem Betragen verschiedener Einwohner manches, das nicht zu den Früchten des Geistes gehörte, und es waren nachtheilige Folgen davon für die ganze Gemeine zu besorgen. Allein der HErr gab Gnade, daß durch das Zeugniß seiner Diener und durch die Bestrafungen seines Geistes viele von der Gefahr, darin sie sich befanden, auf Abwege zu gerathen, gründlich überzeugt, und zur Umkehr bewogen, und die ganze Gemeine zu dem Sinne, bey dem Bekenntnisse des Evangelii auch ihren ganzen Wandel demselben gemäß einzurichten, aufs neue kräftig erweckt wurde. Dieses wurde insonderheit von dem Bruder Christian Gregor, da er sich in den Jahren 1773 und 1774 in der

C   Ober-

Ober-Lausitz, zur Berathung der dasigen Gemeinen, aufhielt, mit vielem Vergnügen bemerkt.

Zu der Zeit, da sich Herrnhut in der oberwehnten nicht erfreulichen Lage befand, hatten einige Einwohner diesen Ort verlassen; welche aber
zum Theil nicht lange darnach auf ihre inständige
Bitte wieder angenommen wurden.

§. 13.

Niesky bekam durch die dahin verlegte Erziehungsanstalt für junge Knaben einen angenehmen Zuwachs, und die Anzahl der Zöglinge
in dieser Anstalt sowol, als in dem Pädagogio
für größere Knaben, vermehrte sich nach und
nach. Die Predigten in dieser Gemeine wurden
von den benachbarten Orten häufiger als sonst,
und nicht ohne Segen besucht. Einige Brüder
hatten Gelegenheit, auf verschiedenen Kanzeln
in dasiger Gegend zu predigen, und der Heiland
bekannte sich zu ihrem Zeugnisse. Unter den aus
der umliegenden Gegend immer in mehrerer Anzahl besuchenden Erweckten wurden ähnliche Einrichtungen gemacht, wie ehedem in der Gegend
von Herrnhut geschehen war; (D. Cranz N.
B. H. §. 204.) und die Herrschaften und Prediger an ihren Orten waren wohl damit zufrieden.
Diese Erweckten versammleten sich denn nur zu
bestimmten Zeiten, da man sich ihrer besonders
annehmen konnte, in Niesky, wo auch zu diesem
Zwecke ein eignes Haus erbauet wurde.

In Kleinwelke bezogen die ledigen Schwestern im November 1770 ein neuerbauetes Cho-
haus.

haus. Die Erweckungen unter den Wenden in der Ober= und Nieder=Lausitz hatten ihren gesegneten Fortgang, ob sie gleich an verschiedenen Orten nicht mehr so wie zuvor, von Kleinwelke aus besucht werden konnten.

Die Aeltesten=Conferenz der Unität, welche seit dem August 1771 sich zu Barby aufhält, nahm nicht nur überhaupt nahen Antheil an dem Gnadengange der dasigen kleinen Gemeine; sondern gab auch einem ihrer Mitglieder, dem Bruder Paul Eugenius Layriz, im Jahre 1774 den besondern Auftrag, den ganzen innern und äußern Zustand dieser Gemeine genau zu untersuchen, welchen er zu allerseitigem Vergnügen erfüllte. Im Jahre 1771 wurde die ganze Grafschaft Barby mit einer allgemeinen Ueberschwemmung bedrohet, da die Elbe zu einer Höhe anwuchs, davon man seit sieben und siebenzig Jahren kein Beyspiel erlebt hatte; allein durch die getroffenen guten Anstalten wurde unter GOttes Beystande vieler Schaden verhütet.

Der neue Gemeinort Gnadau nahm langsam an der Anzahl der Einwohner zu. Für die ledigen Brüder und ledigen Schwestern wurden Chorhäuser erbauet, und ersteres im Merz 1770; letzteres im Juny 1775 bezogen. Am 17ten Juny 1772 wurde ein neuer Versammlungssaal eingeweiht.

Bis in den October 1771 wurde der Anbau dieser Gemeine von Barby aus besorgt, und dieselbe von dasiger Gemein=Direction mit berathen; nun aber wurde sie als eine für sich bestehende Gemeine

meine eingerichtet, und mit eignen Arbeitern versehen.

Der Bruder Johann Friedrich Reichel machte in Auftrag der Aeltesten-Conferenz der Unität einen Besuch in den Schlesischen Gemeinen. Da solches in der ersten Hälfte des Jahres 1775 geschahe, so ward er dadurch in Stand gesetzt, dem Synodo der Brüder, welcher sich gleich darauf versammelte, gründlichen Bericht von diesen Gemeinen zu ertheilen. Seine Vorträge fanden in denselben vielen Eingang, und hatten nebst seinen herzmäßigen und freymüthigen Erklärungen gegen die Gemeinglieder, welche über ihre Umstände sich vertraulich mit ihm besprachen, gesegnete Wirkungen; auch wurde der gute Rath, welchen er den Gemeinen in verschiedenen ihrer Angelegenheiten nach seiner Erfahrung und Einsicht mittheilte, mit Dank und Nutzen angenommen.

Gnadenfrey und Gnadenberg wurden im Jahre 1770 mit einem Besuche des dirigirenden Ministers von Hoymb beehrt, welcher über dasige Einrichtungen sein Wohlgefallen bezeugte. Die an letzterm Orte befindlichen Handwerker hatten von Seiten der sehr nahe gelegenen Stadt Bunzlau vielen Widerspruch gefunden. Dieses veranlaßte eine Königliche Commission, und ein auf deren Bericht gegründetes Königliches Regulativ (d. d. Potsdam, den 13ten December 1771) zu Feststellung des Verhältnisses der Gewerbe, die zu Gnadenberg getrieben werden mögen.

Die

Die Kolonie zu Neusalz, welcher die Gnade des Königs, womit er bey seinen alljährlichen Durchreisen nach deren Fortgang sich zu erkundigen pflegte, höchst schätzbar war, bauete sich nach und nach an, wie denn im Jahre 1772 von den ledigen Schwestern ein Chorhaus bezogen wurde.

Zum Gebrauch der Böhmischen Gemeinen in Berlin und Rücksdorf wurde im Jahre 1774 ein Böhmisches Gesangbüchlein gedruckt. Der Bischof Johannes von Wattewille machte daselbst im Februar 1771 einen Besuch, lernte sowol sämtliche Glieder der Böhmischen Gemeine, als auch die, zu einer an die Brüdergemeine sich anschließenden Societät, verbundenen deutschen Freunde in Berlin allerseits persönlich kennen, und besprach sich mit ihnen zu ihrem Vergnügen und Aufmunterung; diente auch den bey dasigem Werke des HErrn angestellten Arbeitern mit gutem Rathe in verschiedenen Angelegenheiten. Die Erziehung der Jugend war ein Gegenstand, der die Diener dieser Gemeine oft sehr verlegen machte; sonderlich seitdem die Eltern ihre Kinder, welche sonst in besondern Anstalten beysammen erzogen wurden, wiederum zu sich nahmen, wo es oft an gehöriger Aufsicht und Zurechtweisung fehlte, und dagegen mehr Gelegenheit war zu schädlichen Bekanntschaften und zur Verführung. Dieses nebst mehrern Umständen, konnte in Absicht auf den künftigen Zustand dieser Gemeine sehr sorgliche Gedanken erwecken. Auch schien es zuweilen, als würde es an Brüdern

C 3　　　　fehlen,

fehlen, welche zu deren Bedienung nebst den übrigen erforderlichen Eigenschaften die nöthige
Kenntniß der Böhmischen Sprache besäßen. Aus
eben diesem Grunde ließ der Bischof Graßmann,
obgleich Alter und Schwachheit bey ihm Sehn-
sucht nach Ruhe erweckten, sich bewegen, noch
ferner seinen Dienst bey dieser Gemeine nach
Vermögen fortzusetzen, welches er auch bis zu
seinem seligen Ende that.

Die Gemeine in Ebersdorf erholte sich all-
mählig von der drückenden ökonomischen Lage,
darin sie sich nach) D. Cranz N. B. H. §. 277.
befand. Der Bruder Renatus van Laer, welcher
von der Aeltesten-Conferenz der Unität dahin abgeordnet wurde, und einige Jahre sich daselbst
aufhielt, diente dabey treulich mit gutem Rathe.

Neudietendorf hatte unter dem neuen Landesherrn, Herzog Ernst zu Gotha, gleicher gnädiger Gesinnung und landesväterlichen Schutzes,
als unter Dero Herrn Vater sich zu erfreuen.
Der Herzog wiederholte die Besuche, welche er
schon als Erbprinz daselbst gethan hatte, mit
Bezeugung seines Wohlgefallens. Auch von
andern zum Theil hohen Standespersonen wurde dieser Ort zuweilen besucht. Im Jahre 1775
bekam derselbe eine neue Ortsherrschaft an der
Gräfin Agnes Sophia Reuß, gebornen Gräfin
von Promnitz, die solchen von dem zeitherigen
Besitzer, dem Herrn von Lüdecke, (s. D. Cranz
N. B. H. §. 197.) käuflich übernahm.

Vom December 1772 bis in den Merz 1773
war der Bischof Johannes von Wattewille
zu

zu einer Visitation daselbst; der ganze innere und
äußere Zustand der Gemeine wurde gründlich besehen, manches schädliche und gefährliche an den
Tag gebracht und abgestellt, und die wahren
Grundregeln und Ordnungen der Gemeine, zu
vielem Segen und Vergnügen der Einwohner,
aufs neue festgesetzt.

§. 14.

Nachdem der Anschein zur Wiederbesetzung
des Herrnhaags völlig verschwunden war;
(s. D. Cranz N. B. H. §. 277.) so blieb den
Brüdern nichts übrig, als auf bestmöglichste
Veräußerung sowol des von ihnen zum Anbau
dieses Gemeinorts gekauften Landes, (ebendas.
§. 154.) als auch der darauf erbaueten Häuser
Bedacht zu nehmen. Nach einigen vergeblichen
Versuchen gelang es ihnen, daß ein gewisser
Pfarrer Agricola im Jahre 1773 den ganzen
Ort käuflich übernahm, mit Genehmigung der
Gräflich Büdingischen Landesherrschaft.

In Marienborn hielten sich noch einige wenige Brüder auf, so lange dieses Gut noch von
der Freyfrau von Wattewille pfandweise besessen
wurde. Allein im Jahre 1770 kündigte sie dem
Contract gemäß das Kapital auf, welches ihre
selige Frau Mutter, die Gräfin von Zinzendorf,
dem Gräflichen Hause Ysenburg-Meerholz auf
Marienborn dargeliehen hatte; (D. Cranz N.
B. H. S. 108.) und nach verschiedenen Unter-
handlungen über die wegen der Rückzahlung entstandenen Schwierigkeiten, kam es endlich zu ei-

nem

nem Vergleiche, der am 26ſten Merz 1772 ge-
ſchloſſen uud unterzeichnet, auch nachher von des
Kaiſers Majeſtät confirmirt wurde. Die wirkliche Auszahlung der beſtimmten Auslöſungs-
Summe erfolgte im Merz 1773, und damit hatte der bisherige Aufenthalt einiger Brüder in
Marienborn ein Ende. Bereits im December
1772 hatte der Biſchof Johannes von Wattewille, als er auf der Reiſe nach Neuwied dahin
kam, wegen der bevorſtehenden Aufhebung der
daſigen kleinen Brüdergemeine und ihrer Vertheilung an andre Orte, die nöthige Abrede genommen. Zum wirklichen Aufbruch derſelben, und
zur Uebergabe von Marienborn an die Gräflich
Meerhölziſchen Beamten kam der Bruder Johann Chriſtian Quandt von Barby dahin. Das
Gemeinlein hatte zum Beſchluß noch ein Liebesmahl, und ſodann das heilige Abendmahl, und
in der letzten öffentlichen Verſammlung wurde
dem HErrn für alle Gnadenbeweiſe, welche die
Brüder an dieſem Orte ſeit mehr als dreyßig
Jahren genoſſen hatten, Lob und Dank gebracht.
Der Abſchied, ſowol der Glieder dieſer kleinen
Gemeine von einander, als auch von ihren
Freunden in daſiger Gegend, war ſehr rührend.
Selbſt ſolche Nachbarn, die mit den Brüdern
nicht übereinſtimmende Geſinnungen hatten, be-
zeugten Schmerz bey ihrem Abzuge und vergoſſen
Thränen darüber. Die Abreiſe der Brüder
und Schweſtern erfolgte am 22ſten und 23ken
Merz. Am letztern Tage gingen ein und zwan-
zig derſelben nach Neuwied ab.

In

In Neuwied wurde das von den Brüdern übernommene Quarré (s. D. Cranz N. B. H. §. 213.) im Jahre 1772 völlig bebauet.

Ein paar untreue Gemeinglieder, deren einer der Vorsteher des ledigen Brüder-Chores war, übernahmen in Gesellschaft mit einem gewissen Aventurier ein Lotto-Geschäfte, mißbrauchten dabey den Credit der Gemeine, und setzten dieselbe dadurch in große Noth und Verlust. Diese Sache ward um so schlimmer, da es schon ziemlich weit damit gekommen war, ehe es offenbar wurde. Indeß war man doch so glücklich, einen großen Theil des Schadens, der daraus hätte entstehen können, zu verhüten. Die Gemeine in Neuwied bat in ihrer Verlegenheit um die Berathung der Aeltesten-Conferenz der Unität, welche zween ihrer Mitglieder zu dem Zwecke dahin sandte, den Bruder Johann Friedrich Köber in der ersten, und den Bischof Johannes von Wattewille in der letzten Hälfte des Jahres 1772. Letzterer ließ sich insonderheit den innern Gang der Gemeine und die Seelenpflege der Gemeinglieder angelegen seyn; seine Vorträge in den Versammlungen der Gemeine und Chöre, und seine Unterredungen mit den einzelnen Mitgliedern machten einen guten Eindruck, und der HErr segnete seine Bemühungen so, daß Liebe und Friede und gegenseitiges Theilnehmen in der Gemeine, welches unter den bisherigen Umständen großen Abbruch gelitten hatte, wieder hergestellt, und insonderheit das bey der Untreue seines Vorstehers in ziemlichen Verfall gerathene

C 5

Chor

Chor der ledigen Brüder wieder zurecht gebracht wurde.

Die Gemeine zu Zeyst hatte sich verschiedener sehr gnädigen Besuche von Sr. Durchl. dem Prinzen Erbstatthalter und Dero Gemahlin Königl. Hoheit zu erfreuen. Unter mehrern Standespersonen, die sich von Zeit zu Zeit mit Vergnügen daselbst umsahen, sind die hohen Besuche Ihro Königl. Hoheit der verwitweten Churfürstin von Sachsen im September 1771, und Sr. Königl. Hoheit des Erzherzogs Maximilian im September 1774, insonderheit zu bemerken.

Hier verschied am 6ten May 1772 Johann Nitschmann, einer der frühern Mährischen Ankömmlinge in Herrnhut, vormaliger erster Vorsteher des Seminarii theologici zu Marienborn, (s. D. Cranz M. B. H. S. 88.) und auf dem Synodo daselbst im Jahre 1741 erwehlter und consecrirter Bischof der Brüderkirche, welcher seitdem den Brüdergemeinen, und in den letzten Jahren insonderheit in Holland, mit Treue und Segen gedient hat.

Die Holländischen Predigten der Brüder in Zeyst und Amsterdam, womit im Jahre 1770 ein erneuerter Anfang gemacht wurde, hatten, sonderlich in letzterwehnter Stadt, vielen Zulauf von Fremden, darunter manche nicht ohne gesegneten Eindruck blieben.

Aus der Aeltesten-Conferenz der Unität besuchten in Zeyst der Bruder Layriz und der Bischof Petrus Böhler auf ihrer Durchreise nach Labrador und England; und der Herr Graf

Heins

Henrich der 28ste Reuß verweilte auf seiner
Reise nach England im July 1772, und bey seiner Rückkehr im Herbste 1773 nebst seiner Gemahlin geraume Zeit in Zeyst und Amsterdam,
zum Segen und Wohlgefallen dieser Gemeinen,
deren Umstände er sich genau bekannt machte,
und welchen er mit gutem Rathe diente.

Der Ort Heerendyk in der Baronie Yssel-
stein, wo die Brüder anfangs einen Gemeinort
anlegen wollten, den man aber nachher unbequem
dazu fand, (D. Cranz N. B. H. S. 131.) und
dessen fernere Beybehaltung demnach keinen
Zweck hatte, wurde veräußert.

§. 15.

Einen ganz unerwarteten Antrag von Seiten
des Königlich Dänischen Hofes erhielten die
Brüder im Sommer 1771, ob sie nicht an einem
Orte in den Herzogthümern, d. i. im Schleswi-
gischen oder Hollsteinischen, sich anbauen wollten,
in welcher Absicht man ihnen alle erforderliche
Freyheit und Unterstützung ertheilen würde. Da
aber in den Jahren 1744 und 1745, auf Anstiften der Gegner der Brüder, ein paar Edicte zum
Nachtheil aller Dänischen Unterthanen, welche
sich auf kürzere oder längere Zeit zu einer Brüdergemeine begeben möchten, ergangen waren;
so konnte man nicht umhin, vorzustellen, daß
diese Verordnungen die Brüder nothwendig ab-
schrecken müßten, einen Gemeinort in Dänischen
Landen anzulegen. Es erfolgte jedoch hierauf die
Versicherung von der geneigten Gesinnung des
Königs

Königs für die Brüder, nach welcher die ehemaligen nachtheiligen Verordnungen aufgehoben werden sollten; so daß die Brüder keinen weitern Anstand fanden, über obbemeldeten Antrag, welcher durch den Justizrath Prätorius, damaligen Committirten in der Deutschen Kammer, einen vieljährigen treuen Freund der Brüdergemeine, an sie gelangt war, in nähere Unterhandlung zu treten. Der Erfolg davon war, daß von dem Könige vorläufig nachstehende Punkte genehmigt wurden:

1.) Daß die Brüder aller den übrigen Landes-Unterthanen zukommenden Rechte und Freyheiten theilhaftig gemacht werden; und

2.) ihre Lehrer und Prediger mit den Lehrern und Predigern anderer Evangelischen Gemeinen gleiche Rechte und Vorzüge genießen sollten.

3.) Daß die Brüdergemeine ihre eigene Verfassung in allem, was zur Ausübung sowol des öffentlichen als Privat-Gottesdienstes, und sonst zu der Brüder-Disciplin gehört, haben und behalten möchte.

4.) Daß ihre Lehrer und Prediger von ihren eigenen Bischöfen ordinirt, von den Gemeinen selbst berufen, und nach Befinden versetzt werden könnten.

5.) Daß sie in allen Kirchen- und Schul-Sachen unter ihren eigenen Bischöfen und unmittelbar unter Sr. Majestät des Königs Directorial-Ministerio stehen; dahingegen in caussis civilibus ihrer Ortsobrigkeit und den übrigen Landesherrlichen Instanzen unterworfen seyn;

6.) Daß

6.) Daß sie von Ablegung der gewöhnlichen Eidesformel dispensirt;

7.) Daß die Glieder der Gemeine von aller gewaltsamen Werbung frey seyn, und

8.) Daß sie freyen Abzug für ihre Personen und Vermögen haben sollten.

Der König hatte eigenhändig beygeschrieben: "approbirt; und können sie sich alle mögliche Protection und gute Aufnahme versprechen."

Auf diese Erklärung der gnädigen Gesinnung des Königs begab sich der Prediger Johannes Prätorius, ein Sohn des obbemeldeten Justizraths, als Deputirter der Brüder-Unität, nach Hollstein und Schleswig, um in einem dieser Herzogthümer einen bequemen Ort auszusuchen, wo ein Brüder-Etablissement, ohne Schaden eines dritten, angelegt werden könnte, worauf er sich nach Kopenhagen verfügen sollte, um die nöthige Unterhandlung vollends zu Ende zu bringen, und die Ausfertigung eines Königlichen Versicherungs-Decrets abzuwarten. Nach verschiedenen Erkundigungen schien ihm das Königliche Vorwerk Tyrstruphof, im Herzogthume Schleswig, im Amte Hadersleben, zwey Meilen von nur erwehnter Stadt, und eben so weit von Kolding, an dem sogenannten Königswege gelegen, welches eben um diese Zeit an den Meistbietenden verkauft werden sollte, zu Anlegung eines Brüdergemein-Orts vorzüglich bequem zu seyn. Er begab sich daher an dem Tage der Versteigerung dieses Gutes selbst mit einem Freunde dahin, und veranlaßte letztern mit darauf zu bieten, welchem es dann auch als dem

Meist-

Meistbietenden zugeschlagen wurde. Der Bruder Prätorius, welcher während dieser Zeit sein Anliegen in der Stille dem HErrn mit Gebet und Thränen vorgetragen hatte, sahe den nur vermeldeten Erfolg als die Erhörung seiner Bitte an. Er gab sogleich der Direction der Unität Nachricht davon, und es wurde der Beschluß gefaßt, diesen Ort zum Anbau einer Brüdergemeine zu wehlen, wenn man die versprochene Königliche Concession erhalten würde.   Der Herr Ernst Wilhelm von Wobeser, ein Mitglied der Brüdergemeine, trat daher in den durch oberwehnten Freund geschlossenen Kauf ein, und ward Besitzer von Tyrstruphof.   Nun verfügte sich der Deputirte der Brüder-Unität nach Kopenhagen, um mit dem Rathe und Beystande seines Vaters seinen Auftrag daselbst zu erfüllen, und er fand den gewünschten Eingang.   Nachdem von dem Königlichen Kabinet wegen der beschlossenen Aufnahme der Brüder in des Königs Lande, und der derselben zu ertheilenden Freyheiten und Befugnisse, mit den Collegiis, für welche diese Angelegenheiten gehörten, communiciret, auch der erfoderliche Bericht von denselben erstattet worden: so erfolgte unter dem 10ten December 1771 die Ausfertigung der Königlichen Concession, durch welche nicht nur für den anzulegenden neuen Gemeinort die nöthigsten Freyheiten ertheilet, sondern auch allen bereits unter Königlich Dänischer Hoheit befindlichen Missions-Etablissemens der Königliche Schutz und die Aufrechthaltung der ihnen schon vormals gewährten Befugnisse aufs neue zugesichert wurde.   In gleicher

cher Zeit wurden zwey Königliche Plakate, eines
aus der Deutschen, das andere aus der Dänischen
Kanzley publiciret, wodurch die oben erwehnten
für die Brüder nachtheiligen Edicte, mit Beziehung
auf die denselben ertheilte Conceſſion, aufgehoben
wurden. Im April 1772 begab ſich der Bruder
Johannes Prätorius von Kopenhagen nach Tyr-
ſtruphof. Hier fand er den Bruder Jonathan
Bri—nt vor ſich, welcher ſich bereits ſeit verſchiedenen Jahren in Däniſchen Landen aufgehalten, und inſonderheit die Miſſions-Angelegenhei-
ten der Brüder von Kopenhagen aus beſorgt hatte.
Sie beyde übernahmen bald darauf im Namen
und Vollmacht des Herrn von Wobeſer beſagtes
Vorwerk, welches ihn von den Königlichen Beamten gegen Auszahlung des Kauffſchillings übergeben wurde.

Eben dieſen beyden Brüdern war vhn der Direction der Unität der Anbau des neuen Gemeinorts
zu gemeinſchaftlicher Beſorgung aufgetragen worden. Inzwiſchen veranlaßte die große Veränderung, welche zu Anfänge des Jahres 1772 am
Däniſchen Hofe erfolgte, einigen Aufſchub. Denn
da alle Verordnungen, welche unter dem Mini-
ſterio des Grafen Struenſee ergangen wären, einer
abermaligen Prüfung unterworfen wurden, ſo geſchahe ein gleiches in Anſehung der den Brüdern
ertheilten Conceſſion. Ohngeachtet aber eben
um dieſe Zeit von verſchiedenen Seiten her darauf
angetragen wurde, die Anlegung eines Brüder-
Etabliſſement in Däniſchen Landen, wo möglich
rückgängig zu machen, oder doch zu erſchweren,

ſo

so waren doch alle diese Bemühungen ohne Erfolg. Die nunmehr neu ernannten hohen Collegia, welchen mehrerwehnte Concession zu nochmaliger Durchsicht übergeben worden, statteten ein beyfälliges Gutachten ab; und am 13ten August 1772 wurde die Concession im Staatsrathe vom Könige aufs neue bestätigt, und der Kaufbrief ausgefertiget. Von da an wurde der Anbau des neuen Gemeinorts, welcher den Namen Christiansfeld erhielt, ernstlich betrieben. Am 1sten April 1773 legte man den Grundstein zum ersten Hause; und zu Ende August wurden die beyden ersten Häuser von mehrgedachten beyden Brüdern bezogen. Die zum Anfange dieser neuen Gemeine bestimmten Erstlinge, welche sich von verschiedenen Orten herbeyfanden, wurden nun theils in diesen Häusern, theils in den Vorwerksgebäuden einstweilen untergebracht; und am 4ten September beging diese angehende Gemeine zum erstenmal die heilige Communion in Christiansfeld. Zu den gottesdienstlichen Versammlungen wurde fürerst ein Saal in einem Privat-Hause bestimmt, welcher am 13ten November feyerlich eingeweihet wurde. Von den mit den Brüdern verbundenen Freunden in dasiger Gegend, welche an dem längst gewünschten Anbau eines Gemeinorts in ihrer Nähe den freudenvollsten Antheil nahmen, wohnten gegen achtzig Personen dieser Einweihung bey, und der HErr bekannte sich in Gnaden zu dieser Handlung. An dem darauf folgenden Tage wurde mit der öffentlichen Predigt auf diesem Saale in Deutscher und Dänischer Sprache der Anfang gemacht. Dieser neue

neue Gemeinort nahm bald an Einwohnern und Gebäuden merklich zu. Von den ledigen Brüdern wurde das für sie erbauete Chorhaus am 18ten October 1774 bezogen. Da auch verschiedene auswärtige Freunde wünschten, ihre Kinder nach Christiansfeld zur Erziehung geben zu können: so wurden bald Pensions-Anstalten so wol für junge Knaben, als für Mägdchen eingerichtet, in welchen die Kinder bis zu demjenigen Alter behalten wurden, da sie zum heiligen Abendmahle confirmirt, und zu einer besondern Lebensart angeführt werden sollten. Diese Anstalten hatten einen guten Fortgang, und die Anzahl der Zöglinge vermehrte sich von Zeit zu Zeit.

Ueberhaupt hatte Christiansfeld sich der Zuneigung ihrer höchsten und hohen Obrigkeit, so wie auch ihrer Nachbarn, zu erfreuen; in der Gemeine war Gnade, Liebe und Friede; und in den äußern Geschäften GOttes Segen wahzunehmen; und viele besuchende Freunde und Fremde hörten daselbst das Zeugniß von JEsu Christo mit gesegnetem Eindrucke auf die Herzen.

§. 16.

Die Gemeinen und Societäten in England, Irland und Schottland wurden in den Jahren 1772 und 1773 von dem Herrn Grafen Heinrich dem 28sten Reuß, zu vielem Segen und neuer Aufmunterung besucht. Als Advocatus der Brüderkirche in England machte derselbe in London mehrmalen seine Aufwartung bey Sr. Königl. Majestät. Bey seinem Aufenthalte in Fulneck

heck entstand eine besondre Gnadenregung in dasiger Gemeine, deren versammlete Mitglieder einmüthig den Bund erneuerten, allein für den Heiland zu leben, und sich ihm mit Leib und Seele zu
weihen; diejenigen aber, die von diesem Sinne
abwichen, und nicht in den Sitten und Ordnungen seines Hauses einhergehen wollten, aus ihrem
Mittel zu entfernen.

Nicht weniger gesegnet war für die Gemeinen
in England insonderheit die Provinzial-Confe-
renz im Jahre 1771, und die Visitation des Bischofs Petrus Böhler vom May 1774 bis in den
April 1775, da er, wie bereits oben erwehnt worden, zu London seinen Lauf vollendete. Bereits
im Jahre 1771 verloren die Englischen Gemeinen
ihren würdigen Bischof John Gambold, einen
ehemaligen Prediger der Englischen Kirche, der
seit etliche und dreyßig Jahren den Brüdergemeinen mit vieler Gnade gedient hatte, und bey vorzüglichen Gaben und großer Gelehrsamkeit durch
ungeheuchelte Demuth und Einfalt sich auszeichnete, welche ihm allgemeine Hochachtung
erwarb.

Das ansehnliche, vormals den Grafen von
Lindsey gehörige Gebäude zu Chelsea, bey London,
welches der selige Graf Zinzendorf im Jahre 1751
gekauft und zu seinem Aufenthalte gewählt hatte,
(s. D. Cranz N. B. H. §. 172.) wurde im Jahre 1774 wiederum veräußert. Doch behielt die
Gemeine in London die ohnweit davon erbauete Kapelle, samt dem dabey angelegten Gottesacker,
Saron genannt.

Man

Man fuhr fort, auf solche Societäten anzutragen, die zwar in Herzensverbindung mit den Brüdern stünden, doch aber nicht zu ihrer Verfassung übergehen, sondern in ihrer zeitherigen Kirchengemeinschaft bleiben sollten.

Bey manchen Schwierigkeiten wurde doch ein gesegneter Anfang hiezu in London, in der Gegend von Fulneck, in Plymouth, in Carmarthen und Brodie Park, und an andern Orten gemacht.

Ueberhaupt wurden die Predigten der Brüder an vielen Orten von solchen, die Geschmack am Evangelio hatten, häufig besucht. Es wurden ihnen daher an verschiedenen Orten neue Predigtplätze eingeräumt, als in Läugharne, Manchester, Newtownlane, ohnweit nur genannter Stadt, Nottingham. An einigen andern Orten, wo sie schon Kapellen oder Kirchen gehabt, wurden neue erbauet, als in Plymouthdock, Bullocksmithy, Haverfordwest.

In der Provinz Wales, wo die entstandene große Regung noch fortdauerte, wurde noch etlichemal von einigen Brüdern besucht, welche an vielen Orten, und zuweilen in Ermangelung anderer Gelegenheit, unter freyem Himmel predigten, und mehrentheils eine große Anzahl aufmerksamer Zuhörer hatten, von welchen verschiedene gründlich erweckt wurden, sich zu geschlossenen Societäten verbanden, und zur Förderung ihres Gnadenganges um ferneren Besuch von den Brüdern baten.

Unter andern nützlichen und gesegneten Bekanntschaften, welche die Brüder von Zeit zu Zeit in England machten, war ihnen, wegen der davon

D 2

zu

zu hoffenden ersprießlichen Folgen für die Ausbreitung des Reiches GOttes, diejenige besonders erfreulich, welche sie mit dem, von der Gräfin
Huntingdon zu Treveka, in der Provinz Wales,
gestifteten Seminario erweckter Prediger zu unterhalten Gelegenheit fanden. Der Prediger der
Brüdergemeine zu London, Benjamin La Trobe,
wurde zu mehrmaligen Besuchen dahin eingeladen;
er that auf Ersuchen verschiedene öffentliche Vorträge daselbst, die mit Aufmerksamkeit angehört
wurden; alle zu dieser Anstalt gehörige Personen
bezeugten viele Liebe und Achtung für die Brüder,
und die Vorsteher derselben erklärten die Ueber-
einstimmung ihrer Herzen mit dem Evangelischen Lehrgrunde der Brüder, und ihre Neigung
zu Unterhaltung brüderlicher Gemeinschaft mit
denselben.

§. 17.

In Gracehill in Irland wurde bey der Anwesenheit des Grafen Heinrich des 28sten Reuß
eine Conferenz mit den Arbeitern aus sämtlichen
Gemeinen im nördlichen Theile dieser Insel gehalten, wodurch sie zu treuer Fortsetzung ihres Dienstes bey allen Schwierigkeiten, daran es nicht fehlte, kräftig ermuntert wurden. Um eben die Zeit
erhielt die Gemeine in Gracehill in allen Theilen
eine mit andern Brüdergemeinen gleichförmige
Einrichtung.

Der Anbau eines Gemeinorts zu Ballimas-
quighan (s. D. Cranz N. B. H. §. 278.) wurde fortgesetzt, und er bekam den Namen Gracefield.

field. Die ledigen Brüder baueten ein Chorhaus, und bezogen es im October 1775.

Die allgemeine Noth und Theurung des Landes betraf diese Gemeinen auch mit; doch fanden sie immer Ursache, für die gnädige Durchhülfe des HErrn zu danken.

Bey aller ihrer Armuth zeichneten sie sich durch die darin herrschende Arbeitsamkeit, Ordnung und Fleiß, vortheilhaft aus, zur Verwunderung mancher Besuchenden. Selbst ein Irländischer Bischof, der sich in der kleinen Gemeine zu Coothill umsahe, äußerte viel Vergnügen darüber, mit dem Wunsche, daß die ganze Gegend diesem guten Beyspiele nacheifern möchte.

Die Predigten der Brüder in Dublin und an andern Orten in Irland wurden von verschiedenen Fremden, nicht ohne gesegneten Eindruck besucht, auch berief man die Brüder an einige neue Orte, daselbst zu predigen.

Einige Gemeinen wurden von aufrührerischen, oder übelgesinnten Nachbarn beunruhiget, doch wendete der HErr allen Schaden ab.

Die größte Gefahr betraf Gracehill. Von einer Rotte Aufrührer, welche sich Stahlherzen nannten, und unter dem Vorwande, den Zustand der bedrückten Landleute zu verbessern, überall herumzogen, und vielen Unfug trieben, wurde dieser Gemeinort bereits im Jahre 1770 mit einem Ueberfalle bedrohet, welcher jedoch für dießmal ausblieb. Allein im Merz 1772 kam wirklich in einer Nacht ein Haufen von etlich und vierzig dieser Leute dahin, foderte, nach ihrer Gewohnheit,

die

die Auslieferung aller Gewehre, die sich irgend im
Orte befänden, und verlangte unter den schrecklichsten Drohungen, daß die dermaligen Pächter des
Landes, worauf Gracehill erbauet ist, drey Vier-
theile davon zum Vortheil der ehemaligen, ihrem
Vorgeben nach beeinträchtigten Pächter abtreten
sollten. Durch die Vorstellung, die man ihnen
that, ließen sie sich bewegen, noch einigen Aufschub
der Erfüllung ihres Verlangens zu gestatten. Auch
gestanden sie selbst, daß nur das sanftmüthige Betragen der Brüder sie bewogen hätte, von dem Vorsatze abzustehen, mit welchem sie gekommen waren,
alles zu zerstören. Bald darauf wurde durch die
Veranstaltungen der Regierung die Ruhe im Lande wieder hergestellt.

Die Societät zu Air in Schottland wuchs an
der Anzahl ihrer Glieder und in der Gnade. Der
größte Theil derselben wünschte zu einer Brüdergemeine eingerichtet zu werden, welches aber damals noch nicht geschahe. Von außen bedrohete
sie zu Anfang des Jahres 1773 ein Ungewitter,
welches sich aber plötzlich zertheilte, da diejenige
Person, die alle Glieder des Magistrats und der
Geistlichkeit gegen die Brüder eingenommen hatte,
gerade an dem Tage verstarb, da der böse Anschlag
ausgeführt werden sollte. Auch in Irvine wohnte ein Bruder, um sich dasiger Erweckten besonders anzunehmen. Zur Predigt des Evangelii
wurde daselbst eine Kapelle gebauet.

In andern Gegenden von Schottland besuchte
der Bruder Caries, und, nach seinem im Jahre
1772 erfolgten Ableben, einige andere Brüder.

An

An verschiedenen Orten, unter andern in Glasgow, Dumfries und Edimburgh, predigten sie theils in Häusern, theils unter freyem Himmel, und hatten dabey viele begierige Zuhörer. Einmal waren ihrer über anderthalbtausend. Manche wurden kräftig erweckt, und gingen in der Gnade fort. Verschiedene Prediger bezeugten auch ihr Wohlgefallen über das freymüthige Evangelische Zeugniß der Brüder, und wünschten ihnen Glück.

§. 18.

Der Bischof Nathanael Seidel, welcher dem Synodo zu Marienborn 1769, als Deputirter der Brüdergemeinen in Nordamerika, beygewohnt hatte, kehrte im Frühjahre 1770 zu denselben zurück, und publicirte den Verlaß des Synodi sowol in den Gemeinorten Bethlehem, Nazareth und Litiz, als auch in den sämtlichen Stadt- und Landgemeinen in Pensylvanien, und den benachbarten Provinzen, mit gesegnetem Eindrucke auf die Herzen. Mit ihm kamen einige Brüder und Schwestern aus Europa, welche zum Dienste in den Nordamerikanischen Gemeinen auf verschiedene Weise angestellt wurden.

Von dem Besuche zweyer Abgeordneten der Aeltesten-Conferenz der Unität, der Brüder Lorez und Gregor, ist bereits oben Erwehnung geschehen. Sie erbaueten und ermunterten die Gemeinen, sowol in Pensylvanien und den angrenzenden Provinzen, als auch in der Wachau in Nordkarolina, theils durch öffentliche Vorträge, theils durch die liebreichen und gründlichen Unterredungen,

D 4

welche

welche ſie mit allen und jeden Gliedern derſelben
inſonderheit hatten; und die treue und zuverläßi-
ge Berathnng, welche man durch ſie in vielen
Angelegenheiten erhielt, wurde dankbarlich angenommen.

Durch dieſen Beſuch wurde zugleich die Verbindung eines ſo entlegenen Theils der Brüder-
Unität mit dem Ganzen aufs neue befeſtiget; wovon die Gemeinen in dieſem fernen Lande auch in
den folgenden Jahren, da die Correſpondenz und
der Beſuch zwiſchen ihnen und ihren Brüdern in
Europa gar ſehr erſchweret, und faſt unmöglich
gemacht wurde, zu ihrem beſondern Troſte und
Aufrichtung unter manchen ſchweren Umſtänden
einen lieblichen Eindruck behielten.

Die Bewegungen, welche in den Nordame-
rikaniſchen Kolonien ſeit mehrern Jahren über
die Verſuche des Großbritanniſchen Parliaments,
ihnen Taxen aufzuerlegen, entſtanden waren,
nahmen immer mehr überhand; und nachdem es
im Frühjahre 1775 zwiſchen einigen Engliſchen
Truppen und Provinzialen zum Handgemenge
gekommen war, ſo machte man in allen Provinzen Aſſociationen oder Verbindungen zur Vertheidigung ihrer Freyheit mit bewaffneter Hand,
und alle Einwohner wurden aufgefodert, Theil
daran zu nehmen, und ſich in den Waffen zu
üben.

Die Brüder waren unter ſich einverſtanden,
und ermunterten ſich auch jetzt aufs neue, an den
politiſchen Zwiſtigkeiten keinen Antheil zu nehmen, ſondern ihren Gang in der Stille fortzugehen,

hen, und dabey der Obrigkeit, welche Gewalt
über sie hätte, von Herzen unterthan zu seyn, um
des HErrn willen.   Eine Parlaments-Acte
vom Jahre 1749 sprach sie vom Waffentragen
frey; (s. D. Cranz N. B. H. §. 152.) allein bey
den jetzigen Umständen wurde ihnen oft zugemuthet, an den Kriegsübungen mit Theil zu nehmen, unter Androhung harter Begegnung, wenn
sie sich dessen weigerten.   Eine Empfehlung des
Congresses an das Volk in den Kolonien, bey
den angerathenen Waffenübungen, mit allen,
die Gewissens halber in keinem Falle Waffen
tragen, Geduld zu haben, und sich damit zu begnügen, daß diese auf andre Art ihre Nachbarn
unterstützten, und des Landes Bestes beförderten,
veranlaßte in verschiedenen Districten den Beschluß, daß diejenigen, die nicht bey den Waffenübungen erschienen, nur eine bestimmte Geld-
strafe erlegen sollten.   Hiedurch wurden die Brüder, sonderlich in den Gemeinorten Bethlehem,
Nazareth und Litiz, vor fernern Zumuthungen,
Waffen zu tragen, sicher gestellt; die öfters wiederholten Geldbeyträge aber fielen manchen armen Brüdern sehr schwer.   Sonst wurde man
an diesen Orten bis zu Ende des Zeitraums, der
hier beschrieben wird, von dem Kriege wenig gewahr.   Durch Bethlehem zogen die ersten Na-
tional-Truppen, sogenannte Riflemen, oder
Scharfschützen, im August 1775.   Zwey Com-
pagnien derselben hörten mit Aufmerksamkeit eine
Predigt, welche ihnen der Bruder Johann Ett-
wein auf Ersuchen hielt.

D 5   Die

Die Brüder in den Städten waren beym Anfang und Fortgang der Unruhen vorzüglich in Gefahr. In der Provinz Newyork wurde eine Acte gemacht, durch welche blos die Quäker von den Waffenübungen frey geſprochen wurden; dahingegen jeder andere, wenn er zum drittenmale nicht dabey erſchiene, als ein Feind des Landes angeſehen werden ſollte.

Der Angriff, welcher auf die Hauptſtadt beſagter Provinz gleiches Namens von einem Engliſchen Kriegsſchiffe im Auguſt 1775 geſchahe, bewog einen großen Theil der Einwohner, ins Land zu flüchten; darunter befanden ſich mehrere Glieder daſiger Brüdergemeine, die dadurch ſehr zerſtreuet wurde.

§. 19.

Von dem Zuſtande der Gemeinen in Nordamerika, und einigen Vorkommenheiten in denſelben, iſt noch folgendes anzuführen:

Bethlehem wurde von vielen Fremden beſucht, unter andern einigemal von den Gouverneurs in Penſylvanien und Jerſey. Daſelbſt entſchlief im October 1772, nach vieljährigem treuen Dienſte, der erſte Biſchof der erneuerten Brüderkirche, David Nitſchmann, (D. Cranz N. B. H. §. 63.) welcher auch mit dem ſeligen Bruder Leonhard Dober den Anfang zur erſten Miſſion der Brüder unter die Heiden in St. Thomas (ebendaſ. §. 56.) gemacht hatte. Eben dieſer Miſſion diente er noch zuletzt dadurch, daß er den Bruder Martin Mack, welcher die Aufſicht

sicht über das ganze Missions-Werk der Brüder
in den Dänischen Westindischen Inseln führte,
im October 1770 zu einem Coëpiscopo einsegne-
te; welches seine letzte Amtsverrichtung war.

Auf dem Nazarether Lande hatten die Brüder bisher verschiedene einzelne Häuser und kleine
Kolonien, aber noch keinen eigentlichen Gemeinort angebauet. Auf letzteres trug man es nunmehr an. Bey Anwesenheit der Brüder Lorez
und Gregor wurde dieser Entschluß gefaßt, und
man fing sogleich an zu bauen. Im Jahre 1774
wurde ein Chorhaus für die ledigen Brüder fertig. Der neue Ort, welcher den Namen Nazareth behielt, wurde zunächst bey dem großen
Gebäude angelegt, welches unter dem Namen
Nazareth-Hall bekannt war. Das in letzterm
vormals blühende Pädagogium (s. D. Cranz
N. B. H. §. 256.) ging in diesem Zeitraume
nach und nach ein; welches man in der Folge
bedauerte.

In der Provinz Ost-Jersey hatten die Brüder bereits im Jahre 1769 ein Stück Landes,
welches ihnen mehrmals angeboten worden, gekauft, und ein Haus darauf gebauet, worin sie
den Freunden in dasiger Gegend mit der Predigt
des Evangelii dienten. Auf diesem Grundstücke,
welches Greenland genannt wurde, legte man
in der Folge einen Gemeinort an, der den Namen
Hope bekam.

In Gnadenhütten an der Mahony sammlete
sich ein neues Gemeinlein. Es war dieses auf
dem Lande, wo vormals der Indianische Ge-
mein-

meinort gleiches Namens gewesen ist, der nach
einem Ueberfalle der Wilden im Jahre 1755 verlassen wurde. (S. Cranz N. B. H. §. 217.)
Einige Familien aus Sichem und Lynn oder All-
mängel kauften einen Theil besagten Landes, und
baueten sich darauf an; die meisten Glieder des
Gemeinleins in Lynn folgten diesem Beyspiele;
und der Bruder, der sie an ihrem vorigen Orte
mit dem Evangelio bedient hatte, zog ihnen an
den neuen nach.

In Manakosy wurde 1774 ein neuer Gemeinsaal eingeweiht.

In verschiedenen Stadt- und Landgemeinen
war die Predigt des Evangelii sehr gesegnet; einige dieser Gemeinen wuchsen an der Anzahl;
andere nahmen sehr ab, da ihre Mitglieder sich
nach andern Wohnplätzen, sonderlich nach Nordkarolina, begaben.

Außer den geschlossenen Gemeinen und Societäten, die in der Pflege der Brüder stehen,
sind noch viele Freunde hin und her im Lande zer-
streuet, welche von Zeit zu Zeit auf ihr Verlangen von den Brüdern besucht wurden, die dabey
sowol durch öffentliche Vorträge, als durch Pri-
vat-Unterredungen vielen Seelen zum Segen
seyn konnten.

Der Bruder Franz Böhler hatte auf einem
solchen Besuche im Jahre 1770 Gelegenheit, mit
dem berühmten Methodistischen Prediger George
Whitefield, der vor mehrern Jahren in einiger
Verbindung mit den Brüdern gestanden, sich zu
unterhalten. Dieser Mann, der wenige Mona-

te

te darauf aus der Zeit ging, erinnerte sich bey
dieser letzten Unterredung mit einem Bruder aller
seiner ehemaligen Bekannten von der Brüdergemeine auf eine freundschaftliche Weise, und bat,
sie zu grüßen, äußerte auch seine Freude über den
guten Fortgang der Mission der Brüder in Nordamerika.

§. 20.

Die Kolonie der Brüder in der Wachau erhielt aus Europa und Pensylvanien einige
Verstärkungen, doch immer in geringer Anzahl.
Man bemerkte, daß die langwierigen und bösar-
tigen Fieber, welche sonst gegen Ende des Som-
mers zu herrschen pflegten, weniger gemein waren, nachdem ein großer Theil der Gebüsche in
den niedrigen Gegenden ausgerottet worden, so
daß die stehenden Gewässer besser austrocknen
konnten.

Salem war zum Hauptorte in der Wachau
bestimmt, welcher eine mit andern Gemeinorten
ganz übereinstimmende Verfassung erhalten, wo
bürgerliche Nahrung getrieben werden, wo die
Chorhäuser und Anstalten seyn, und von wo aus
die ganze Kolonie der Brüder in diesem Lande
berathen werden sollte. Mit dem Anbau dieses
neuen Ortes ging es langsam; welches bey dem
Mangel an Händen und Hülfsmitteln in einem
noch so schlecht bevölkerten Lande, und wegen
mehrerer Schwierigkeiten, nicht anders seyn
konnte. Inzwischen wurde doch im Jahre 1769
das Chorhaus der ledigen Brüder fertig und bezogen.

zogen. Im Herbste 1771 kam man mit dem
Bau des Gemeinhauses zu Stande, worin, außer dem Versammlungssaale, die Wohnungen
der Gemeinarbeiter sind; und im Frühjahre 1772
konnten vollends alle Gebäude bezogen, und alle
bürgerliche Gewerbe von Bethabara dahin versetzt werden. Nun wurden die Conferenzen und
die Versammlungen dieser Gemeine eingerichtet.
Letztere wurden in deutscher Sprache gehalten,
doch war alle Monate eine Englische Predigt.
Eine Conferenz von etlichen Brüdern, zur Berathung der Wachauischen Angelegenheiten ins
Ganze, wurde hier im Jahre 1773 eröffnet. Ein
Mitglied derselben, Johann Michael Graff,
empfing in Bethlehem die Ordination als Coëpiscopus.

Was den innern Gang dieser angehenden
Gemeine betrifft: so fanden sich einige ungegründete Leute, welche in derselben die Liebe und den
Frieden eine Zeitlang zu stören, und eine Wider-
setzlichkeit gegen nöthige Ordnungen zu erregen
suchten; allein durch ernstliche und gründliche
Vorstellungen wurde dem Uebel noch zeitig genug
gesteuert; die Schuldigen erkannten und bereue-
ten ihre Vergehungen, und die treuen Gemeinglieder verbanden sich, mit Sorgfalt darüber zu
wachen, daß solche schädliche Dinge nicht mehr
aufkommen möchten.

Außer Salem, Bethabara und Bethania,
an welchem letztern Orte im Jahre 1771 ein neuer
Kirchensaal eingeweiht wurde, sammleten sich in
diesem Zeitraume noch einige kleine Gemeinen
oder.

oder Societäten in der Wachau, die von den Brüdern bedient wurden.

Verschiedene Freunde, die aus andern Provinzen in dieses Land gezogen waren, und sich in einer Gegend, unter der Ens genannt, niedergelassen hatten, vereinigten sich, ein Schul- und Versammlungshaus für sich zu bauen. Auf ihre Bitte zog im Februar 1770 ein Bruder zu ihnen, um sie mit dem Evangelio zu bedienen, und ihre Kinder zu unterrichten. Sie verlangten bald als eine verbundene Societät noch nähere Pflege; ließen sich dann auch von den Brüdern mit den heiligen Sacramenten bedienen, und endlich bekamen sie ganz dieselben Einrichtungen, welche andere Nordamerikanische Landgemeinen haben. Dieser Ort wurde Friedberg genannt.

Ein anderes Dörfchen, Friedland, wurde von den deutschen Familien aus Broadbay in Neuengland angelegt, deren D. Cranz in seiner N. B. H. §. 282. erwehnt; welche, um einer Brüdergemeine näher zu seyn, und deren Pflege besser zu genießen, in den Jahren 1769 und 1770 nach der Wachau zogen. Im Jahre 1773 wurde ihr Schul- und Versammlungshaus fertig; und 1775 zog ein Bruder zu ihnen, der sie mit dem Evangelio bediente.

Von 1772 bis 1774 zogen verschiedene Freunde der Brüder, Engländer von Geburt, aus Carolsmannor und andern Orten in Maryland, nach der Wachau, und baueten sich an dem Fluße Dorothea, oder Muddy-Creek, an.

Die

Die Brüder wurden außerdem an mehrere
Orte in Karolina und Virginien, bis auf 140
Engliſche Meilen weit, von Deutſchen und Eng-
landern eingeladen, zu ihnen zu kommen, und
ihnen das Evangelium zu predigen. Einige Brüder thaten zu dieſem Zwecke öftere Reiſen, und
ihr Zeugniß wurde gern und mit Segen angehört. Es faßte daher auch eine Anzahl Freunde,
die am Fluſſe Atkin, ohnweit den Grenzen der
Wachau wohnten, den Entſchluß, ein Schul-
haus zu bauen, und um einen Bruder zu bitten,
der als Prediger und Schulhalter zu ihnen zöge.

Zu einer Miſſion unter den Indianiſchen
Nationen an den Grenzen von Karolina fanden
die Brüder in der Wachau noch keine Gelegenheit. Sie hatten überhaupt keinen Verkehr mit
den Wilden, die gar nicht in ihre Nähe kamen.
Nur zweymal ſahe man binnen ſechs Jahren in
Bethabara und Salem Indianer, und zwar
Cherokeeſiſche Hauptleute, die auf der Durch-
reiſe begriffen waren.

§. 21.

Die Empörung der ſogenannten Regulators
ſetzte die Etabliſſemens der Brüder mancher Gefahr aus, ſonderlich da im Jahre 1771
dieſen Aufrührern von der Regierung Truppen
entgegen geſchickt wurden. Die beyderſeitigen
Heere rückten in der Nähe der Wachau gegen
einander, und weil die Brüder mit den Regulators nicht gemeine Sache machten, ſo wurden ſie
von dieſen mit der Verwüſtung ihrer Plätze bedrohet.

drohet. Allein der Gouverneur war so glücklich,
die Aufrührer zu zerstreuen, und die Ruhe wieder herzustellen. Da er zu diesem Zwecke mit
seinem Heere das Land ferner durchzog, kam er
auch nach Salem und Bethabara. An letztern
Orte blieb er einige Tage, und ließ daselbst am
6ten Juny, um den Geburtstag des Königs nach-
zufeyern, militärische Uebungen und andere Freu-
denbezeugungen anstellen. Die Brüder überreich-
ten ihm bey dieser Gelegenheit eine Addresse zur
Versicherung ihrer treuen Gesinnung gegen den
König, welche sehr gnädig aufgenommen wurde.
Beym Abschiede am 9ten ernannte der Gouverneur zwey Brüder zu Friedensrichtern. Er sowol als alle Officiere und Soldaten bezeugten
ihr Wohlgefallen an den Etablissemens der Brüder, und viel Vergnügen über ihre gute Aufnahme. Man hatte diese Gelegenheit auch
wahrgenommen, um dem Gouverneur und andern Herren der Regierung eine wichtige Angelegenheit der Wachau zu empfehlen. Nordkarolina ist, gleich andern Englischen Kolonien, in
verschiedene Grafschaften (Counties), und diese
wiederum in verschiedene Kirchspiele (Parishes)
eingetheilt. Die Wachau, oder das Land, welches die Brüder übernommen hatten, wurde 1755
zu einem eigenen Kirchspiele unter dem Namen
Dobb's parish, erklärt, (s. D. Cranz N. B. H.
§. 189.) welches zu der Grafschaft Rowan gehörte. Seit einiger Zeit aber war die Errichtung einer neuen Grafschaft, Surrey-County
genannt, im Werke, und es wurde darauf an-

E

getra-

getragen, daß ein Theil der Wachau zu dieſer
Grafſchaft geſchlagen, und folglich von jenem
Kirchſpiel getrennt werden ſollte. Die Brüder
beſorgten davon nachtheilige Folgen, in Abſicht
auf ihren ungeſtörten Kirchgang. Sie wünſchten daher, daß die Wachau ungetheilt ferner ein
Kirchſpiel ausmachen möchte. Der damalige
Gouverneur Tryon, der kurz darauf nach Newyork verſetzt wurde, konnte den Brüdern darin
nicht weiter dienen, als daß er einigen Herren
empfahl, ihr Geſuch bey der künftigen Aſſembly
zu unterſtützen.

Der neue Gouverneur Joſias Martin war
den Brüdern nicht weniger geneigt, deren Etabliſſemens er im Jahre 1772 mit vielem Vergnügen beſahe, und auf ſeine nachdrückliche Empfehlung wurde im Jahre 1773 durch eine Act of
Aſſembly, der Wachau ihr altes Recht, ein
Kirchſpiel für ſich zu ſeyn, verſichert, und dieſelbe ganz zur Surrey-County geſchlagen.

Gegen Ende dieſes Zeitraumes erregten die
in den Kolonien entſtandenen Bewegungen auch
den Brüdern in der Wachau viel Beſorgniß
wegen der Zukunft, ob ſie gleich anfangs noch
ungeſtört blieben.

In dieſer bedenklichen Lage verließ ſie der
Bruder Friedrich Wilhelm von Marſchall,
zeitheriger Vorſteher daſiger Etabliſſemens, um
ſich zum Synodo nach Europa zu begeben. Zuvor aber that er noch, dem erhaltenen Auftrage
zufolge, eine Reiſe nach Georgien, um den Brüdern, die zu Errichtung einer Miſſion in dieſes

Land

Land gekommen waren, mit gutem Rathe dabey zu dienen.

§. 22.

Es hatte nemlich der Englische Unter-Staats-Secretair, Herr Knox, den Wunsch geäußert, daß den ihm zugehörigen Negern auf seinen Plantagen in Georgien durch die Brüder das Evangelium geprediget werden möchte, mit dem Anerbieten, zu diesem Zwecke ein Stück Landes den Brüdern eigenthümlich zu überlassen, wo sie sich anbauen könnten. Man fand kein Bedenken diesen Antrag anzunehmen; man war vielmehr erfreuet über diese Veranlassung, in ein Land zu kommen, wo sich schon vor vierzig Jahren eine Kolonie Brüder nicht ohne Nutzen aufgehalten hatte, und wo man ein großes Feld zur Verkündigung des Evangelii, sonderlich unter den Negern, zu finden hoffte. Der Bruder Ludwig Johann Wilhelm Müller, ein junger, munterer und begabter Mann, der seit ein paar Jahren als Lehrer im Pädagogio zu Niesky angestellt war, nahm den Ruf zur Verkündigung des Evangelii unter den Negern in Georgien mit Freuden an; und nachdem er zu diesem Zwecke ordinirt worden, begab er sich, in Gesellschaft des Bruders Johann Georg Wagner, dem die Besorgung der äußern Einrichtung bey der anzufangenden Missions-Anstalt aufgetragen ward, im July 1774 auf die Reise nach England. Hier hielten sie sich von der Mitte Augusts bis zu Anfang October auf, in welcher Zeit der Bruder

E 2

Müller

Müller die Englifche Sprache fertig reden lernte.
Sie gingen fodann mit einem Schiffe nach Charlestown in Südkarolina ab. Ohngeachtet von
hier nach Savannah, der Hauptstadt in Georgien, nicht weiter als 120 Englifche, das ist etwa 25 deutfche Meilen ift: fo konnten fie doch,
weil der Handel zwifchen beyden Provinzen ge-
fperrt war, aus Mangel einer Schiffsgelegenheit, nicht eher, als nach Verlauf eines Monats, dahin abreifen. Den 1ften Januar 1775
kamen fie nach Savannah, wo fie bey den
Freunden, denen fie empfohlen worden, und auch
bey andern Herren, eine geneigte Aufnahme fanden. Mehrere derfelben, unter welchen der
Ratspräfident Herr Haberham war, welcher
fchon die vormals in Georgien gewefenen Brüder
gekannt hatte, bezeugten den Wunfch, daß die
Brüder auch ihren Negern das Evangelium predigen möchten. Einige Pfarrer, mit denen fie
bekannt wurden, erwiefen ihnen viele Freund-
fchaft, und wünfchten Glück zu ihrem Vorhaben.
Ein gleiches that der Herr Gouverneur Wright,
welchem fie vorgestellt wurden.

Am 10ten Januar kamen fie auf die 15 Englifche Meilen von Savannah gelegene Plantage
Knoxborough, welche diefen Namen nach ihrem Befitzer führte, und fonft auch Ghofen hieß;
wofelbst fie zuvörderft die Ankunft des Bruders
Friedrich von Marfchall erwarteten, der ihnen
bey ihrer Einrichtung behülflich feyn foll. Gedachter Bruder kam im Merz deffelben Jahres
zu ihnen, und brachte ihnen noch einen Gehülfen
aus

aus der Wachau, Namens Brösing, mit. Da
der Anbau auf dem für die Brüder bestimmten
Lande noch nicht vorgenommen werden konnte,
so wurde einstweilen folgende Einrichtung getrof-
fen. Der Bruder Müller blieb nebst Brösing
auf der Plantage Knoxborough, wo ersterer fort-
fuhr, wie er seit seiner Ankunft gethan hatte, den
Negern alle Sonntage zu predigen, und letzterer
Zimmerarbeit für die Plantage verfertigte.
Wagner begab sich auf die Bitte des Präsidenten Habersham auf dessen 6 Englische Meilen
von Knoxborough gelegene Plantage Sillehope,
um sich seiner Neger anzunehmen. Er hielt den
dasigen Negerkindern Schule, und arbeitete daneben auf seinem Handwerke. So verließ sie
Friedrich Marschall bey seiner Abreise zum
Synodo, dem er von ihrer ganzen Lage genaue
Notiz gab.

Die Hitze, das Klima und die Feuchtigkeit
der Luft, welche von den überschwemmten Reis-
feldern herrührt, verursachen in diesem Theile
von Georgien hartnäckige Fieber, wovon die
Brüder sehr zu leiden hatten. Dieses, nebst andern Schwierigkeiten, worunter die vornehmste
war, daß sie keine offne Ohren für das Evangelium bey den Negern fanden, machte sie oft sehr
niedergeschlagen. Dazu kam, daß, nachdem
auch Georgien der allgemeinen Verbindung der
Kolonien beygetreten war, den Brüdern Wagner und Brösing zugemuthet wurde, an den
Kriegsübungen Theil zu nehmen, dessen sie
sich mit genauer Noth erwehrten. Müller, als

ein

ein Prediger, blieb mit solchen Zumuthungen
verschont.

§. 23.

Wir wenden uns nun zu der Mission der Brüder unter den Indianern in Nordamerika.
In den beyden Gemeinen an der Susquehannah zu Friedenshütten (D. Cranz N. B. H.
§. 284.) und Tschechschequanick (ebend. §. 287.)
waltete GOttes Gnade auf eine mächtige Weise.
Das Evangelium bewies seine Kraft an den
Herzen, sie zu zerschmelzen und umzuwandeln;
die Getauften wuchsen in der Erkenntniß ihrer
selbst und ihres Heilandes JEsu Christi; von den
Heiden, welche öfters in ziemlicher Anzahl die
Predigten besuchten, wurden verschiedene kräftig
erweckt, und durch die heilige Taufe zur Gemeine hinzugethan; auch fanden sich manche, die
sich seit mehrern Jahren verirrt hatten, wiederum
herbey, und suchten, mit Bereuung der verlor-
nen Zeit, ihres Gnadenberufs aufs neue theilhaft zu werden. Die in die Augen fallende Veränderung in der ganzen Gesinnung und dem
Wandel der Indianer, die Aufmerksamkeit und
Rührung, womit dieselben in ihren Versammlungen das Zeugniß des Evangelii anhörten, und
das Gefühl der dabey waltenden Gnade, nöthigte selbst besuchenden Europäern, die nicht zu den
Brüdern gehörten, das Geständniß ab, daß dieses ein Werk GOttes, und daß hier ein wahres
Christenthum anzutreffen sey, welches viele Namenchristen beschäme.

Unter

Unter mehrern Gliedern dieser Gemeinen, welche ihren Lauf durch diese Zeit im Glauben an
JEsum selig vollendeten, war auch eine sechs und
neunzigjährige Witwe, die noch in ihrer Jugend
die Predigten des alten Penns, des ersten An-
bauers der Provinz Pensylvanien, an die in der
Gegend von Philadelphia wohnenden Indianer
mit angehört, und von da an eine Ehrfurcht vor
GOtt behalten hatte.

So viel Freude man übrigens an diesen getauften Heiden haben konnte, wenn sie der erkannten Wahrheit treu blieben; so hatte man
dagegen auch, wenn sich jemand unter ihnen verleiten ließ, den alten heidnischen Gewohnheiten
wiederum nachzuhängen, die schmählichsten Folgen davon zu befürchten. Eine so traurige Aussicht ergab sich im Herbste 1771, da einer der getauften Indianer, der von D. Cranz (N.B.H.
§. 259.) erwehnte Johannes Papunhank, von
andern beschuldigt wurde, das unter den Indianern berüchtigte Zaubergift (ebendas. §. 288.)
zu besitzen, und den Tod einiger Menschen dadurch befördert zu haben. Dieses Vorgeben
verbreitete eine allgemeine Bestürzung unter den
von ihren abergläubischen Vorurtheilen noch
nicht ganz befreyten Gemüthern, die durch keine
Vorstellungen zu bedeuten wären. Dem armen
Verleumdeten wurde heftig zugesetzt, sein Ge-
heimniß zu entdecken; alle Betheurung seiner Unschuld half so wenig, daß vielmehr einige ihn we-
ger seiner vermeinten Widerspenstigkeit sogar mit
dem Tode bedroheten. Doch endlich half GOtt,

E 4 daß

daß die bösen Absichten des Feindes vereitelt wurden: indem eben diejenigen Indianischen Hauptleute, auf welche die Verleumder sich wegen der
Wahrheit ihrer Aussage beriefen, solche gänzlich
leugneten. Johannes Papunhank ward dadurch
völlig gerechtfertiget; die Verleumder wurden
beschämt, und einige Getaufte, die mit der bösen
Sache sich ziemlich weit eingelassen hatten, erkannten ihr Vergehen, und bezeugten nachher
öffentlich in der Gemeine ihre Reue darüber.

Im May 1771 machten die Deputirten der
Aeltesten-Conferenz der Unität, Gregor und
Lorez, in Gesellschaft des Bischofs Nathanael
Seidel von Bethlehem, einen Besuch in Frie-
denshütten, zu vielem Vergnügen auf beyden
Seiten. Alte und Junge drängten sich herbey,
sie zu bewillkommen, und beeiferten sich um die
Wette, ihre Freude über die Ankunft ihrer äl-
tern Brüder, wie sie sie nennten, auszudrücken.

Von Tschechschequanick kam der Lehrer dieser Gemeine, Rothe, nebst seiner Frau und verschiedenen getauften Indianern herzu, um an
diesem erfreulichen Besuche mit Theil zu nehmen.
Einige Tage hinter einander legten die besuchenden Brüder abwechselnd der versammelten Indianergemeine ihre und der Europäischen Gemeinen innige theilnehmende Freude über den erwünschten Fortgang dieser Missions-Anstalt dar,
und fügten herzliche Ermahnungen hinzu, daß sie
der erlangten Gnade treu bleiben, und durch dieselbe in der Liebe und Erkenntniß JEsu Christi
immer zunehmen möchten. Diese Reden, wobey

bey sie sich eines Dollmetschers bedienten, wurden mit großer Aufmerksamkeit und gesegnetem Eindrucke angehört.

Den Unterredungen, welche der Missionär Schmick nebst seiner Frau, wie gewöhnlich, vor dem Genusse des heiligen Abendmahls mit jedem Ehepaare besonders hielt, wohnten die besuchenden Brüder bey, und die zum Theil recht kindlichen, einfältigen und doch sehr nachdrücklichen Herzenserklärungen der Indianer, welche der Missionär ihnen verdollmetschte, vernahmen sie nicht ohne innige Rührung. Sie begingen darauf mit der Gemeine das heilige Abendmahl; wohnten am Pfingstfeste einer Taufe von fünf Erwachsenen bey, halfen auch mit diese Kirchenhandlung verrichten, und sahen endlich zum letztenmal bey einem Liebesmahle die versammelte Gemeine, welche durch ihren Dollmetscher für den aus so großer Entfernung ihr gegönnten Besuch öffentlich Dank sagen ließ. Vor ihrem Abschiede waren sie noch in einer Versammlung der erwachsenen Mannspersonen, welche sich über die erhaltene Einladung, nach der Ohio zu ziehen, berathschlagten.

§. 24.

Es ist hier zu merken, daß bereits im Jahre 1768 auf einem im Fort Stanwix gehaltenen Congreß von den Sechs Nationen und einigen andern Indianischen Völkerschaften ein großer Strich Landes an der Susquehannah, in welchem auch Friedenshütten und Tschechschequanic

E 5

quanick tag, an die Provinz Pensylvanien abge-
treten worden ist.

Auf die Vorstellung der Brüder wurde zwar
vom Gouverneur in Philadelphia die Versicherung ertheilt, daß die beyden Indianergemeinen
ihre Wohnplätze nebst einem Jagdrevier von fünf
Meilen, innerhalb dessen keine weiße Leute sich
anbauen dürften, ungestört behalten sollten.
Allein die Delawaren, welche an der Ohio
wohnten, und namentlich drey ihrer vornehmsten
Hauptleute in der westlichen Gegend, ließen gleich
darauf im Jahre 1769 sämtliche an der Susquehannah wohnhafte Indianer, und auch ausdrücklich mehrgedachte beyde Gemeinen, einla-
den, sich in ihr Land zu begeben. Nachdem nun
dieser Antrag im April 1771 durch eine förmliche
Botschaft in Friedenshütten und Tschechschequanick bekannt gemacht worden, auch der Bruder
David Zeisberger, wie wir unten sehen werden,
wegen ihrer Aufnahme und des für sie bestimmten Wohnplatzes an der Ohio, an Ort und
Stelle nähere Erkundigung eingezogen hatte: so
faßten gedachte Indianergemeinen endlich den
Entschluß, der Einladung ihrer Landsleute zu
folgen. Es kostete sie solches wol nicht wenig, da
sie sich an ihren bisherigen Wohnplätzen sehr
wohl eingerichtet, dauerhafte Häuser gebauet,
und die Aecker mit vieler Mühe in einen fruchtbaren Stand versetzt hatten. Sie konnten aber
doch nach der bisherigen Erfahrung sich in die
Länge keinen ruhigen und ungestörten Aufenthalt
in einer Gegend versprechen, wo sie mit lauter

Euro-

Europäischen Kolonisten umgeben wären; zu geschweigen, daß sie in dieser Lage der Absicht, ein Licht unter ihrer Nation zu seyn, wodurch noch mehrere Wilde zur Erkenntniß des Heils gebracht würden, nachzukommen, wenig Gelegenheit hatten. Weil sie ihren bisherigen Wohnplatz von den Sechs Nationen erhalten hatten; so erwarteten sie zwar auch geraume Zeit, von diesen anderweitig versorgt zu werden. Es wurde ihnen aber von denselben nicht eher als im Frühjahre 1772, nachdem sie sich bereits nach der Ohio zu ziehen entschlossen hatten, eine andere Gegend zum Aufenthalte angewiesen; wovon sie nun keinen Gebrauch mehr machen konnten.

An der Ohio war bereits durch den Bruder David Zeisberger in Goschgosching eine kleine Gemeine von Gläubigen gesammelt worden, welche bald nicht weit davon an einen besondern Ort, Lawunakhannek, sich anbauete. (D. Cranz N. B. H. §. 289.)

Am angeführten Orte ist auch erwehnt, daß diese Gemeine im Jahre 1770 nach der Biber-Creek gezogen ist, und daselbst einen neuen Ort, Languntoutenünk oder Friedensstadt angebauet hat. Die Veranlassung zu diesem Zuge war eine von den Hauptleuten der Delawaren in der westlichen Gegend ergangene Botschaft, wodurch sie alle Indianer, die in Goschgosching und daherum wohnten, in ihr Land beriefen.

Von Kaskaskunk am Biber-Creek, wo einer der nur erwehnten Hauptleute, Namens Pakanke, seinen Sitz hatte, kam wegen ebengedachter

dachter Angelegenheit ein unter den Indianern sehr angesehener Mann, Glikhikan, im Sommer 1769 nach Goschgosching. Bey verschiedenen Besuchen, die er von da aus in Lawunak-haunek machte, wurde er, ein bisheriger Indianischer Lehrer von der Art, wie sie D. Cranz (N. B. H. §. 288.) beschreibt, durch das Zeugniß der Brüder und der Helfer von seiner Nation von der Nichtigkeit seiner Lehre, die ihm schon vorher zweifelhaft geworden, vollends überzeugt; dagegen er dem Evangelio, welches er hier zuerst vernahm, von Herzen Beyfall gab. Er versicherte, daß obgedachten Hauptleuten besonders daran gelegen sey, daß die gläubigen Indianer in ihr Gebiet kämen, zu welchem Ende sie, nebst den übrigen Indianern an der Susquehannah, auch ausdrücklich die beyden dortigen Gemeinen hätten zu sich rufen lassen. Dieses machte David Zeisbergern und seinem Gemeinlein um so mehr Muth, der Einladung nach der Biber-Creek zu folgen, da solche auch von den Indianern in Goschgosching angenommen wurde, wiewol letztere ihren Zug erst späte. antraten. Von Lawunakhannek geschahe der Aufbruch im Frühjahre 1770 zu Wasser auf der Ohio, und aus derselben in die Biber-Creek.

Glikhikan, der schon ganz den Brüdern zugethan war, holte sie ab, und zog, als sie an ihren neuen Ort kamen, gleich zu ihnen. Auch Gendaskund, ein Hauptmann von Goschgosching, der sich bisher durch seine Verwandte abhalten lassen, folgte nebst seiner Familie der
In-

Indianergemeine auf ihrem Zuge, und blieb von da an bey derselben.

§. 25.

Gleich bey der Ankunft auf dem neuen Wohnplatze, begaben sich verschiedene Brüder zu dem Hauptmann Pakanke nach Kaskaskunk; erklärten ihm ihre Absicht, sich in seinem Gebiete niederzulassen; machten ihm einen Begriff von der Lehre und dem Wandel der Gläubigen; und baten für sich und ihre Lehrer um Aufnahme und Schutz, welche er ihnen versprach. Es wurden dann an diesem neuen Orte, der den oberwehnten Namen erhielt, noch in diesem Herbste zehen Blockhäuser und fünf Indianische Hütten erbauet. Von Goschgosching zogen ihnen verschiedene nach.

In der Gegend, wo sie nun wohnten, war der Anblick einer christlichen Gemeine von Indianern für die Wilden ganz neu, und erregte ihre Verwunderung; sie besuchten häufig daselbst; viele wurden durch das Zeugniß des Evangelii, welches sie da hörten, und durch die Wirkungen desselben, die sie an ihren Landesleuten sahen, gerührt und erweckt; sie faßten den Entschluß, da zu bleiben, und sich zu bekehren; und nach und nach wurden sie durch die heilige Taufe der Gemeine einverleibt. Die Gnade GOttes waltete mächtig unter diesem aufblühenden Gemeinlein, welches zu Ende des Jahres 1771 bereits 124 Einwohner in 24 Häusern hatte. Einige von den gläubigen Indianern waren treue Gehülfen

in

in der Predigt des Evangelii an ihre Landsleute,
denen ſie zum Theil mit vielem Nachdruck bezeugten, was ſie ſelbſt an ihren Herzen erfahren
hatten. Unter dieſe muntern Zeugen kamen auch
bald nach ihrer in der Chriſtnacht 1770 erfolgten
Taufe oberwehnte Indianiſche Hauptleute,
Gendaskund und Glikhikan, welche nun Jakob
und Iſaak hießen. Letzterer hatte ganz vorzügliche Freymüthigkeit und Gaben zum Vortrage,
ſo daß ſeine Landsleute von ihm ſagten: "es gehe ſtromweiſe, wenn er vom Heilande rede."

Unter den Indianern in Kaskaskunk waren
viele dem Evangelio gram, und trugen es darauf
an, daß die weißen Lehrer von Friedensſtadt
vertrieben, und dadurch der Indianiſchen Gemeine ein Ende gemacht werden möchte; ſie
machten auch ſelbſt den Hauptmann Pakanke
durch ihr Zureden ſo irre, daß er ſich zuweilen ſo
äußerte, als ob er der Indianiſchen Gemeine
den verſprochenen Schutz entziehen wollte. Folgender beſondrer Vorfall brachte ihn wiederum
auf beſſere Gedanken. Da die Indianer in
Goſchgoſching in Verlegenheit darüber geriethen,
daß manche ihrer angeſehenſten Leute ſich zu den
Gläubigen begaben, kamen ſie dadurch endlich
auf die Gedanken, daß ſie die gläubigen Indianer ſamt ihren Lehrern, welche ſie bisher als Ab-
trünnige von ihrer Nation und Fremdlinge (in
ihrer Sprache Schwonnaks) betrachteten, unter ihre Nation aufnehmen, und ihnen die Rechte der Eingebornen ertheilen wollten. Sie thaten
desfalls den Brüdern einen Antrag, und nachdem

dem letztere ihre Willigkeit, solchen anzunehmen,
mit dem Bedinge erklärt hatten, daß sie zwar
an allen andern National-Bedürfnissen, jedoch
nicht an dem, was auf Krieg und Mord einigen
Bezug hätte, als womit sie sich nicht abgeben
könnten, werkthätigen Antheil nehmen wollten:
so wurde der Entschluß der Brüder von der
Rathsversammlung in Goschgosching mit Freuden genehmigt, und mit der Nachricht davon im
July 1770 sowol an die Indianergemeine in Languntoutenünk, als auch an den Hauptmann zu
Kaskaskunk eine Botschaft geschickt, welche von
letzterm Orte nach Gekelemukpechünk, dem damaligen Hauptsitze der Delawaren, sodann an
die Sechs Nationen, die Schawanos und andre
benachbarte Indianische Völkerschaften befördert
werden sollte. Was den Hauptmann Pakanke,
anlangt, so gab er zwar unter dem Vorwande,
daß viele Glieder seines Raths abwesend wären,
keine entscheidende Antwort; doch erklärte er sich
für seine Person der Sache beyfällig, war von
da an weniger zurückhaltend, seine Zuneigung
gegen die Brüder zu äußern; besuchte selbst in
Languntoutenünk; bezeigte Achtung für die Predigt des Evangelii, die er da hörte; und rieth
selbst seinen Kindern, dahin zu gehen, und gläubig zu werden.

§. 26.

Dem ohngeachtet bekamen die Feinde des Evangelii in Kaskaskunk bald die Oberhand.
Die meisten dasigen Einwohner liebten das heidnische

nische Wesen, und überließen sich dem wilden Leben und dem Trunke, dessen sie sich eine Zeit lang
enthalten hatten, hernach desto zügelloser. Die
Gläubigen wurden, wenn sie dahin kamen, ver-
spottet, und auch an ihrem Orte öfters beunruhiget. Ihre Noth und Gefahr vermehrte sich,
da im Frühjahre 1771 mehrere Indianer von der
Ohio in ihrer Nachbarschaft an der Biber-Creek
sich niederließen. Von diesen Wilden wurde
Languntoutenünk ganz umgeben, und die Gläubigen nebst ihren Lehrern waren beständigen Drohungen und mörderischen Anfällen betrunkener
und boshafter Leute ausgesetzt, so daß sie auch
mehrere Nächte hindurch zu wachen genöthigt
waren. Als sie nun endlich deßfalls im Januar
1772 sich an den Hauptmann Pakanke mit
Bitte um seinen Schutz wandten: so erklärte selbiger, er sey außer Stande ihnen zu helfen, und
rieth ihnen dagegen, auf eine Einladung von Gekelemukpechünk, in dortige Gegend zu ziehen,
wo sie, laut einer Botschaft von dortigem Hauptmann, die er ihnen bekannt machte, und wodurch auch die gläubigen Indianer an der Susquehannah dorthin eingeladen wurden, einen ruhigen Aufenthalt haben und dabey geschützt werden sollten. Bereits im July 1770 hatte David
Zeisberger dem Hauptmann Pakanke, der ihm
die Einladung der beyden Indianergemeinen an
der Susquehannah im Namen der Hauptleute
in Gekelemukpechünk anzeigte, darauf erklärt:
es könnten besagte Gemeinen nicht eher in diese
Gegend ziehen, bis ein Wohnplatz für sie be-

stimmt

stimmt sey, und sie versichert wären, daß sie ihre
Lehrer mitbringen könnten, und eine gute Behandlung erfahren würden. Pakanke hatte ihm
darauf empfohlen, mit den Hauptleuten in Gekelemukpechünk deßfalls nähere Abrede zu nehmen. Dieses bewog David Zeisbergern, im
Merz 1771 in Gesellschaft einiger gläubigen Indianer nach besagtem Orte zu reisen, welcher an
dem Flusse Muskingum lag, nach Indianischer
Art ziemlich groß war, indem er etwa aus hundert Häusern bestand, und mehrentheils von Una-
mi oder Delawaren, jedoch auch von einigen
Monsys bewohnt war. Der Hauptmann Netawatwees nahm die Brüder, unter welchen
Isaak sein ehemaliger vertrauter Freund war, in
sein Haus auf, mit der Erklärung, "er wollte
gern viel von ihnen hören." Eine Menge Indianer versammleten sich daselbst, um die Brüder
zu sehen, und hörten Zeisbergers Predigten einige Tage hinter einander begierig an. Die mit-
gekommenen gläubigen Indianer legten ihren
Landsleuten das Wort GOttes weiter aus, fanden aber darunter auch bittere Feinde und Wi-
dersprecher der Wahrheit. Der Hauptmann
schien nicht ungeneigt, die Predigt des Evangelii
in seinem Gebiete zu genehmigen, und den Gläubigen einen besondern Wohnplatz einzuräumen,
wovon ihm Zeisberger die Nothwendigkeit vorstellte. Er versprach, die Sache in Ueberlegung
zu nehmen.

Nach Zeisbergers Abreise suchte ein Indianischer Lehrer alles gegen ihn einzunehmen, mit dem

F   Vor-

Vorgeben, dieser weiße Prediger gehe nur damit
um, viele Indianer an sich zu ziehen, um sie alsdann über die See zu bringen, und als Sklaven
zu verkaufen, worauf man sie als Pferde brauchen und mit der Peitsche züchtigen würde. Er
gab zugleich besondere Offenbarungen vor, drohete mit Ueberschwemmung und Hungersnoth
denen, die den Brüdern folgen würden, und
versprach dagegen seinen Anhängern allen Ueberfluß, wenn sie gleich nichts pflanzten. Eine ziemliche Anzahl Indianer ließen sich wirklich von
ihm bethören, und da sie auf sein Wort ihre Felder nicht bestellten; so litten sie nachmals großen
Mangel an Lebensmiteln. Der Hauptmann
Netawatwees ließ sich indeß in seiner guten Gesinnung gegen die Brüder nicht stören, sondern
gab vielmehr wiederholt zu erkennen, wie er
wünsche, daß die gläubigen Indianer sich in seinem Gebiete niederlassen möchten. Nachdem
nun Zeisberger noch im September 1771 in
Friedenshütten gewesen, um wegen des Zugs der
Gemeinen an der Susquehannah in das Land
der Delawaren, und ihrer künftigen Niederlassung daselbst, vorläufige Abrede zu nehmen; so
begab er sich im Frühjahre 1772 nebst einigen
Indianerbrüdern nach Gekelemukpechünk, um
in dasigem Gebiete, so wie ihm auch der Hauptmann in Kaskaskunk dazu gerathen hatte,
einen bequemen Platz auszusuchen, wo sich die
gläubigen Indianer sowol von Languntoutes-
nünk als von der Susquehannah anbauen
könnten. Sie ersahen sich solchen am Muskingum,

gum, ohngefehr 20 Englische Meilen von Gekelemukpechünk. Darauf gingen sie nach letztgedachtem Orte, und zeigten dem Hauptmanne und
seinem Rathe ihre Absicht an, sich in seinem Gebiete wohnhaft niederzulassen. Der Hauptmann
äußerte seine Freude darüber; erklärte, daß er
ihnen gerade die Gegend, welche sie selbst gewehlt,
zugedacht habe, und bestimmte einen weitläufigen
Bezirk dort herum, wo sich, nach ihrem Wunsche, außer den Gläubigen niemand anbauen
sollte. Sie kehrten darauf nach Langunt- e-
nünk zurück, und Zeisberger machte gleich Anstalt, um fünf Familien von da nach dem neuen
Wohnplatze zu ziehen, um daselbst zum Empfan-
ge der nachkommenden alles vorzubereiten. Sie
langten im May daselbst an, und richteten sich
nach und nach so gut wie möglich ein. Von den
Wilden in dasiger Gegend hatten sie gleich häufigen Besuch; die Predigt des Evangelii fand
bey manchen Eingang; und sie waren kaum einen
Monat da, als schon eine Familie von zehn Personen aus Gekelemukpechünk zu ihnen zog, mit
dem Entschlusse, sich JEsu ganz zu ergeben.

§. 27.

Im Juny 1772 brachen die Gemeinen an der
Susquehannah auf. Hundert und vierzig
Personen gingen in zwey und dreyßig Canoes oder
Böten zu Wasser, unter Anführung des Bruder
Rothe und seiner Frau, und vier und funfzig zu
Lande, bey welchen sich der Bruder Johann Et-
wein befand, der zu ihrer Begleitung von Beth-

F 2 lehem

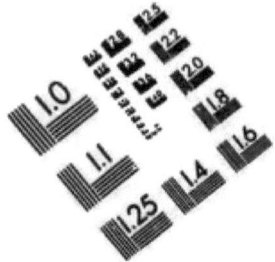

**IMAGE EVALUATION
TEST TARGET (MT-3)**

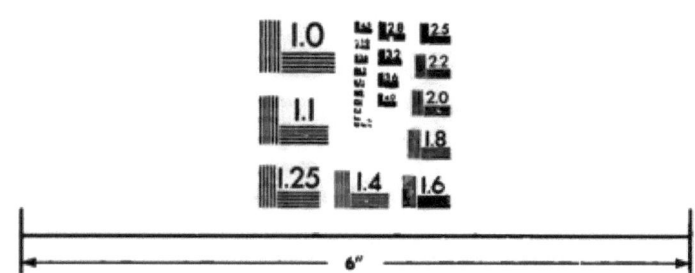

6"

Photographic
Sciences
Corporation

23 WEST MAIN STREET
WEBSTER, N.Y. 14580
(716) 872-4503

lehent kam, wohin der bisherige Lehrer in Friedenshütten, Johann Jakob Schmick, nebst seiner Frau, auf einige Zeit sich zur Ruhe begab.
Zu gedachten Fußgängern stießen noch sieben und
vierzig Personen von Tschechschequänk. Die
an sich ziemlich weite Reise wurde durch mancherley Aufenthalt verlängert. Die Beschwerlichkeit
des Weges, da sie bald dichtes Gebüsch, bald
rauhe Felsen, und über einander hingestürzte
Baumstämme, bald Sumpf und Wasser vor
sich hatten, verzögerte ihr Fortkommen, und
nöthigte sie mehrmalen auszuruhen. Sechs und
dreyßigmal mußten sie durch die Muncy-Creek
waten. Eine ansehnliche Heerde Vieh, welche
sie mit sich trieben, war auch nicht so geschwind
fortzubringen. Manche Zeit mußte auf die Jagd
verwendet werden, um Lebensmittel zu bekommen. Endlich waren sie wegen der Masern, womit viele Kinder und Erwachsene unterwegs befallen wurden, die jedoch alle glücklich durchka-
men, einige Tage stille zu liegen genöthiget. Zu
Anfang August erreichten sie insgesamt Languntoutenünk. Von den Quäkern in Philadelphia
wurde bald darauf mit einem Schreiben an die
christlichen Indianer, die nach der Ohio gezogen sind, ein Geschenk von hundert Spani-
schen Thalern für sie übermacht, welches ihnen
zu Anschaffung des nöthigen Welschkorns sehr
wohl zu statten kam, und mit vielem Danke angenommen wurde.

Johann Erwein reisete bald nach seiner Ankunft mit sechs Indianer-Familien nach dem
neuen

neuen Wohnplatze am Muskingum, welcher
nun regelmäßig angelegt wurde, und den Namen
Wolhik-Thuppek, das ist, Schönbrunn erhielt. Von hier begab er sich mit fünf Indianerbrüdern zu dem Hauptmanne Netawatwees, welchem sie für das den Gläubigen geschenkte Land nochmals Dank sagten, und den
Sinn und die Absichten der Brüder deutlich dar-
legten, mit Bitte, ihnen seinen Schutz zu gewähren. Der Hauptmann bezeugte seine Freude
über der Brüder Ankunft, verschob jedoch die
förmliche Antwort auf andere Zeit. Nachdem
der Bruder Etwein den Missionarien in Absicht
auf die künftige Bedienung des Missions-Werkes manchen guten Rath ertheilt hatte, auch noch
bey seinem Daseyn gewisse Ordnungen fest gesetzt
worden, wornach sich diejenigen zu richten hätten,
die bey der Indianergemeine wohnen und Mitglieder derselben werden wollten; so reisete er im
September nach Bethlehem zurück.

Außer Schönbrunn, und zwar auf dem
Wege von da nach Gekelemukpechünk, in gleicher Entfernung von beyden Orten, wurde noch
ein zweyter Wohnplatz für gläubige Indianer angelegt. Den Anfang dazu machten sechzehn Familien, mehrentheils Mahikander, und die übrigen Delawaren, welche schon ehedem in Gnadenhütten an der Mahony, (s. D. Cranz N. B.
H. §. 139.) beysammen gewohnt, und seitdem eine
besondere Freundschaft unter sich behalten hatten.
Sie nannten auch den neuen Ort, zum Andenken
an jenen früheren Aufenthalt, Gnadenhütten.

Der

Der Theil der Indianergemeine, welcher
mit ihrem Lehrer Rothe und seiner Frau vorerst
noch in Languntoutenünk zurück blieb, war
manchen Beängstigungen von besoffenen Wilden
aus der Nachbarschaft ausgesetzt, deren einer an
einem Morgen in Rothe's Wohnung mit wiederholter Drohung, ihn zu ermorden, hinein-
drang, jedoch noch glücklich abgehalten wurde.
Im April 1773 zogen vollends alle gläubige Indianer nach Schönbrunn und Gnadenhütten.
Zur Bedienung der Gemeine an letzterm Orte
kam im July desselben Jahres oberwehnter Missionär Schmick wieder von Bethlehem nebst seiner Frau. Ein lediger Bruder war sein Gehülfe.
Die Gemeine in Schönbrunn wurde durch Rothe's und Jungmanns bedient; noch wohnte
daselbst David Zeisberger, der die Aufsicht über
dasiges ganzes Missions-Werk führte, nebst einem ledigen Bruder, der zum Dienste der Mission zugezogen wurde.

Diese Gemeinen genossen an ihren neuen
Wohnplätzen anfangs einer ungestörten Ruhe;
und in Ansehung ihres äußern Bestehens, darin
sie zwar durch die Ortsveränderung sehr zurück
gesetzt worden, litten sie keine Noth. In ihrem
innern Gange waltete Gnade, und sie blieben
nicht ohne Frucht unter dem Volke, darunter
der HErr sie gepflanzet hatte. Viele Indianer
hörten das Evangelium an diesen Orten mit Eindruck; eine gute Anzahl derselben faßte den ernst-
lichen Entschluß, da zu bleiben, und sich zu bekehren, und gelangte nach und nach zur heiligen
Taufe.

Taufe. Darunter war ein angesehener Hauptmann Echpalawehund, der den Namen Petrus erhielt.

§. 28.

Die Brüder begnügten sich jedoch nicht mit dem
Segen, welchen der Anblick einer Gemeine von Gläubigen und die Predigt des Evangelii
in derselben bey den besuchenden Fremden stiftete.
Sie hielten es vielmehr für ihre Pflicht, da sie
jetzt mitten unter verschiedenen Indianischen Völkerschaften wohnten, neue Bekanntschaften mit
denselben zu errichten, um, so viel es die Gelegenheit erlaubte, das Wort der Versöhnung unter
ihnen auszubreiten, und sie mit ihrem Schöpfer
und Erlöser bekannt zu machen. Zeisberger, der
seit vielen Jahren ähnliche Versuche nicht ohne
Erfolg gemacht hatte, widmete sich auch jetzt dieser Sache besonders. Er wollte den Anfang bey
den Schawanosen machen; diese waren nicht
nur die nächsten Nachbarn der Delawaren, sondern die Brüder hatten auch schon ehedem mit einigen von dieser Nation Bekanntschaft gemacht.
(s. D. Cranz N. B. H. §. 104.) Zeisberger
machte sich im October 1774 in Gesellschaft
zweyer Indianerbrüder auf den Weg zu ihnen.
Zufälliger Weise hatten sie ihr erstes Nachtlager
bey des in D. Cranz N. B. H. (§. 220.) erwähnten Paxnous Sohne, welcher Zeisbergern
noch kannte, und freudig aufnahm, auch sein
und seiner Gefährten Zeugniß mit Beyfall an-
hörte. Von diesem Manne wurden sie Tages

F 4   darauf

darauf in das ansehnlichste Dorf der Schawanosen in dasiger Gegend gebracht, und zwar zu
einem bey seiner Nation in vieler Achtung stehenden Lehrer. Letzterer hörte die Predigt der Brüder um so begieriger an, da er, wie er nachher
gestand, an seiner ehemaligen Lehre, nach welcher
die Indianer durch Brechmittel sich von der Sünde reinigen sollten, selbst schon seit einiger Zeit irre geworden war, und daher seine Leute vertrö-
stet hatte, es würde wol noch jemand kommen,
um ihnen den rechten Weg zur Seligkeit, den sie
noch nicht kennten, anzuzeigen. Er glaube nun,
sagte er, GOtt habe die Brüder gesandt, ihnen
sein Wort kund zu thun. Die übrigen Einwohner des Ortes stimmten ihm bey, und nachdem sie
einen Rath gehalten, erklärten sie Zeisbergern
und seinen Gefährten ihren Entschluß, GOttes
Wort anzunehmen, mit der Bitte, daß nicht
nur gläubige Indianer, sondern auch weiße Brüder zu ihnen ziehen möchten, um sie zu unterrichten. "Wir sind wol schlechte Leute," sagte obgedachter Letzer, der das Wort führte; "aber
verschmähe uns doch nicht, weil wir so schlecht
sind, und versage uns unsre Bitte nicht." In
dem nächstfolgenden Winter begaben sich einige
Abgeordnete dieser Schawanosen auf den Weg
nach Gnadenhütten, um diese Bitte dort zu
wiederholen; allein sie wurden, ehe sie dahin kamen, durch widriggesinnte in Gekelemukpechünk
in ihrem Vorhaben irre gemacht. Zeisberger
entschloß sich indeß, im September 1773 eine
abermalige Besuchreise zu gedachter Nation zu
thun,

thim, wurde aber von einem Hauptmanne derselben, der überhaupt gegen alle Europäer sehr
eingenommen war, und sie lauter listiger und
treuloser Anschläge gegen die Indianer beschul-
digte, nicht wohl empfangen; und wiewol dieser
Mann sich durch Zeisbergers und seiner Indianischen Gefährten Zeugniß von den guten und redlichen Absichten der Brüder und der Vortrefflich-
keit ihrer Lehre einigermaßen bedeuten ließ: so
wurde doch bey diesem Besuche der Zweck nicht
erreicht. Die darauf erfolgten Kriegsunruhen
störten das weitere Verkehr der Brüder mit den
Schawanosen.

Eben dieselben Unruhen verhinderten auch
vorjetzt einen Besuch, welchen Zeisberger unter
den Cherokeesen zu machen gedachte, nachdem
diese zahlreiche Nation im Frühjahre 1774 mit
den Englischen Kolonien in einen Friedensbund
getreten war. Noah, der Erstling von dieser
Nation, welcher vor vielen Jahren als Gefan-
gener unter die Delawaren gekommen, und im
Jahre 1773 von den Brüdern getauft worden
war, brannte vor Begierde, ihn dahin zu begleiten, um seine Landsleute mit GOttes Worte bekannt zu machen.

§. 29.

Der Krieg, welcher zwischen den Virginiern
und Schawanosen im Jahre 1774 entstand, verursachte den Indianergemeinen viele
Unruhe, und insonderheit waren die bey ihnen
sich aufhaltenden weißen Geschwister in großer

Gefahr. So wurde ihnen, als im May gedachten Jahres etlich und funfzig Krieger durch Gnadenhütten zogen, von einigen derselben nach dem
Leben getrachtet, jedoch durch deren gutgesinnten
Anführer alles Unglück verhütet. Inzwischen
begab sich Nache mit seiner Frau und Kindern
bald darauf nach Bethlehem in Sicherheit. Die
übrigen weißen Brüder und Schwestern wagten
es, bey der Indianergemeine ferner auszuhalten.
Ein Glück war es, daß die Hauptleute der Delawaren zur Erhaltung des Friedens geneigt waren. Die Brüder bestärkten sie in dieser Gesinnung und dem guten Vertrauen zu den Englischen
Kolonien, wenn sie, wie es bey den Wilden zu
gehen pflegt, durch allerley lügenhafte Reden in
Furcht gesetzt wurden. Letzteres war insonderheit
der Fall, da endlich zu zweyenmalen Virginische
Truppen in das Land der Schawanosen einrück-
ten, um sie für ihre Räubereyen und Mordthaten zu züchtigen. Dieser Umstände bedienten sich
einige Wilden, ihre Verwandten, die sich in
Schönbrunn aufhielten, in Angst zu setzen, um
sie dadurch zu bewegen, die Gemeine zu verlassen. Der alte Salomo Allemewi (s. D. Cranz
N. B. H. §. 289.) ließ sich wirklich verleiten,
von den Gläubigen wegzuziehen, bereuete jedoch
bald diesen Schritt, und ward zu Anfang des
folgenden Jahres auf seine Bitte wieder angenommen. Ueberhaupt aber huben die Feinde der
Brüder in Gekelemukpechünk um diese Zeit ihre Häupter empor, und trugen es mehrmalen
darauf an, daß die Missionarien aus dem Lande
ent-

entfernt, und die Predigt des Evangelii unter den Indianern gehindert werden sollte. Sie würden auch ihren Zweck allem Anscheine nach erreicht haben, wenn nicht GOtt einen der angesehensten Männer aus ihrem Rathe, den Kapitain White Eye, der beym Besuche in Schönbrunn von der Wahrheit des Evangelii kräftig überzeugt wurde, ob er gleich wegen seiner Zerstreuung durch politische Geschäfte die gründliche Bekehrung noch verschob, zu einem eifrigen Verfechter der Brüder erweckt hätte, der sich allen Anschlägen gegen dieselben, so bald er solche erfuhr, mit dem größten Nachdrucke und, wegen seines vorzüglichen Ansehens, mit gutem Erfolge widersetzte. Eben dieser Mann suchte es mit allem Ernste dahin zu bringen, daß der oben erwehnte im Jahre 1770 von Goschgoschünk aus geschehene Antrag befolgt, die Indianergemeinen samt ihren Lehrern von der Nation der Delawaren öffentlich in Schuz genommen, und die Predigt des Evangelii unter derselben autorisirt würde. Die Brüder hatten an diese Sache mehrmals erinnert, und White Eye nahm sich ihrer dabey treulich an. Allein erst nachdem der Friede zwischen den Virginiern und Schawanosen gegen Ende des Jahres 1774 wiederhergestellt worden, konnte er völlig zum Zwecke gelangen. Es wurde dann wirklich im Rathe zu Gekelemukpechünk der Entschluß gefaßt, daß die Delawaren das Wort GOttes annehmen wollten; das heißt: ein jeder von dieser Nation sollte von nun an ungehindert zu den Brüdern ziehen können,

nen, und sich taufen lassen, und die Gläubigen
sollten mit der übrigen Nation gleichen Antheil
an ihrem Lande und an allen ihren Vorrechten
haben; den gläubigen Indianern sollte mehr Land
zur Wohnung eingeräumt, und den Wilden ge-
wehrt werden, daß sie sich nicht zu nahe bey ihnen
niederließen. Der alte Hauptmann Netawatwees begab sich selbst nebst Kapitain White Eye
und mehreren Rathsgliedern im Februar 1775
nach Gnadenhütten, um diese Botschaft feyerlich dahin zu bringen. Dem Hauptmanne Pakanke in Kaskaskunk schickte er solche mit den
Worten zu: "Ich und du, wir sind beyde alt,
und wissen nicht, wie lange wir noch zu leben
haben; so laß uns denn noch ein gutes Werk
thun, ehe wir aus der Zeit gehen, und unsern
Kindern und Nachkommen hinterlassen, daß wir
das Wort GOttes angenommen haben. Laß
dieses unsern letzten Willen und Testament seyn."
So endigte sich dieser Zeitraum, mit den
günstigsten Aussichten zum Fortgange des Missions-Werkes unter den Indianern; die aus
denselben gesammleten Gemeinen waren in einem
erwünschten Gnadengange; von den Wilden
wurden viele erweckt und zu denselben hinzugethan; und weil die Lebensart der Indianer nicht
verstattet, daß dieselben in sehr großer Anzahl an
einem Orte wohnen; so mußte bald auf die Errichtung eines dritten Wohnplatzes Bedacht genommen werden.
Ausführlichere Nachrichten findet man in der
Geschichte der Mission der Brüder unter den

In-

Indianern in Nordamerika durch G. H.
Loskiel. Barby 1789.

§. 30.

Die Mission unter den Arawacken in Suriname hatte einen zwar nicht sehr glänzenden,
doch nicht ungesegneten Fortgang. Die kleinen
Gemeinen aus dieser Nation, welche in Saron
an der Sarameka und in Hoop an der Koren-
tyn gesammlet worden, mußten darum an der nöthigen Pflege vieles entbehren, weil die Glieder derselben nicht an besagten Orten beysammen unter der
Aufsicht der Missionarien wohnen konnten, sondern, weil es daselbst an tauglichem Lande zum
Bau der ihnen statt des Brodes dienenden Kasso-
bi-Wurzel fehlte, ihre Wohnungen nebst ihren
Tuynen oder Feldern mehrentheils etliche Stunden weit davon anlegten, von wo aus sie fast nur
an den Sonn- und Festtagen nach obgedachten
Missions-Plätzen zu den Versammlungen kamen.
Inzwischen waren die Missionarien an beiden Orten, unermüdet im Besuch ihrer zerstreuten Kirchkinder und anderer Indianer, die in dasigen Gegenden wohnten, und unter welchen noch manche
der ehedem von den Brüdern Getauften sich befanden, von denen nach und nach verschiedene wiederum der Gemeine einverleibt wurden. Insonderheit wohnten an der Mebenna und Arralikulli-
Creek, wo man von Hoop aus besuchte, ziemlich
viele Arawacken, deren Anzahl im Jahr 1769
beträchtlich vermehrt wurde, da verschiedene dahin
zogen, die bisher in der Oyronoque, Isequeb

und

und Demerary gewohnt hatten. Unter diesen befanden sich einige der vormals in Pilgerhut getauften, welche sich bald wieder bey den Brüdern in
Hoop meldeten.   Bey allen Schwierigkeiten,
womit diese Mission umgeben war, und die theils
von dem National-Charakter und der Lebensart der
Arawacken, theils auch von dem Klima und der
Beschaffenheit des Landes, herrührten, hatte man
um so mehr Ursache, die Gnade GOttes dankbarlich zu erkennen, welche über den aus gedachter
Nation gesammleten Gemeinlein waltete, und
deren Würkungen bey der öffentlichen Predigt des
Evangelii an dieselben, und in ihren übrigen gottesdienstlichen Versammlungen, so wie auch bey
einzelnen Unterredungen mit deren Mitgliedern,
öfters sehr deutlich wahrzunehmen waren. Von
Zeit zu Zeit bekehrten sich auch einige aus den Heiden zu Christo, und wurden durch die heilige Taufe
zur Gemeine hinzugethan.

Im Jahre 1775 vollendete der Bruder Johann Konrad Cleve, der seit vielen Jahren ein
treuer Zeuge des Evangelii unter der Arawackischen Nation gewesen, seinen Lauf durch diese
Zeit, auf einer Reise von Hoop nach Paramaribo. Sein Verlust war um so empfindlicher, da
jeder neue Gehülfe bey dieser Mission zur Erlernung der schweren Arawackischen Sprache ziemlich lange Zeit braucht.

§. 31.

Der Bruder Rudolph Stoll, welcher sich bey
den Surinamischen Freynegern aufhielt,
bekam

bekam an die Stelle des entschlafenen Bruders
Thomas Jones (s. d. E. N. Bi H. S. 291.)
einen andern Gehülfen, der aber auch bald krank
ward, und nach einem halben Jahre aus der Zeit
ging. Die Einwohner des Dorfs, in welchem sich
die Brüder aufhielten, hatten den Entschluß gefaßt, ihren ätten Wohnplatz zu verlassen, und einen neuen, an dem Flusse Quama, näher an
Paramaribo, zu beziehen. Dieses geschahe im
Frühjahre 1769, und die Brüder folgten ihnen dahin. Die Freyneger finden sich zu solcher Veränderung ihres Aufenthalts öfters veranlaßt. Denn
zu dem Bau der Erdfrüchte, wovon sie nebst der
Jagd und Fischerey leben, sind sie genöthiget, von
Zeit zu Zeit neues Land zu nehmen, indem sie solches auf keine andere Weise zubereiten, als daß sie
die darauf stehenden Bäume niederschlagen und
verbrennen, da es dann nach einigen Jahren seine
Fruchtbarkeit verliert. Außerdem veranlaßt sie
auch zuweilen ihr Aberglaube einen neuen Wohnplatz aufzusuchen; wenn sie z. E. kurz hinter einander etliche Leichen haben, so heißt es: der Gott
des Ortes ist böse, und tödtet sie.

Im October 1769 kam der Bruder Christoph
Kersten nebst seiner Frau von Paramaribo nach
Quama, um der Mission unter den Freynegern
zu dienen. Da bey dieser Nation die Weiber in besonderem Ansehen stehen, und zugleich dem Götzen-
dienste am eifrigsten ergeben sind, so wünschte man,
daß das Hinderniß, welches sie vornemlich dem Evangelio in den Weg legten, durch den Eingang,
welchen eine Schwester, wie zu hoffen war, bey
den

den Personen ihres Geschlechts finden würde, gehoben werden möchte. Allein es wurde diese Absicht nicht recht erreicht.

Nachdem die Brüder verschiedene Jahre nur
bey einigen Knaben, die sie zum Unterrichte im
Lesen und Schreiben angenommen, den Samen
des Evangelii auszustreuen Gelegenheit gehabt
hatten, da die Erwachsenen sich gänzlich dagegen
zu verhärten schienen; so war es ihnen eine große
und unerwartete Freude, daß im May 1776,
als sie seit einigen Tagen gelegentlich mit etlichen
Negern vom verdienstlichen Leiden und Sterben
des Heilandes geredet hatten, endlich die meisten
Männer aus ihrem Dorfe kamen und sie baten,
ihnen mehr davon zu sagen; mit der Erklärung,
sie hätten ein Verlangen, den Heiland auch kennen zu lernen und lieb zu haben. Die Brüder
machten daher den Anfang, Sonntags eine öffentliche Predigt an die Neger zu halten, wobey
sie anfangs ziemlich viel Zuhörer hatten. Die
eifrigen Götzendiener aber, und sonderlich einige
Weiber, widersetzten sich der Verkündigung des
Evangelii auf alle Weise, und brachten es, leider!
dahin, daß die meisten Neger wiederum zurück
traten, und nur einige wenige beständige Zuhörer
in der Predigt der Brüder blieben. Bey dem
Hauptmanne Arabini, der seinem Vater Abini
(s. D. Cranz N. B. H. §. 291.) in dieser Würde
gefolgt war, zeigte sich zuerst die gesegnete Wirkung des Wortes von der Versöhnung an seinem
Herzen. Er gab demselben Beyfall, bekräftigte
gegen seine Landsleute das Zeugniß der Brüder,
und

und Gottes solchen Eifer, die Lehre JEsu anzunehmen und zu befolgen, daß die Brüder kein Bedenken fanden, ihn, als den Erstling seiner Nation, am 6ten Januar 1771 durch die heilige Taufe der christlichen Gemeine einzuverleiben, wobey er den von ihm selbst gewählten Namen Johannes erhielt. Seiner Taufe wohnten die meisten Einwohner des Dorfes bey. Gleich nachher kam der Hauptmann eines benachbarten Dorfes, ein sehr eifriger Götzendiener, und der sich ein besonderes Ansehen anmaßte, in voller Wuth mit Flinte und Säbel in das Haus der Brüder, und fragte: "Ob sie nicht wüßten, wem dieses Land gehöre? was sie ohne sein Vorwissen mit Arabini vornähmen? Er fürchte, die Götter würden Arabini tödten; und wenn derselbe stürbe, so wolle er die Schuld bey den Brüdern suchen. Die Neger hätten ihre Götter, und die Blanken die ihrigen, jeder Theil müsse bey den seinigen bleiben." Doch machte der Brüder freymüthiges Bekenntniß der Wahrheit und das Zeugniß, welches der neugetaufte Johannes von der an seinem Herzen vorgegangenen seligen Veränderung ablegte, solchen Eindruck auf ihn, daß er ganz besänftigt sich wiederum nach Hause begab. Es waren aber noch mehrere Freyleger, die gleiche Erbitterung über die Taufe dieses Erstlings äußerten. — Letzterer ging zur Freude der Brüder in der Gnade fort, ward auch nach einiger Zeit des heiligen Abendmahls theilhaftig, und bezeugte bey aller Gelegenheit seinen Landsleuten, wie selig ein armer Sünder

G　　　　　　durch）

durch den Glauben an Jesum Christum werden
könne, fand jedoch leider, wenig Eingang; selbst
seine eigne Frau und Verwandten, waren ihm
sehr entgegen. Die Brüder sahen auch den ganzen Zeitraum hindurch, diesen Einfluß ausgenommen, wenig Frucht von der Verkündigung
des Evangelii, welche sie sowol zu Hause, als beym
Besuche an andern Orten, unermüdet fortsetzten.
Nur noch ein Freyneger wurde am 1ten Januar
1773 getauft, der aber im folgenden Jahre verstarb. Im December 1774 waren die Brüder
abermals genöthiget, einen neuen Wohnplaz zu
beziehen, an einem Orte, Bambey oder Quaffe
genannt, der noch näher nach Paramaribo zu
lag, in welcher Gegend die Freyneger damals vier
neue Dörfer anlegten. Da die Brüder hier anfangs ihr Haus zu nahe am Flusse baueten, wo
solches den Ueberschwemmungen ausgesetzt war,
so mußten sie es in dem nächsten Frühjahre an eine
höhere Stelle bringen. Dieser Missions-Posten
war überhaupt mit vielen ausserordentlichen
Schwierigkeiten verknüpft. Die Reise zu den
Freynegern, welche in einem offnen Boote, wo
man den brennenden Sonnenstrahlen ausgesetzt
ist, auf dem von mehrern Felsenbänken, welche
Wasserfalle von beträchtlicher Höhe verursachen,
durchschnittenen Fluß Suriname geschehen muß,
ist eine der mühsamsten und gefährlichsten. Bey
dem Aufenthalte unter den Freynegern hätten die
Brüder nicht nur von der Hitze, dem Ungeziefer,
und andern Beschwerlichkeiten des Klima, viel
zu leiden, und dabey mit der Besorgung ihrer

Haushaltung, und der Anbau einiger Baum-
und Feldfrüchte zu ihrer Nahrung viele Mühe,
indem die Freyneger ihnen dabey wenig Hülfe
leisten; sondern sie wurden auch öfters von schweren und schmerzhaften Krankheiten befallen, welche sie sehr entkräfteten. Ein Bruder, der als
Gehülfe bey dieser Mission dahin gesandt wurde,
verstarb wenige Wochen nach seiner Ankunft.
Ein anderer wurde durch einen unheilbaren
Schaden am Fuße untüchtig, und kehrte daher
nach Paramaribo zurück, wo er nicht lange darnach aus der Zeit ging. Kersten nebst seiner
Frau, und Rudolph Stoll waren also mehrentheils allein, und oft kränklich; sie konnten daher
auch in andern Dörfern der Freyneger nicht so
viel besuchen, als sie sonst gern gethan hätten;
zumal da diese Besuche wegen des dichten Bu-
sches, und wegen der in der Regenzeit ausgetre-
tenen Ströme, sehr beschwerlich sind; inzwischen
hielten sie getrost auf ihrem Posten aus, und er-
müdeten nicht, so viel sie konnten, den armen
Negern die Gnade GOttes in Christo JEsu anzupreisen.

§. 32.

In der Stadt Paramaribo, wo sich immer
einige Brüder aufhielten, die auf ihrem
Handwerke arbeiteten, und als Agenten der
Brüder auf den verschiedenen Missions-Plätzen
in Suriname deren Bedürfnisse besorgten, (s. D.
Cranz N. B. H. §. 229.) zeigte sich in diesem
Zeitraume einige Hoffnung, unter den vielen Ne-

gern-

Sklaven in dieser Stadt und den benachbarten Plantagen Segen zu stiften. Die Brüder fingen an, einigen Negern, die sich zu ihnen versammleten, das Evangelium zu verkündigen. Die Anzahl ihrer Zuhörer nahm allgemach zu, und ihr Zeugniß machte Eindruck auf die Herzen der armen Sklaven, so daß sie auch das Vergnügen hatten, ein paar derselben im Vertrauen auf Jesu Verdienst selig verscheiden zu sehen.

Der Bruder, dem die Aufsicht über das ganze Missions-Werk in Suriname aufgetragen war, hatte auch seinen eigentlichen Aufenthalt in Paramaribo, von wo aus er die andern Plätze nach Erfoderniß besorgte. Dieses Amt wurde in gegenwärtigem Zeitraume einigemal erlediget. An die Stelle des Bruders Andreas Anton Lawatsch, der solches seit etlichen Jahren bedient hatte, und im November 1771 entschlief, kam der Bruder Johann Christian Wohn aus Europa, nach einer langwierigen Reise, im Januar 1773 an. Sein Dienst war besonders gesegnet, aber von sehr kurzer Dauer, da er bereits im October desselben Jahres aus der Zeit ging. Johann Frommelt aus Nordamerika, der ihm im Amte folgte, machte es noch kürzer. Zu Ende Februar 1775 traf er in Paramaribo ein, und im Juny desselben Jahres entschlief er in Saron, wo er eben einen gesegneten Besuch bey dasiger Indianergemeine machte, nach einer kurzen Krankheit.

§. 33.

§. 33.

In den Dänischen Inseln in Westindien hatte die Mission der Brüder einen gesegneten Fortgang. In St. Thomas war die Anzahl der Communicanten so angewachsen, daß in der Kirche zu Neuherrnhut, wohin sie sich bisher zum heiligen Abendmahle versammlet hatten, der Raum zu enge wurde. Man beschloß daher, die zu Christo bekehrten Neger auf dieser Insel in zwey Gemeinen abzutheilen, und für die eine derselben künftig auch in Niesky, sonst Crumbay, wo bisher nur geprediget worden, das heilige Abendmahl zu halten. Der Anfang damit wurde im Jahre 1771 gemacht, nachdem daselbst eine neue Kirche erbauet worden, welche auch wegen der vermehrten Menge der Zuhörer bey der öffentlichen Predigt nöthig war. Endlich kam auch der Bau eines Wohn- und Versammlungshauses am Westende in St. Croix, anstatt desjenigen, das im Jahre 1765 abgebrannt war, (s. D. Crantz N. B. H. §. 292.) zu Stande. Der Bruder Melchior Schmidt zog im May 1771 mit seiner Frau dahin, um an diesem neuen Missions-Platze, der Friedensberg genannt ward, die Gemeine der in diesem Theile der Insel wohnenden gläubigen Neger mit Wort und Sacrament zu bedienen. Der Bruder Martin Mack, der über das ganze Missions-Werk in den drey Inseln die Aufsicht führte, erhielt, wie bereits oben erwehnt worden, im Jahre 1770 zu Bethlehem in Nordamerika die Weihe zu einem Coëpisco-

G 3   po,

po, damit er erfoderlichen Falls die Gehülfen bey
der Mission ordiniren könnte, wie er dann noch
in gedachtem Jahre nach seiner Rückkunft zween
Brüder in St. Thomas ordinirte.

Von außen betraf diese Mission mit den übrigen Einwohnern der drey Inseln im Jahre 1772
ein sehr hartes Schicksal, da in der Nacht vom
31sten August auf den 1sten September ein unge-
wöhnlich heftiger Orkan einfiel, der große Verwüstungen anrichtete. St. Croix hatte solches
am schwersten zu empfinden. Was die Brüder
betrifft, so wurde in Friedensberg das erst erbauete Haus von der Stelle verrückt und sehr beschädigt; in Friedensthal aber stürzten ihre
sämtlichen Gebäude nebst der Kirche zusammen,
und die Brüder und Schwestern, welche in den
Keller flüchteten, verbrachten daselbst viele
Stunden in Lebensgefahr, aus welcher sie GOtt
jedoch glücklich errettete. In St. Thomas und
St. Jan, wo der Orkan überhaupt nicht ganz
so heftig wüthete, blieben sämtliche Missions-
Gebäude stehen, wiewohl nicht ohne Beschädi-
gung. Es erfolgten darauf allgemeine Theurung,
Hungersnoth und Krankheiten, welche viele Menschen, sonderlich Neger, hinwegrafften. Die
Mission empfand dieses alles mit, und von den
bey derselben dienenden Brüdern und Schwestern
gingen binnen wenig Monaten sieben aus der Zeit.
Da auch bereits vor dem Orkan etliche treue
Mitarbeiter entschlafen waren, und die erledig-
ten Stellen nicht sogleich ersetzt werden konnten:
so häufte sich für die wenigen übriggebliebenen die

Arbeit

Arbeit dergestalt, daß sie kaum im Stande waren, solche zu bestreiten. Aber der HErr erstat-
tete ihrem Mangel reichlich durch die Arbeit seines
Geistes an den Herzen der Neger; die Gemeine
litt keinen Schaden aus Mangel der gehörigen
Pflege, und jeden Monat kamen neue hinzu, die
dem Evangelio gehorsam wurden. Es entstand
gleichsam eine neue Erweckung nach dem Orkan,
sonderlich in St. Croix, wo nicht nur die Getauften ein eifriges Verlangen, in der Gnade weiter
zu kommen, äußerten, sondern auch immer neue
Zuhörer bey der Predigt des Evangelii sich einfanden, die das Wort mit Freuden annahmen,
und den Entschluß faßten, sich zu bekehren. In
Friedensthal konnte wegen Mangel und übertrie-
benen Preises der Baumaterialien nicht sobald
wieder eine Kirche aufgebauet werden, so daß
die Predigt beynahe ein Jahr lang unter freyem
Himmel gehalten werden mußte. Sie hatte darum nicht weniger, und oft achthundert bis tausend Zuhörer. Im Julo 1773 wurde endlich eine neue Kirche fertig, welche beträchtlich größer,
als die vorige war. Um eben die Zeit kam auch
eine neue Kirche in Friedensberg zu Stande, wo
es in dem alten Versammlungshause schon lange
an Raum fehlte. Zu Bestreitung der Kosten bey
diesen unentbehrlichen Gebäuden, und zu Ersetzung
des großen Verlusts, welchen die Mission durch
den Orkan gelitten hatte, gingen von den Brüdergemeinen in Europa und Nordamerika und
von verschiedenen Freunden außerordentliche
Beyträge ein.

Die

(c) Die Mission hatte sich der Geneigtheit und des Schutzes der Landesobrigkeit zu erfreuen; der iez dermalige General-Gouverneur und einige andere Herren der Regierung haben insonderheit die deutlichsten Beweise ihrer Achtung für die Arbeit der Brüder. Durch ein Königl. Rescript im Jahr 1774 wurden die im Jahr 1747 der Mission der Brüder ertheilten Freyheiten aufs neue bestätiget. Von den Herren der Neger, einige wenige ausgenommen, die sich noch widrig bezeigten, und sol-ches vornemlich ihre armen Sklaven empfinden ließen, wurde der Missions-Arbeit der Brüder nichts in den Weg gelegt; vielmehr erkannten die meisten den Nutzen, welchen der verbesserte mora-lische Charakter der Neger ihnen verschaffte.

§. 34.

Eine außerordentliche Dürre, die in den Jahren 1769 und 1770 in Jamaika einfiel, und der damit verbundene Mangel an Lebensmitteln, wel-cher die Neger besonders hart betraf, hemmte in et-was den Fortgang der Missions-Arbeit auf gedach-ter Insel, indem die Versammlungen nicht so flei-ßig, wie zuvor, besucht wurden. Von den Krank-heiten, die sich daraus äußerten, wurden auch ei-nige der bey der Mission dienenden Brüder und Schwestern befallen, und ein paar derselben endig-ten bey der Gelegenheit ihren Lauf. Der Verlust des Missionars Friedrich Schlegel, dessen Heim-gang am 21ten September 1770 erfolgte, war sehr groß. Aus D. Cranz N. B. H. §. 293. ist zu ersehen, wie augenscheinlich GOtt den unermü-

deren Eifer dieses treuen Dieners segnete, so daß
seit seiner Anwesenheit in Jamaika dasige Mission
wie aufs neue belebt ward, und die beste Hoffnung
gab. Allein nach seinem Ableben verschwand leider! der günstige Anschein eben so bald wieder; die
Begierde nach dem Evangelio verlor sich bey den
Negern; selbst manche Getaufte kamen von der
erlangten Gnade ab, und fanden wieder Gefallen
an dem alten heidnischen Wesen. An einigen Orten nahm die Gleichgültigkeit gegen die Predigt des
Evangelii so überhand, daß die Brüder, weil sie
keine Zuhörer hatten, solche aussetzen mußten.
Hiebey ist noch zu bemerken, daß die Brüder in
Jamaika nicht so, wie in andern Westindischen
Inseln, Gelegenheit hatten, ihre Arbeit auf alle
Neger, die diese Insel bewohnen, zu erstrecken,
sondern fast ganz auf gewisse Plantagen einge-
schränkt waren, deren Herren sie gleichsam nur zu
Predigern für ihre Neger angenommen hatten.
Diese mangelhafte Einrichtung hatte bisher noch
nicht abgeändert werden können.

§. 35.

In Antigoa zeigte sich in diesem Zeitraume, auf
die bisherige Thränensaat der Missionarien,
die fröhliche Aussicht einer über Erwarten reichen
Ernte, welche auch wirklich bereits ihren Anfang
nahm. Die kleine Negergemeine in der Stadt
St. Johns war durch verschiedene Umstände
(s. D. Cranz N. B. H. §. 294.) dergestalt herab-
gekommen, daß dieselbe nur noch aus vierzehn
Seelen bestand, und außer diesen hatten die Brü-

G 5 der

der wenige Zuhörer bey der Predigt des Evangelii. Allein der HErr segnete die Treue und den Eifer, womit der Missionär Braun, der im May 1769 aus Nordamerika nach Antigoa gekommen war, den armen Negern nachging, und ihnen das, was zu ihrem Heil diente, öffentlich und in besondern Unterredungen nachdrücklich ans Herz legte. Schon im Jahre 1770 fing die Anzahl der Zuhörer bey der Predigt des Evangelii an zu wachsen, und es ermunterte die Brüder nicht wenig, deren nun bis gegen sechzig zu sehen. Allein es blieb nicht dabey; von diesen Zuhörern bekehrten sich verschiedene gründlich, und wurden getauft, und es fanden sich immer mehrere, die nach dem Evangelio begierig wurden. Außer der Stadt predigten sie auf zwo Plantagen, wozu ihnen die Besitzer derselben auf alle Weise beförderlich waren; und auch davon zeigte sich eine erwünschte Frucht. Verschiedene Neger, die getauft worden, munterten andere auf, mit in die Kirche der Brüder zu kommen, um das Wort GOttes zum Heil ihrer Seelen zu hören. Dieses trug viel dazu bey, daß immer mehrere herzukamen, und den Entschluß faßten, sich zu bekehren; selbst manche, die anfangs nur auf Zureden und aus Neugierde kamen, wurden bey Anhörung des Wortes GOttes so kräftig angefaßt, daß sie nachher keine Predigt mehr versäumen mochten. Zu Ende des Jahres 1771 bestand die Negergemeine aus drey und achzig Getauften und sechs und funfzig Tauf-Candidaten; und eine Menge beständiger und aufmerksamer Zuhörer ließ eine baldige ansehnliche Vermehrung derselben hoffen.

Es

Es war nun nöthig, auf eine Erweiterung der Kirche in St. Johns zu denken, und dieselbe wurde zu Anfang des Jahres 1772 vorgenommen. Die Willigkeit, womit die gläubig gewordenen Neger dabey halfen, machte, daß, außer zu Anschaffung des nöthigen Holzwerkes, wenig Kosten darauf verwendet werden durften. Wenn die Neger Abends zur Versammlung kamen, brachte jeder einen Stein mit; ein getaufter Neger, der ein Maurer war, machte mit einigen Gehülfen die Maurerarbeit, und andere, die Zimmerleute waren, in ihren Freystunden die Zimmerarbeit, indeß die übrigen Neger ihnen zu essen brachten.

§. 36.

Die äußern Umstände dieser Mission waren überhaupt etwas gedrang. Die Brüder konnten nicht, wie sie gehofft hatten, mit ihrer Hände Arbeit etwas verdienen. Sie waren daher zuweilen genöthiget, Geld aufzunehmen, und kamen wegen der Wiederbezahlung in Noth; erfuhren aber dabey und in andern Fällen die gnädige und wunderbare Durchhülfe des HErrn. Eine Beysteuer, welche ihnen in diesen Umständen von den gläubigen Negern in St. Thomas von ihrer Armuth aus eigenem Triebe zugeschickt wurde, nahmen sie dankbar und gerührt an. Sobald übrigens ihre Nothdurft in den Brüdergemeinen bekannt wurde, unterstützte man sie von Europa und Nordamerika aus hinlänglich.

Nachdem die Gehülfen, welche der Bruder Braun anfangs gehabt, theils Krankheit halber, theils

theils aus andern Ursachen abgerufen worden: so
kam im July 1771 Benjamin Bruckshaw von
Barbados dahin.   Er nahm seinen Weg über
Tabago, wo er sich etliche Tage aufhielt, und, auf
Verlangen verschiedener Besitzer und Verwalter
von Plantagen, den auf denselben befindlichen Negern mehrmals predigte.   Sein Vortrag fand
auch bey den Europäischen Bewohnern dieser Insel solchen Beyfall, daß sie, in Ermangelung eines andern Predigers, ihn gern behalten hätten.
Er freute sich über den hoffnungsvollen Anschein
zur Bekehrung vieler Neger in Antigoa, und
diente dasiger Mission mit Gnade und im Segen,
jedoch nur kurze Zeit; denn er ging im Merz 1772
aus der Zeit.   Der Bruder Braun, dessen Frau
bereits im August des vorhergehenden Jahres
entschlafen war, befand sich nun ganz allein,
setzte aber das Werk des HErrn mit unermüdetem Fleisse fort, bis er im Juny 1774 an Engel-
ter und seiner Frau von Barbados aus ein paar
treue Gehülfen bekam.

Bald darauf, im August, erfolgte der schreckliche Orkan, der Antigoa, gleich andern Westindischen Inseln, hart betraf.   Die Gebäude
der Brüder wurden sehr beschädigt, und eines
ganz niedergeworfen.   Die Kirche, in welche die
Brüder nebst vielen Negern sich geflüchtet hat,
blieb stehen.   Da aber die Anzahl der Neger,
welche zur Anhörung der Predigt des Evangelii
kamen, immer mehr zunahm; so war man genöthiget, auf den Bau einer geräumlichern Kirche
zu denken, welche im folgenden Jahre zu Stan-

de kam. Die Neger waren eben so eifrig bemüht, dabey zu helfen, als ehedem bey Erweiterung der alten Kirche.

Noch im November 1772 that der Missionär
Bralin eine Reise nach St. Thomas, wo er mit
der Wittwe eines dort entschlafenen Bruders,
Göttlich, getraut wurde. Er besprach sich bey
dieser Gelegenheit mit dem Bischofe Martin
Ma zu St. Croix über verschiedene die Missions-Arbeit unter den Negern betreffende Gegenstände, um sich von diesem erfahrnen Missionär darin rathen zu lassen. Nach seiner Zurück-
kunft in Antigoa verordnete er, so wie es bey
andern Missionen eingeführt ist, einige Brüder
und Schwestern aus der Negergemeine zu Helfern oder Gehülfen bey der Missions-Arbeit,
welche in der Folge sehr gute Dienste leisteten.

§. 37.

Zu Anfang Juny 1773 kam aus England der
Bruder Johannes Neder nach Antigoa,
um mit an dem dasigen Werke Gottes zu arbeiten, welches immer mehr zunahm, und von den
Brüdern und Schwestern, die solches in lieblia-
cher Harmonie und mit unermüdetem Eifer bedienten, kaum bestritten werden konnte. Seit
dem mehr erwehnten großen Orkan war insonderheit eine neue Erweckung unter den Negern entstanden, welche gleich einem Feuer sich fast über
die ganze Insel verbreitete. Zu Ende des Jahres 1773 zehlte man über tausend, zu Ostern
1774 bey vierzehnhundert, und zu Anfang 1775

bereits

bereits zweytausend Neger, welche die Predigt
der Brüder unausgesetzt besuchten, und theils
schon getauft waren, theils mit dem ernsten
Vorsatze, sich zu bekehren, der näheren Pflege der Brüder sich empfohlen hatten. An den
Bettagen, die alle vier oder acht Wochen waren, wurden jedesmal zehn bis zwanzig Neger
getauft.

Von der Obrigkeit und den meisten Einwohnern wurde alle Achtung für die Missions-Arbeit
der Brüder bewiesen. Viele Herren und Verwalter erkannten die guten Folgen, welche die
Predigt des Evangelii auf den moralischen Character der Neger hatte, und sahen es daher sehr
gern, wenn ihre Sklaven die Kirche der Brüder
besuchten. Insonderheit bewies sich ein gewisser
im obrigkeitlichen Amte stehender Herr sehr geneigt gegen die Brüder, verschaffte ihnen Schutz
gegen den Muthwillen einiger junger Leute, die
in ihren Versammlungen Störung machten, und
wies ihnen auf seiner Plantage ein Haus an,
worin sie seinen Negern predigen konnten. Freylich gab es auch einige widriggesinnte Herren und
Verwalter, welche die armen Neger durch Bedrohung mit den härtesten Strafen, die sie auch
zuweilen ausübten, von dem Besuche der Kirche
der Brüder abzuhalten bemüht waren.

Im Jahre 1775 wurde den Brüdern auf
ihr Ansuchen von dem Gouverneur die Erlaubniß
ertheilt, einen Begräbnißplatz für die von ihnen
getauften Neger bey der Stadt St. Johns anzulegen.

Da

Da viele von ihren Kirchkindern in ziemlich großer Entfernung von der Stadt wohnten, und daher nur selten zur Predigt und zu den Versammlungen kommen konnten: so war man bemüht, einen zweyten Missions-Platz in einem andern Theile der Insel zu bekommen, wo man sich dieser entfernt wohnenden Neger besser annehmen könnte. Nach manchen vergeblichen Bemühungen in dieser Absicht, ward den Brüdern von einem Freunde zu diesem Zwecke ein kleiner unfruchtbarer Berg überlassen, der von seinem Besitzer den Namen Baileyhill führte. Auf diesem Platze, der ohnweit der Stadt Falmouth und in der Nähe mehrerer Plantagen lag, auf denen sich getaufte Neger befanden, wurde ein Haus gebauet, wohin im November 1774 der Bruder Engler nebst seiner Frau zog, um die Neger in dasiger Gegend, unter welchen auch bald eine neue Erweckung entstand, mit dem Evangelio zu bedienen. Taufe und Abendmahl wurden jedoch nicht an diesem Orte, sondern nur in der Kirche zu St. Johns gehalten, wohin sich zu diesen feyerlichen Handlungen die ganze Negergemeine begab. Der Bruder Engler mußte aber bald darauf, Krankheit halber, durch den Bruder Meder in Baileyhill abgelöset werden, und ging nach St. Johns zurück, wo er im Juny 1775 seinen Lauf selig vollendete.

Im July ebengedachten Jahres kam der Bischof Martin Mack zu einer Visitation nach Antigoa, und sahe mit freudiger Verwunderung dasiges blühende und noch immer wachsende

Werk

Werk GOttes, welchem er mir eine größere Anzahl treuer Mitarbeiter wünschte.

§. 38.

Folgender Auszug aus einem Berichte der
Missionarien in Antigoa an den im Jahre
1775 versammleten Synodus gibt eine nähere
Beschreibung von dem inneren Zustande und der
Bedienung dieser Mission.

"Wir haben, schreiben sie, den Zweck beständig vor Augen, warum uns unser lieber HErr
und sein Brüdervolk hieher gesendet; nemlich, so
viel an uns ist, zu helfen, daß die armen blinden
und unwissenden Neger zu JEsu ihrem Heilande
bekehrt, durch seine Wunden geheilet werden,
und Vergebung ihrer Sünden in seinem Blute
erlangen mögen. Zu diesem Zwecke nehmen wir
alle Gelegenheit wahr, ein öffentliches Zeugniß
von JEsu Versöhnung abzulegen, nicht nur in
unsern allgemeinen Versammlungen in der
Stadt, sondern auch auf dem Lande. Unser
Text ist immer die simple Geschichte, daß GOtt
unser Heiland aus Liebe zu so grundverdorbenen
Sündern ein Mensch geworden ist, den herben
bittern Tod für dieselben erduldet, und durch sein
theures Blut ihnen ewiges Leben und Seligkeit
erworben hat. Wir haben auch gefunden, daß
diese einfältige Verkündigung auf die Herzen so
mancher Neger, selbst der rohesten und schlechte-
sten auf dieser Insel, die gesegnete Wirkung gehabt hat, daß sie an JEsum gläubig worden sind,
und eine Herzensänderung bey ihnen vorgegangen
ist.

ist. Seit Jahr und Tagen ist eine ganz besondere Regung unter die hiesigen Neger gekommen,
daß sie ein Verlangen nach unsern Versammlungen und nach dem Worte GOttes empfinden.
Manche kommen aus Drang oder Noth ihres
Herzens, und mit der Verlegenheit, ihre Seele
zu retten. Diese sind uns freylich die liebsten.
Andere kommen, weil ihnen von ihren Freunden
und Bekannten lange zugeredet worden ist, daß
sie zu uns kommen, und das Gute, wie sie es
nennen, hören sollen; und der liebe Heiland hat
sich auch dieser Gelegenheit bedient, manche Seele zu gewinnen. Andere kommen endlich auf
Antrieb ihrer Eigenthümer; denn manche von
diesen sehen es gar wohl ein, reden auch laut davon, daß die Neger zum besten geändert, und
ihren Herren zu größerem Nutzen sind, seitdem
sie in die Versammlungen gehen.

Weil aber die öffentliche Verkündigung des
Evangelii nicht genug ist, den inneren Wachsthum in der Gnade zu befördern: so ist es auch
unser Augenmerk, daß wir uns mit den Seelen,
die es bedürfen oder suchen, besonders zu thun
machen. Dieses geschiehet nun nicht nur dadurch, daß wir mit den neuen Leuten, sowol als
den näher mit uns verbundenen, von Zeit zu Zeit
sprechen, sondern es haben auch die Communicanten, die Getauften, die Candidaten zum heiligen Abendmahle und zur heiligen Taufe, die
neuen Leute und die Kinder, wöchentlich einmal
jede Abtheilung, ihre besondere Versammlungen,
da ihnen ans Herz gelegt wird, was der Heiland

H   von

von einem jeden nach seiner Klasse erwarte. Diese Einrichtung hat ihren eignen Nutzen und Segen unter den Seelen geschafft.

Das heilige Abendmahl halten wir gewöhnlich mit der schwarzen Gemeine alle acht Wochen, gemeiniglich am Sonnabend, in der Erntezeit auch wol am Sonntage. Jedesmal wird eine Woche vorher ihnen in einer Rede die Wichtigkeit der Sache zu Gemüthe geführt, und die Prüfung ihres Herzens empfohlen, darnach aber mit einem jeden einzeln gesprochen. Der Communicanten sind gegenwärtig hundert und sieben. Bey den meisten wird man ein sonderhaftes Anhangen an dem Heilande gewahr, und daß es ihnen groß und wichtig ist, seines Leibes und Blutes theilhaftig zu werden.

Der Bettag wird Sonntags, vier Wochen nach dem Abendmahle, folglich auch nur alle acht Wochen gehalten. An diesen Tagen ist bisher immer eine besondere Regung unter den Seelen wahrzunehmen gewesen: es sind auch an denselben, wenn es das Wetter zuläßt, die meisten Leute zugegen. Zum Eingange wird gemeiniglich eine Rede an das versammlete Volk gehalten; dann und wann theilt man ihnen einige Nachrichten mit von dem Werke GOttes unter andern Negern oder den Indianern, damit sie sehen, wie sich die Kraft des Wortes GOttes an anderer Heiden Herzen beweiset. Ferner geschehen die Taufhandlungen an diesem Tage. Auch werden die neuen Candidaten zur Taufe, wenn dergleichen vorhanden sind, in ihre Klasse aufgenommen.

Vor

Vor diesen Bettägen wird mit den Tauf-Candidaten einzeln gesprochen, um ihre Herzensstel-
lung zu erfahren, indem wir keine andere zur
heiligen Taufe gelangen lassen, als solche, bey
denen wir eine wahre Sinnesänderung wahrnehmen, und die den Entschluß gefaßt haben, ihren
alten Sündenweg zu verlassen, und nach dem
Willen des Heilandes zu leben. Die neuen Leute, denen es um den Heiland zu thun ist, kommen
dann auch zu dieser Zeit von selber, äußern ihr
Verlangen, in der Gnade weiter geleitet und
einmal getauft zu werden, und manche reden bey
der Gelegenheit offenherzig über ihren vorigen
Gang aus, welches sonst den Negern nicht eigen
ist; denn sie verstecken lieber ihre Schlechtig-
keiten.

In der Klasse der Candidaten, welche aus
zweyhundert und sechs und vierzig Personen besteht, werden die Seelen noch näher gepflegt, und
von der großen Gnade, die ihnen in der heiligen
Taufe zu Theil wird, unterrichtet. Doch werden in besonderen Fällen auch Leute getauft, die
nicht in dieser Klasse sind, z. E. wenn einer von
unsern Zuhörern auf dem Sterbebette liegt, und
ein sehnliches Verlangen bezeigt, durch die Taufe das Siegel der Abwaschung und Vergebung
seiner Sünden zu empfangen. Verschiedene auf
diese Weise getaufte sind bald darauf im Vertrauen auf ihren Erlöser selig heimgegangen.

Von unsern Getauften, deren, ohne die
Communicanten, auch ohne die neunzehn getauften Kinder, zweyhundert und sieben und siebenzig

H 2   sind,

sind, können wir ins ganze sagen, daß sie, seit
ihrer Taufe einen seligen Gang gehen, und daß
man beym Sprechen mit ihnen von Zeit zu Zeit
wahrnimmt, daß sie in der Schule des heiligen
Geistes im Gefühle und Bewußtseyn ihres Elen-
des zunehmen. Bey einigen wenigen haben wir
mit Schmerzen gesehen, daß sie wieder vom Heilande abgekommen, und in die Sünde gerathen
sind. Doch auch von diesen haben verschiedene
bald Reue über ihr Vergehen empfunden, und
um Vergebung gebeten, welche wir auch um der
Liebe Christi willen ihnen gern gewähren.

Mit denen, die aus den Getauften zum heiligen Abendmahle gelangen, wird es hier eben so,
wie in andern Gemeinorten, gehalten, daß sie
nemlich erst Candidaten und Confirmanden werden. In dieser Zeit gehet unsre Arbeit dahin,
ihnen nicht nur die Verdorbenheit des menschlichen Herzens vorzuhalten, sondern ihnen auch
das Verdienst des bittern Todes JEsu und die
ihnen erworbene Freyheit von allen Sünden noch
näher ans Herz zu legen, ihnen auch einen Begriff von dem großen Sacramente, das sie vor
sich haben, beyzubringen, so wie wir es in der
heiligen Schrift angezeigt finden. Von den meisten haben wir Hoffnung, daß sie dem Heilande
zur Ehre und Freude gedeihen werden; einigen
aber müssen wir noch mit Wehmuth zusehen.

Die Kinder, deren Anzahl wir noch nicht eigentlich bestimmen können, sind ein besonderer
Gegenstand unsers Andenkens und Gebets. Sie
haben ihre wöchentliche Versammlung am
Sonn-

Sonntage für sich allein. Viele unter ihnen sind
liebe hoffnungsvolle Kinder, bey denen man eine
Liebe zum Heilande und seinem Volke spüren
kann.

Endlich müssen wir auch der Helfer aus der
Nation gedenken, deren vier Brüder und sechs
Schwestern sind, die hier in der Stadt und auf
den Plantagen wohnen. Sie sind aber alle
Sklaven, und müssen alle, bis auf eine Schwester, harte Dienste für ihre Eigenthümer thun;
so daß ihnen wenig Zeit übrig bleibt, uns die gehörige Hülfe im Besuch und Umgange mit den
Seelen zu leisten. Dennoch thun sie, was sie
können, und sind schon manchen ihrer Nation
zum Segen gewesen. Es wird wöchentlich eine
Conferenz mit ihnen gehalten, da theils sie anmerken und erzehlen, was sie von dem und jenen
unsrer Leute wissen; theils wird ihnen vorgehal-
ten, was ihr Amt ist, und daß sie sich dazu die
nöthige Gnade und Gabe vom Heilande erflehen
müssen. Auch wird mit den Kirchen- oder
Saaldienern, zu denen die Helfer auch gehören,
gewöhnlich alle Monat eine Conferenz gehalten
über ihren Dienst in den Versammlungen.„

§. 39.

Der Fortgang der Mission in Barbados war
nicht so erwünscht, als der gute Anschein
in den vorhergehenden Jahren hatte hoffen lassen:
Man wurde bald gewahr, daß die meisten Neger nur aus Neugierde sich zu den Predigten der
Brüder gedrängt hatten; daher sie nach und

nach wiederum zurückblieben. Nur bey sehr
wenigen sahe man Spuren einer gründlichen Erweckung, so daß man an ihre Taufe denken konnte. Im April 1771 kam der Bruder Samuel
Herr aus Pensylvanien dahin, an die Stelle des
Bruder Bruckshaw, der nach Antigoa ging.
Mit ersterem kam auch Engler und seine Frau
nach Barbados, welche aber bald darauf sich
ebenfalls nach Antigoa begaben. Nach dem im
May 1772 erfolgten Ableben des Bruder Benner wurden die Umstände dieser Mission von innen und außen immer bedenklicher. Benner
hatte auf seiner Profession viele Arbeit gehabt,
jedoch nicht baare Bezahlung bekommen können,
und daher viele ausstehende Schulden hinterlassen.
Die Brüder, welche sie einfoderten, hatten viele
Mühe damit; und da an vielen Orten die Bezahlung doch nicht erfolgte, so litten sie großen
Verlust; und die Mission kam äußerlich in schwere Umstände. Von innen ging es nicht besser;
unter einigen Brüdern entstanden betrübte Zwi-
stigkeiten, welches nothwendig auf ihren Dienst
einen schädlichen Einfluß haben mußte. Nach
dem Abrufe etlicher Brüder blieb endlich Samuel
Herr mit einem Gehülfen allein; er selbst wurde
im Herbste 1772 tödtlich krank, und verschied im
Februar des folgenden Jahres. Nun konnte die
Predigt, welche schon lange nicht mehr so fleissig,
wie anfangs, von den Negern besucht wurde,
geraume Zeit gar nicht gehörig besorgt werden,
und den wenigen Getauften fehlte es an der nöthigen Pflege. Endlich kam der Bruder Johann
Anger-

Angermann, welcher zuvor bey der Mission in
Jamaika diente, und noch bey Herrs Lebzeiten
zu seinem Gehülfen bestimmt war, von Bethlehem, wo er geheirathet hatte, im August 1773
nach Barbados; faßte die Sache mit neuem
Muthe und gläubigem Vertrauen auf den HErrn
an; suchte die ziemlich verwilderten ehemaligen
Zuhörer der Brüder wieder auf; fing an, an
drey Orten im Lande zu predigen; und hatte auch
bald das Vergnügen, wiederum eine Negerin zu
taufen. Zu Anfang des Jahres 1774 bekam er
ein paar Gehülfen aus Europa. Einer derselben zog im folgenden Jahre in die Stadt Bridgetown, wo er bey der Predigt des Evangelii
ziemlich viel Zuhörer hatte.

§. 40.

Im Jahre 1770 reisete der damalige Prediger
der Böhmischen Brüdergemeine zu Berlin,
Martin Gottfried Sternberg, nach Grönland,
da ihm eine Visitation der durch der Brüder
Dienst aus den dortigen Heiden gesammleten
Gemeinen aufgetragen wurde. Bald nach seiner Ankunft in Neuherrnhut ließ er die Lehrer
beyder Gemeinen dahin zusammen kommen, und
besprach sich mit ihnen ausführlich über deren
Bedienung. Da er sich dann ein ganzes Jahr
lang in diesem Lande, theils in Neuherrnhut,
theils in Lichtenfels, aufhielt; so wurde er mit
der ganzen inneren und äußern Lage der beyden
Gemeinen, mit dem Character der Grönländischen Nation, der Beschaffenheit des Landes,

H 4 und

und allen Umständen, die bey der dasigen Mission in Betrachtung zu ziehen sind, gründlich bekannt; so daß er, außer dem guten Rathe, welchen er selbst in manchen Fällen den Missionarien
ertheilte, und verschiedenen besseren Einrichtungen, die er in den dasigen Gemeinen machte, auch
nach seiner Rückkunft bey der Direction der Brüder-Unität manche zur Beförderung des Missions-Werkes in Grönland dienliche Entschlüsse
veranlassen konnte. Er hatte das Vergnügen,
den Fortgang der neuen Erweckung zu sehen, welche unter den Heiden in der Gegend von Neuherrnhut und Lichtenfels (s. D. Cranz N. B.
H. S. 296.) entstanden war, und sonderlich in
der Nachbarschaft der letzterwehnten Gemeine
noch zunahm. Vierzig erweckte Heiden zogen
binnen Jahresfrist in die beyden Gemeinen, mit
dem Entschlusse, sich zu Christo zu bekehren, und
wurden nach und nach der heiligen Taufe theilhaftig. Bey Sternbergs Rückreise im Herbste
1771 waren in Neuherrnhut fünfhundert und
ein und dreyßig, und in Lichtenfels dreyhundert
und zwey und dreyßig Grönländische Einwohner;
und sieben Europäische Brüder und Schwestern
hielten sich in jeder der beyden Gemeinen zur Bedienung derselben auf.

Von den Veränderungen, die in Absicht auf
die Missionarien und ihre Gehülfen vorgekom-
men sind, soll hier nur dieses bemerkt werden, daß
der älteste Missionär Matthäus Stach im Jahre 1771 Grönland auf immer verließ, und
nachmals seinen Aufenthalt in der Wachau in
Nord-

Nordkarolina genommen hat; wie auch, daß
der alte Misſionär Johann Beck im Jahre 1770
das Vergnügen hatte, ſeine zween Söhne Ludwig und Jakob nach Grönland kommen zu ſehen, wovon der letztere ſich dem Dienſte daſiger
Misſion gewidmet, der erſtere aber nach einigen
Jahren einen Ruf nach Labrador unter die mit
den Grönländern verſchwiſterten Eskimos angenommen hat.

Außer dem geſegneten Einfluſſe der Viſitation
auf den innern Gang der Grönländiſchen Gemeinen hatte dieſelbe noch mehrere erſprießliche
Folgen für dieſe Misſion.

Ein von den Misſionarien verfertigtes neues
Grönländiſches Geſangbüchlein wurde von dem
Bruder Sternberg mitgebracht, und in Berlin
zum Druck befördert.

Die Nothwendigkeit eines Mannes, der
über die Misſion in Grönland ins ganze die Aufſicht führte, über die ſtete Befolgung richtiger
Grundſätze bey der Bedienung daſiger Gemeinen
wachen, in bedenklichen Fällen guten Rath ertheilen, und ganz inſonderheit auf den gründliche-
ren Unterricht der getauften Grönländer in der
chriſtlichen Lehre ſehen könnte, war bey Gelegenheit dieſer Viſitation einleuchtend geworden. Zu
einem ſo wichtigen Amte wurde der Bruder Chriſtoph Michael Königſeer, damals Vorſteher
der Gemeine zu Gnadenberg in Schleſien, aus-
erſehen. Er reiſete im Jahre 1773 nach Grönland ab, nachdem ihm von der Aelteſten-Conferenz der Unität, mit Zuziehung der Brüder An-

H 5 dreas

dreas Grasmann und Sternberg, deren ersterer vor mehrern Jahren, (s. D. Cranz N. B. H. §. 84.) so wie letzterer ganz neuerlich, eine Visitation bey der Grönländischen Mission verrichtet hatte, die nöthige Anleitung zu seinem Auftrage gegeben worden. Er hielt sich in den folgenden Jahren abwechselnd in Neuherrnhut und Lichtenfels auf, und sein Dienst war beyden Gemeinen sehr gesegnet. Ohngeachtet er bey seiner Ankunft in Grönland bereits über funfzig Jahre alt war, so erlernte er doch noch mit unermüdetem Fleisse die Landessprache gründlich.

In der letzten Hälfte des Jahres 1773 herrschte eine epidemische Brustkrankheit unter den Grönländern, welche in den beyden erwehnten Gemeinen eine beträchtliche Anzahl derselben wegraffte. In Neuherrnhut gingen bey dieser Gelegenheit über siebenzig Personen aus der Zeit. Es waren darunter verschiedene brauchbare Gehülfen unter ihrer Nation.

§. 41.

Die Reise, welche der Missionär Matthäus Stach in den südlichen Theil von Grönland gethan hatte, (s. D. Cranz N. B. H. §. 296.) veranlaßte den Wunsch, daß man Gelegenheit haben möchte, in diesen Gegenden, die noch viele heidnische Einwohner hatten, einen Missions-Platz anzulegen, um das Evangelium unter ihnen ausbreiten zu können. Diese Sache kam jedoch nicht eher zu Stande, als im Jahre 1774, nachdem solche bey der Visitation des

Bru-

Bruder Sternbergs in näher: Ueberlegung genommen worden. Der Missionär Johannes
Sörensen und seine Frau, und der Gehülfe
Gottfried Grillich, entschlossen sich, den Anfang zu diesem neuen Etablissement zu machen,
ob sie gleich wußten, daß sie mancher Beschwerde, Unbequemlichkeit und Gefahr entgegen gingen, die sowol mit der Reise, als mit dem Aufenthalte an einem von den Europäischen Kolonien
entfernten Platze, verknüpft waren. Ein günsti-
ger Umstand war es, daß um eben die Zeit von
der Grönländischen Handlungsgesellschaft eine
neue Kolonie in Süden anzulegen beschlossen,
und solches durch den Kaufmann Anders Olsen,
einen alten Freund der Brüder, ausgeführt wurde, der dann auch ihnen in ihrem Vorhaben beförderlich war. Am 2ten Juny 1774 reiseten
Sörensen und Grillich nebst etlichen Grönländischen Familien auf vier Grönländischen Weiber-
booten von Lichtenfels ab. Da sie alle Nächte
an Land gehen, auch wegen der Jagd und Fischerey, denen die Grönländer zu Erwerbung der nöthigen Lebensmittel oblagen, sich öfters aufhalten
mußten: so ging die Reise nur langsam von statten. Auch Wind und Wetter verursachten Aufenthalt; und einmal wurden sie vom Eise dergestalt eingeschlossen, daß sie mehrere Tage auf einer wüsten Insel verweilen mußten. Indessen
hatten die Brüder Gelegenheit, an verschiedenen
Orten einer großen Menge Grönländer das Evangelium zu verkündigen. Am 13ten July kamen
sie auf die Insel Onarrok, wo eine warme
Quelle,

Quelle, und bey deren Ausfluß eine schöne grüne
Wiese mit bunten Blumen, ist; ein, unter diesem Himmelsstriche ganz ungewohnter, für Europäische Augen reizender Anblick. Da aber
diese Insel für die Grönländer zu ihrer Erwerbung nicht bequem war; so wehlte man einen andern Winteraufenthalt, zwo kleine Meilen davon, an der Fiorte Agdluitsok. Sörensens
und Grillichs mußten sich gefallen lassen, in einem nach Grönländischer Art gebaueten Hause
zu wohnen, welches sie zu Anfang October bezogen. Außer etlich und zwanzig getauften Grönländern aus Neuherrnhut und Lichtenfels, die
mit den Brüdern gekommen waren, hielten sich
den Winter über auch drey und dreyßig Getaufte
von der Dänischen Mission, mit welchen Anders Olsen den Anfang zur neuen Kolonie machen sollte, bey ihnen auf. Dazu kamen noch
etlich und neunzig heidnische Grönländer aus der
umliegenden Gegend, die sich bey den Brüdern
wohnhaft niederließen; so daß sich bey der Verkündigung des Evangelii, wozu man sich täglich
zweymal versammlete, an hundert und funfzig
Zuhörer einfanden. Außerdem besuchten die
Brüder fleißig in der Nachbarschaft, wo in einem Bezirke von etlichen Meilen gegen tausend
Grönländer, jung und alt, wohnten, und predigten ihnen von ihrem Schöpfer und Erlöser.
Es war also hier ein neues großes Feld zu be-
arbeiten; und GOtt segnete die Bemühungen
der Brüder so, daß bis in die Mitte des Jahres
1775 bereits vierzehn erwachsene Heiden getauft
waren,

waren, und mehrere gute Hoffnung zur Bekehrung gaben.

Aeußerlich waren die Missionarien in einiger Noth, da die von Lichtenfels mitgenommene Provision knapp zureichte; und auch den Grönländern wurde es bey dem harten Winter schwer, ihre Nahrung zu finden. Doch half der HErr diesen, wie jenen, gnädig durch, daß sie keinen Mangel litten.

§. 42.

Es ist bereits in D. Cranz N. B. H. §. 297. vorläufige Erwehnung geschehen, daß, nachdem der Brüder-Unität, und deren Societät zur Förderung des Evangelii unter den Heiden, zu Errichtung einer Mission in Terra Labrador das begehrte Land zugestanden worden, einem auf dem Synodo 1769 gefaßten Entschlusse zufolge, im Jahre 1770 eine abermalige Reise nach Terra Labrador, um in einer zur Mission bequemen Gegend einen Platz zum Anbau auszusuchen, vornemlich aber die angefangene freundliche Bekanntschaft mit den Eskimos zu erneuern und zu befestigen, mit gutem Erfolge unternommen wurde. Eine Gesellschaft Brüder in London hatte zu diesem Zwecke ein Schiff ausgerüstet, mit welchem zehn Brüder nach Terra Labrador gingen, von denen der ehemalige Dänische Missionär Drachart, Jens Haven und Stephan Jensen, eigentlich den Auftrag hatten, obgedachte Absichten zu erfüllen. Sie erreichten die Küste von Labrador am 24sten Juny,

trafen

trafen aber erst am 15ten July in der Breite von
55° einige Eskimos an. Diese waren sehr erfreut, ihre Bekannte, Drachart und Jens Haven, wieder zu sehen, und von ihnen selbst zu
vernehmen, daß sie bey ihnen wohnen wollten,
wie ihnen eine Eskimossche Frau, Namens
Mikak, welche einige Zeit in England gewesen,
und vor kurzem in ihr Land zurück gebracht worden war, bereits erzehlt hatte. Erwehnte Mikak
nebst ihrem Manne und Kinde kamen auf das
Schiff, und blieben darauf, indem der Mann die
Stelle eines Lootsen vertrat. Er brachte das
Schiff glücklich nach Eskimos-Bay, in der
Landessprache Nunengoak, einer Gegend, wo
sich im Sommer viele Eskimos aufzuhalten pflegen. Die Ankunft erfolgte am 1sten August.
Man traf etliche hundert Eskimos an, welche
noch acht Tage lang hier beysammen blieben, und
so wie alle ihre Landsleute, die man vorher an
andern Orten gesehen hatte, sich gegen die Brüder sehr freundlich bezeigten, und aufmerksam
zuhörten, da ihnen Drachart das Evangelium
verkündigte. Die Brüder erklärten hier, eben
so, wie sie an andern Orten, wo sie eine Anzahl
Eskimos angetroffen, gethan hatten, daß sie
sich ein Stück Landes, welches der König von
Großbritannien, als Oberherr dieser Küste, ihnen
geschenkt habe, aussuchen, und solches mit
Grenzsteinen bezeichnen wollten, weil sie gesonnen
wären, sich daselbst wohnhaft niederzulassen;
damit aber auch von den Eskimos niemand sich
über sie zu beschweren hätte, so wollten sie ihnen

das

das Stück Land ordentlich abkaufen. Die Eskimos, welche sich sehr darauf freueten, daß die
Brüder bey ihnen wohnen wollten, und sie selbst
dazu einluden, nahmen die ihnen angebotene Bezahlung gern an, bezeugten ihre Genehmigung
des Kaufes, und bestätigten solchen, indem sie
der darüber verfaßten Schrift ihre Namen un-
terschreiben ließen, und jeder dem seinigen eigenhändig ein Zeichen beyfügte. Das Stück Land
welches die Brüder zum Anbau wehlten, und
an jedem Ende mit einem Grenzsteine bezeichne-
ten, lag ohngefehr im 56° 55' nördlicher Breite,
war mit vielem guten Bauholze bewachsen, hatte hinlänglich frisches Wasser in etlichen Bächen,
und einen guten Ankerplatz. Das Schiff kam,
nachdem der Zweck seiner Reise erreicht war, im
November nach London zurück.

Nun wurde die wirkliche Absendung einer
Kolonie nach Terra Labrador zu Errichtung einer Mission unter den Eskimos beschlossen. Eben
die Gesellschaft, welche das Schiff im Jahre
1770 dahin hatte abgehen lassen, beschloß alljährlich ein Schiff dahin zu senden, welches den
Transport der Personen und der Lebensmittel
und anderer Bedürfnisse der Kolonie besorgen,
und dagegen theils durch die von den Eskimos
erhandelten Waaren, theils durch den Fischfang
auf Newfoundland eine Rückladung zu bekommen suchen sollte, die zur Entschädigung der Rheder dienen könnte. Der übrige beträchtliche Aufwand, der sonderlich anfangs bey dem Transport einer ziemlichen Anzahl Kolonisten erfodert
                                                wurde,

wurde, denen die nöthigen Gebäude, Haus-
Küchen-Gärten, auch Fischer- und Jagdgerä-
the, nebst mancherley Werkzeuge zu Zimmer-
Schreiner- und Schmiede-Arbeit ꝛc., wie auch
Lebensmittel auf ein Jahr und drüber, mitgege-
ben werden mußten, wurde größtentheils durch
die in London befindliche Societät der Brüder
zur Ausbreitung des Evangelii unter den Helden
bestritten, welche sich dieser Sache mit vielem
Eifer annahm.

§. 43.

Es gingen demnach im Jahre 1771 drey Ehepaare, Brasens, Johann Schneiders,
und Jens Havens, der mehrerwehnte Drachart,
und noch sieben unverheirathete Brüder, nach
Labrador; und Brasen war zum Führer dieser
Gesellschaft, so wie auch zum Vorsteher derselben nach ihrer Ankunft in Labrador, bestimmt.
Durch eine Proclamation des Herrn Gouverneur
Byron in Newfoundland wurde jedermann ge-
warnt, das unter Seiner Majestät unmittelba-
rem Schutze stehende Etablissement der Brüder in
Labrador und ihre dasige Mission nicht zu stören. Auch ließ ebengedachter Herr Gouverneur
den Missionarien eine schriftliche Requisition zustellen, wodurch er sie ersuchte, den Eskimos die
ferneren Besuche in Chateaubay, (in dem süd-
l hen Theile von Labrador,) woraus nur Un-
friede, Verdruß und Mord entstanden sey, zu
widerrathen. Die Kolonie wurde mit Gewehr
und Amunition aus dem Königlichen Zeughause
verse-

versehen. Ihre Abreise von London erfolgte
am 8ten May mit dem Schiffe Amity, (Freund=
schaft,) geführt von Kapitain Mugford, und
am 9ten August erreichten sie den Ort ihrer Be=
stimmung. Sie machten sogleich Anstalt zum
Bauen, fällten Holz, und umgaben den Wohn=
platz mit Pallisaden. Am 28sten August legten
sie den Grund zu dem mitgebrachten gezimmerten
Wohnhause, welches sodann aufgesetzt, und bis
zum 22sten September so weit fertig wurde, daß
sie es beziehen konnten.

Das Schiff ging bald darauf nach Europa
zurück, so daß nun wirklich eine geringe Anzahl
Brüder und Schwestern mitten unter den als
Mördern so übel berüchtigten Eskimos, im Ver=
trauen auf den Schutz GOttes, wohnten. Es
beharrten aber diese Wilden in der gleich an=
fangs gegen die Brüder geäußerten Freundschaft,
und ihre Liebe und Vertrauen zu den Brüdern
wuchs, je mehr sie solche kennen lernten. Gleich
im ersten Jahre ließen sich einige derselben, die
einen heimlichen Groll gegen einander hegten, der
nach ihrer Gewohnheit sonst ohnfehlbar zu Mord
und Todtschlag Anlaß gegeben haben würde,
durch die Ermahnung der Brüder zum Frieden
und zur Eintracht, bewegen, sich mit einander
auszusöhnen. Die Brüder fanden auch bald
Gelegenheit, den Eskimos auf verschiedene
Weise zu dienen, indem sie ihnen Boote baue=
ten oder ausbesserten, und andere Werkzeuge
und Geräthschaften für sie verfertigten. Die
Bezahlung, welche sie dafür erhielten, erleichter=

J

te zugleich die Kosten der Unterhaltung dieser Mission. Eben so angenehm war es den Eskimos,
daß sie in Nain, (dieses war der Name der Kolonie,) verschiedene ihnen nützliche Europäische
Waaren bekommen konnten, welche von einem
Bruder für Rechnung der Rheder des alljährlich
nach Labrador segelnden Schiffes an sie verkauft wurden.

In den Sommermonaten stand immer eine
Anzahl von etlich hundert Eskimos in ihren Zelten um Nain herum, welchen Drachart,
Schneider und Haven täglich das Evangelium
verkündigten. Sie waren mehrentheils willig,
solches zu hören, und es schien einen guten Eindruck auf sie zu machen. Den Winter über
wohnten sie auf andern Plätzen, davon die nächsten doch etliche Meilen von Nain entfernt waren. Indeß kamen verschiedene derselben von
Zeit zu Zeit auf einen Besuch zu den Brüdern,
welches diese auch zuweilen erwiederten, ob es
gleich um der äußerst rauhen Witterung willen
nur selten möglich, und auch alsdann, sowol wegen des übermäßigen Grades der Kälte, als wegen der Unbequemlichkeit und Unreinlichkeit in
den Wohnungen der Eskimos, mit vieler Beschwerde verknüpft war. Vier Brüder, welche
im Februar 1773 einen solchen Besuch machten,
und in Gesellschaft der Eskimos, bey denen sie
sich aufhielten, sich zu einem todten Wallfisch begaben, standen insonderheit viele Noth aus.
Man that jedoch in dem Theile gern alles mögliche, um den armen Wilden, denen das Evangelium

gelium bereits in Nain verkündiget worden, solches fleissig zu wiederholen, und zugleich mit ihrer Lebensart und Sitten, wie auch mit der Beschaffenheit des Landes, immer bekannter zu werden.

So wenig übrigens in den ersten Jahren eine bleibende Wirkung von der Predigt des Evangelii zur wahren Bekehrung irgend eines Eskimos wahrzunehmen war: so erfreulich war den Brüdern die Nachricht, daß doch einer dieser Wilden, Anauke, da er zu Anfang des Jahres 1773 tödtlich krank wurde, sich an dasjenige, was er von JEsu, als dem Erlöser und Seligmacher aller Menschen, gehört hatte, erinnerte, beständig zu Ihm seufzte, und im Vertrauen auf Ihn aus der Zeit ging. "Sey nicht so betrübt," sagte er zu seiner Frau, die nach heidnischer Weise über seinen nahen Tod heulte, "ich gehe zum Heilande." Die Brüder hatten ihn, da sein Tod bey der rauhesten Winterwitterung erfolgte, nicht besuchen können. Aber seine Landsleute hatten von seinem Ende einen guten Eindruck, und nannten ihn den, welchen der Heiland zu sich genommen hat.

§. 44.

Im Jahre 1773 begab sich der Bruder Paul Eugenius Layriz aus dem Mittel der Aeltesten-Conferenz der Unität, nach Labrador, zur Visitation und besseren Einrichtung dasiger Missions-Anstalt. Seine Frau begleitete ihn. In seiner Gesellschaft befand sich auch Ludwig Beck, der zuvor ein paar Jahre in Grönland

gew-

gewesen war, und nun dem Dienste der Mission
in Labrador sich widmete. Sie gingen mit der
Amity nach Newfoundland, und, da dieses
Schiff hier auf den Fischfang zurück blieb, mit
einem kleinen Fahrzeuge weiter. Sie mußten in
verschiedenen Häfen an der Küste einlaufen, und
trafen öfters Eskimos an, denen sie das Evangelium verkündigten, wobey Bruder Beck die
Stelle eines Dolmetschers vertrat. Einmal hatten sie das Unglück, auf eine Untiefe zu gerathen,
kamen aber doch nach einigen Stunden, vermittelst der Fluth, ohne Schaden los. Am 25ten
July trafen sie in Nain ein, zu großer Freude
dasiger Geschwister. Hier hatten diesen Sommer etliche hundert Eskimos in sechs und dreyßig
Zelten gestanden, von denen jetzt noch ein und
zwanzig Zelte vorhanden waren. Täglich wurde
ihnen zweymal, des Morgens in ihren Zelten,
und Abends im Missions-Hause, geprediget.
Da in letzterem der Raum zu enge wurde, so
beschloß man, einen geräumlichen Versammlungssaal für die Eskimos zu bauen, wozu man
das Holz aus dasigen Waldungen nahm. Einige, an denen man mehrern Eindruck vom Worte GOttes verspürte, wurden als Lehrlinge oder
Katechumenen zu näherer Pflege angenommen.
Bald nach des Bruder Layriz Ankunft zu
Nain erschien daselbst auch ganz unvermuthet
ein Kriegs-Schooner, mit welchem der Com-
modore Shuldam den Lieutenant Curtis abgeschickt hatte, um die Küste zu recognosciren, und
sich nach dem Befinden der Brüder zu erkundigen.

Ge-

Gedachter Lieutenant hielt sich einige Tage bey den Brüdern auf, und bezeugte seine Verwunderung und Freude, sie so wohl eingerichtet und in so gutem Vernehmen mit den Eskimos zu finden. An letztere that er im Namen des Gouvernement eine Erklärung, daß sie nicht nach den südwärts gelegenen Englischen Niederlassungen gehen, und des Mordens und Raubens sich enthalten sollten.

Mit dem Fahrzeuge, welches den Bruder Layriz nach Nain gebracht hatte, geschahe während seines Daseyns eine Reise an der Küste nordwärts bis in den 60sten Grad, um die Lage des Landes und der Wilden Wohnplätze besser kennen zu lernen. Jens Haven und noch etliche Brüder waren mit dabey, und sagten überall den Eskimos, warum die Brüder in ihr Land gekommen wären, wurden auch an allen Orten freundlich behandelt, und von verschiedenen eingeladen, auch bey ihnen sich wohnhaft niederzulassen.

Nachdem der Bruder Layriz während eines zweymonatlichen Aufenthalts in Nain den Zweck seines Besuchs völlig erreicht, von den Umständen dasiger Mission gehörige Erkundigung eingezogen, auch manches besser eingerichtet hatte: so begab er sich nebst seiner Frau auf das Schiff Amity, welches inzwischen aus Newfoundland gekommen war, und traf mit demselben nach Verlauf eines Monats in London ein.

J 3

§. 45.

§. 45.

Die Brüder in Nain, welche die Bekannt-
ſchaft mit den Eskimos auf die bisherige
Weiſe ferner unterhielten, und unermüdet fort-
fuhren, ihnen das allen Menſchen durch JEſum
Chriſtum erworbene Heil zu verkündigen, bemerkten mit vieler Verlegenheit die Herzenshär-
tigkeit der meiſten dieſer Wilden, ihren tief ein-
gewurzelten heidniſchen Aberglauben, und die
unter ihnen herrſchenden unreinen Sitten, (wohin ſonderlich der im Schwange gehende Tauſch
und Raub der Weiber gehörte, der oft zu Mordthaten Anlaß gab,) als ſo viele Hinderniſſe, welche dem Worte GOttes den Eingang in ihre
Herzen zur Bekehrung derſelben zu verſperren
ſchienen. Noch ſchmerzlicher aber war es ihnen,
wenn ſie ſehen mußten, daß die guten Eindrücke
und Rührungen, welche dennoch bey einigen Eskimos durch die beſtändige Anhörung des Wortes GOttes, ſo lange ſie in der Nähe der Brüder ſich aufhielten, entſtanden, und die angenehme
Hoffnung gaben, daß ſich auch an dieſen armen
Heiden das Evangelium als eine Kraft GOttes
beweiſen würde, nach einiger Zeit, die ſie in der
Entfernung von den Brüdern und im Umgange
mit ganz rohen Heiden verbracht, faſt ganz wiederum verſchwunden, und ſie in das alte heidni-
ſche Weſen zurückgefallen waren. Die Brüder
wünſchten daher nichts, ſo ſehr, als daß ſolche
Eskimos, die in den Sommermonaten die Predigt des Evangelii bey ihnen mit Eindruck hörten,
und

und zu ihrer Bekehrung Hoffnung gaben, auch
den Winter hindurch bey ihnen wohnen möchten.
Um ihnen solches zu erleichtern, richteten sie ein
eignes Gebäude zu dem Zwecke auf, daß die Eskimos den im Sommer gesammleten Vorrath
von Lebensmitteln zum Gebrauch auf den Winter darin verwahren könnten. Jedoch eine solche
Sparsamkeit war diesen Wilden ganz fremd,
und sie konnten sich nicht daran gewöhnen. Sie
mußten daher, um nicht im Winter ganz zu ver-
hungern, solche Wohnplätze wehlen, wo sie auch
in dieser Jahreszeit einige Lebensmittel erwerben
konnten. Und hiezu schien die Lage von Nain
nicht bequem. Es entstand daher der Wunsch
bey den Brüdern, sich noch an einem andern Orte
anzubauen, dessen Lage die Sammlung einer beständig daselbst wohnenden Gemeine aus der
Eskimoischen Nation verstattete. Da man
nun zugleich darauf bedacht war, unter diesen
an einer über hundert und zwanzig deutsche Meilen langen Küste zerstreut wohnenden Wilden das
Evangelium noch allgemeiner bekannt zu machen:
so beschloß man, so bald als möglich noch zween
Missions-Plätze, einen nordwärts, den andern
südwärts von Nain, zu errichten. Die mehrerwehnte Societät der Brüder in London erhielt zu diesem Ende auf ihr Ansuchen, vermittelst
einer vom Königlichen geheimen Rathe im Merz
1774 ausgefertigten Ordre, die Erlaubniß, das
dazu erfoderliche Land auszusuchen und in Besitz
zu nehmen.

Die

Die Brüder in Nain, welche dem zu folge noch im Sommer desselben Jahrs eine Reise nach Norden veranstalteten, um sich nach einem schicklichen Wohnplatze umzusehen, bedienten sich dazu eines kleinen Fahrzeuges, welches, eben so wie im vorhergehenden Jahre, ihnen von Newfoundland zugeschickt wurde. Vier Brüder machten diese Kundschaftsreise: Brasen, Haven, Lister und Lehmann, welcher letztere ein eben erst aus Europa angekommener Gehülfe war. Sie erreichten ihren Zweck, und an allen Orten wurden sie von den Eskimos gebeten, bey ihnen sich anzubauen. Auf der Rückreise hatten sie aber das Unglück, am 14ten September mit starkem Winde auf einen Felsengrund aufzulaufen, wo ihr Schiff unbeweglich festsitzen blieb, und endlich scheiterte. Nach einer angstvollen Nacht begaben sie sich den andern Morgen gegen zwey Uhr auf das bey dem Fahrzeuge befindliche Boot; welches aber, da sie einen Hafen zu erreichen suchten, ebenfalls auf einer Klippe strandete und in Stücken ging. Zween Brüder, Brasen und Lehmann, kamen dabey ums Leben. Die übrigen, nebst den Schiffsleuten, retteten sich durch schwimmen auf einen kahlen Felsen, wo sie von Kälte und Hunger viel ausstanden. Da sich keine Gelegenheit fand, ihren Unfall den Brüdern in Nain zu wissen zu thun, daß sie von daher hätten Hülfe erlangen können, auch überhaupt, wie sie wußten, in demselben Jahre kein Eskimo mehr in dieser Gegend zu erwarten war: so hätten sie hier umkommen müssen,

sen, wenn sie nicht noch möglich gefunden hätten,
ihr sehr zertrümmertes Boot ans Ufer zu ziehen,
und nothdürftig zusammen zu flicken. Nach vieler Mühe kamen sie damit so weit zu Stande,
daß sie sich am 18ten in See wagen konnten. Der
Wind war ihnen sehr günstig; und endlich hatten sie das Glück, einen Eskimo in seinem Boote zu erblicken, der sie vollends nach Nain burir-
te, wo sie Abends wohlbehalten eintrafen, herzlich dankbar für die wundervolle Hülfe GOttes
zur Errettung ihres Lebens.

§. 46.

Zu Anfang des Jahres 1775 waren die Brüder Zeugen von dem erbaulichen Ende eines
Eskimo, Manumina, welcher 1764 in Quir-
pont zuerst den Bruder Jens Haven gesehen,
(s. D. Cranz N. B. H. §. 297.) und schon damals durch dessen Zeugniß von JEsu Christo uns
serm Heilande einen besonderen Eindruck bekommen; bey den folgenden Reisen der Brüder in
dieses Land die Bekanntschaft mit ihnen immer
erneuert; und, seitdem Nain angebauet worden,
seine Wohnung beständig in ihrer Nachbarschaft
gehabt hatte. In seiner letzten Krankheit ward
er auf Verlangen zweymal von Brüdern besucht.
Er bezeugte viel Freude darüber, hörte das Evangelium, das sie ihm verkündigten, begierig
an, und äußerte den Wunsch, zum Heilande zu
gehen, und ein Vertrauen zu Ihm, daß Er ihn
annehmen werde. "Ich halte mich zum Heilande," sagte er, "weil Er sein Blut für mich ver-

gossen

goffen hat; zu Ihm allein will ich; von Ihm allein
will ich hören." Seine Schwester, die seit ein
paar Jahren sich bey den Brüdern in Nain aufhielt, ermahnte er, da zu bleiben, und JEsum
kennen zu lernen, bey dem er sie dereinst zu finden
hoffe. Gewisse Umstände hinderten die Brüder,
diesem Eskimo, an dessen seliger Vollendung sie
nicht zweifelten, die heilige Taufe anzudienen.

Im Sommer 1775 wurde von den Brüdern,
Haven, Ludwig Beck und Christian Lister, in
Gesellschaft zwoer Eskimoischen Familien eine
Reise nach Süden unternommen, um einen Platz
zum Missions-Etablissement auszusuchen. Erst
am 3ten July war der Hafen bey Nain vom Eise
frey geworden, und da sie am 11ten ausfuhren,
fanden sie doch noch eine Menge Eis, das ihnen in
der Fahrt hinderlich war. Außer andern Plätzen
in der Gegend von Arvertok besahen sie die Insel,
wo 1752 Erhard nebst fünf Matrosen von den
Eskimos getödtet worden, nebst den Gräbern der
Erschlagenen. Auch entdeckten sie die Ueberbleibsel des Hauses, welches die Brüder damals gebauet
hatten. (D. Cranz N. B. H. §. 176.)

Auf die Nachricht von Brasens Heimgange
wurde der Bruder Samuel Liebisch, der damals
in Zeist war, zum Vorsteher der Mission in Labrador ins ganze bestimmt. Er reisete nebst seiner Frau und noch einer Schwester, welche der
Bruder Ludwig Beck heirathen sollte, wie
auch ein paar Brüdern, im Jahre 1775 dahin ab.
Nach dem Willen der Rheder sollte mit der Sloop,
the good intent, (die gute Absicht,) von Kapitain

tain Alexander Wilson geführt, ein Versuch gemacht werden, von England aus mitten durch die offenbare See gerade nach dem Hafen von Nain zu segeln. Weil aber die Reise zu früh im Jahre unternommen wurde, so war es nicht möglich, diesen Zweck zu erreichen. Denn am 12ten Juny fand das Schiff ein unübersehliches Eisfeld mit vielen ungeheuren Eisbergen vor sich; und alle Versuche, gerade hindurch zu segeln, welche bis in die letzte Hälfte des July unter vielfacher und großer Gefahr immer wiederholt wurden, waren vergeblich; so daß man sich endlich entschließen mußte, weiter südlich sich dem Lande zu nähern, und von da an der Küste hinzufahren; da denn die Ankunft in Nain am 16ten August erfolgte.

Noch in eben diesem Monate reisete Jens Haven, dem die Errichtung eines neuen Missions-Platzes auf der Insel Kivallek, nordwärts von Nain, aufgetragen war, nebst noch einem Bruder in einem Boote dahin, um eine bequeme Stelle zum Anbau zu suchen, und das Land in Besitz zu nehmen. Dieses geschahe mit vollkommener Zufriedenheit der Eskimos, und Jens Haven kam den 8ten September mit seiner Gesellschaft wieder nach Nain. Der Anbau in Kivallek erfolgte erst im nächsten Jahre, an einer schmalen Seebucht, welche die Eskimos Okkak (d. i. Zunge) hießen; daher auch das Etablissement diesen Namen behielt.

§. 47.

§. 47.

Die Kolonie zu Sarepta im Astrakanischen Gouvernement des Russischen Reichs wurde in den Jahren 1771 und 1773 durch ein paar Gesellschaften von Brüdern und Schwestern verstärkt. Die erste Gesellschaft machte von Twer aus die Reise auf der Wolga in zwey großen Barken oder Kähnen, wobey sie eine besondere Bewahrung GOttes erfuhr, indem einer dieser Kähne bey einem heftigen Sturme strandete, und so beschädigt ward, daß er bald darauf in Grund sank, die darauf befindlichen Schwestern aber, samt den meisten Sachen, weil es dicht am Ufer war, glücklich gerettet wurden. Es geschahe solches zweyhundert Werste oberhalb Saratof, und verursachte einen Aufenthalt von vierzehn Tagen.

Zum besseren Betriebe der Feldwirthschaft auf Sareptischen Lande wurde im Jahre 1770 ein Dörfchen Schönbrunn angelegt, welches einige Familien bezogen, die sich dem Ackerbau widmeten.

Im äußeren ehielt Sarepta immer verbesserte Einrichtungen. Die Gewerbe blühten, und alle Einwohner konnten sich redlich nähren. Bey der Vermehrung der Gemeine war ein größerer Kirchensaal nöthig, dessen Bau im Jahre 1772 zu Stande kam. In eben dem Jahre wurde für die heranwachsende Jugend eine Schule eingerichtet.

Von innen ward die Gemeine mit dem Evangelio geweidet, und die genaue brüderliche Verbindung und Geistesgemeinschaft mit den übrigen Brüdergemeinen lieblich unterhalten.

§. 48.

§. 48.

Die Bekanntschaft mit den Kalmucken wurde ferner von den Brüdern fleissig unterhalten. Es begleiteten zwar nicht mehr, wie in den vorigen Jahren geschehen war, einige der letzteren eine Kalmuckische Horde auf ihrem Zuge; dagegen aber kamen diese Horden öfters in die Nähe von Sarepta, und verweilten daselbst; ja einige Familien richteten sich in dieser Gegend auf längere Zeit gleichsam in kleinen Dorfschaften wohnhaft ein. Einige Brüder und Schwestern besuchten die Chanin der großen Horde auf erhaltene Einladung. Die Chanin nahm sie wohl auf, und zeigte einen edlen Charakter und freundschaftliche Zuneigung für Sarepta. Hier besuchte der Chan der Derböschen Horde zu verschiedenen malen, und auch dessen Großmutter besahe diesen Ort mit Vergnügen. Die Kalmucken von letztgedachter Horde waren diejenigen, mit welchen die Brüder in Sarepta den meisten Umgang hatten, sonderlich seit der im Jahre 1771 erfolgten Entweichung der großen Horde. Der vornehmste Lama oder Oberpriester der Derböschen Horde verstarb im Jahre 1772, in einem Alter von drey und neunzig Jahren, auf Sareptischem Lande, und seine Leiche ward daselbst nach Kalmuckischen Gebräuchen verbrannt. Einige Fürsten und Geistliche dieser Nation wohnten bey ihren Besuchen in Sarepta den Versammlungen der Brüder aufmerksam bey. Letztere nahmen alle Gelegenheit wahr, vor den Kalmucken ein Zeugniß von JEsu Christo und

dem

dem durch Ihn erworbenen Heil abzulegen, sowol
wenn sie selbige in ihren Zelten besuchten, als wenn
einige von diesen nach Sarepta kamen, welches
sonderlich in der Absicht geschahe, um sich bey dasigem Arzte in die Cur zu begeben. Einer und
der andere schien das Evangelium ziemlich aufmerksam anzuhören; überhaupt aber fand solches doch nicht den gewünschten Eingang. Insgemein lobten sie das, was ihnen von JEsu ver-
dienstlichem Menschwerden, Leiden und Sterben
gesagt wurde, gar sehr, mit dem Beyfügen, es
komme mit ähnlichen Geschichten heiliger und
vergötterter Menschen in ihren heiligen Schriften
ziemlich überein.

Von diesen Schriften, welche die Geistlichen
nicht gern aus den Händen geben, weil sie fürchten, sich der Sünde derjenigen, die sie nicht für
göttlich achten, theilhaft zu machen, hatten die
Brüder doch Gelegenheit, einige zu bekommen.
Dieselben waren ihnen nicht nur zu Erlernung
der Sprache unentbehrlich, sondern sie lernten
auch daraus sowol, als aus dem Umgange mit
der Nation, die Beschaffenheit des Kalmuckischen Aberglaubens und Götzendienstes ziemlich
genau kennen.

Den Kalmucken scheint der reine Begriff
von einem GOtt und Schöpfer aller Dinge zu
fehlen. Sie haben aber einen Abgott, den sie
vor allen übrigen vorzüglich verehren. Außer
diesem sind, ihrer Meynung nach, andere große
Nebengötter, die in der Regirung der Welt mit
einander abwechseln. Endlich verehren sie noch
viele

viele tausend Burchan, oder vergötterte Helden,
deren Anzahl alljährlich durch das Absterben heiliger Menschen vermehrt wird. Wer zu dieser
Ehre gelangen will, muß in ihren Schriften
wohl bewandert seyn; beständig im Gebete ver-
harren, wobey sie sich eines Rosenkranzes bedienen; sich hüten, irgend ein lebendiges Geschöpf
zu tödten; den Armen gutes erweisen, und andre
gute Werke thun. Die Geistlichen, welche allein auf solchen Vorzug in der zukünftigen Welt
Anspruch machen können, genießen daher besonderer Achtung, sonderlich die von den höheren
Klassen, Lama genannt, die beynahe göttlich
verehrt werden; welches ganz besonders mit dem
in Tibet residirenden obersten Priester, Dalai
Lama, bekanntlich der Fall ist, dessen Name
von den Kalmucken bey aller Gelegenheit ange-
rufen wird. Die Layen wissen kein anderes Mittel, zur Seligkeit zu gelangen, als das Gebet der
Pfaffen, welches sie mit reichen Opfern erkaufen
müssen. Wer in unheiligem Zustande verstirbt,
hat nach ihrer Meynung, da sie die Seelenwan-
derung glauben, verschiedene Stuffen der Reinigung durchzugehen, wornach er endlich auch
die Hoffnung erlangt, ein Burchan zu werden.
Ihre Gözentempel sind, eben so wie ihre Wohnungen, Kibitken oder Filzhütten, welche sie
sehr prächtig mit Silber und Gold, mit gestick-
ten und gewirkten seidenen Stoffen von großem
Werthe, und mit vielerley Edelsteinen auszieren,
und worin sich abentheuerlich gemahlte Vorstellungen von ihren Gözen befinden.

§. 49.

§. 49.

Die Lage von Sarepta brachte auch viele Besuchende von andern fremden Nationen dahin, als Armenier, Grusinier oder Georgier, Persianer, Indianer, Tataru und Türkische Kriegsgefangene; welche größtentheils Wohlgefallen an dem, was sie da sahen, und vorzügliche Achtung für die Brüder bezeigten. Ein Bucharischer Gesandter, welcher im Jahre 1775 auf der Reise nach Moskau dahin kam, äußerte den Wunsch, daß sich Brüder in der Bucharey niederlassen möchten. Eine gleiche Einladung erhielten sie das Jahr zuvor nach Grusinien von dem jungen Prinzen Heraklius und einem Patriarchen dieses Landes, da sie durch Sarepta reiseten; allein die Kriegsunruhen verstatteten ihnen nicht, daran zu denken.

Von den für Nachkommen Böhmischer Brüder muthmaßlich gehaltenen Tschechen (s. D. Cranz N. B. H. S. 299.) suchte man nähere Nachricht zu bekommen; ward aber immer mehr überzeugt, daß obgedachte Muthmaßung ungegründet sey. Unter andern versicherte der bekannte Professor Güldenstedt, daß die Tschechen die Sprache der Nogaischen Tatarn ganz rein redeten; die unter ihnen wahrzunehmenden Spuren des Christenthums aber leitete er von den Missionen eines ehemals fast über das ganze Gebirge herrschenden Grusinischen Zaars her. Inzwischen erwarteten die Brüder noch immer eine Gelegenheit, sowol unter diesem, als unter andern

dern

dern Gebirgsvölkern einen Besuch zu machen,
und ihnen, wo möglich, das Evangelium zu verkündigen. Um sich hiezu durch Erlernung der
im ganzen Gebirge und in einem großen Theile
von Asien ziemlich allgemein bekannten Tatarischen oder Türkischen Sprache vorzubereiten,
hielt sich ein Bruder von Sarepta einige Zeit unter den Tatarn in Astrakan auf, deren Liebe
und Zuneigung er gewann.

Auf höchsten Orts erhaltene Veranlassung
thaten vier Brüder von Sarepta im Frühjahre
1774 eine Reise an den Terek, und besahen, nebst
dem Peters- und Katharinen-Bade, die ganze Gegend, welche besagter Fluß von Kislar bis
Mosdok durchströmt, welche sie von der reizend-
sten Annehmlichkeit und Fruchtbarkeit fanden.
Indeß mußte von dem Gedanken, auf die Niederlassung einiger Brüder in dieser Gegend anzutragen, wegen der Unsicherheit vor den feindlichen Gebirgsvölkern abgesehen werden.

Da bey allen diesen Bekanntschaften mit
fremden Völkern für die Ausbreitung des Evangelii unter denselben, den Hauptzweck der Errichtung der Kolonie Sarepta, vor der Hand
nichts gewonnen wurde: so gereichte es den Brüdern um so mehr zum Troste, daß sie doch nicht
ganz unfruchtbar in diesem Lande blieben, sondern Gelegenheit fanden, den deutschen Kolonisten an der Wolga zum Segen zu seyn. Verschiedene derselben wurden durch das Evangelische
Zeugniß des reformirten Predigers Jahnet erweckt, und auf sein Begehren von Brüdern aus

K   Sa-

Sarepta besucht. Sie faßten Vertrauen zu
denselben, und ließen sich deren Zuspruch zur Ermunterung und Zurechtweisung dienen. Es waren darunter verschiedene, die ehedem schon in
der Wetterau einige Kenntniß von den Brüdern
gehabt, nun aber erst den Umgang mit denselben
recht schätzen lernten.

§. 50.

Von außen schwebte Sarepta diesen ganzen
Zeitraum hindurch in großer Gefahr; und
nur durch den mächtigen Schuß GOttes entging
dieser Ort der oftmals angedroheten gänzlichen
Verwüstung. Gleich beym Ausbruche des Tür-
kenkrieges gegen Ende des Jahres 1768 waren
räuberische Ueberfälle von den benachbarten
feindlichen Völkern zu besorgen. Auf Anordnung der Monatchin selbst wurde der Ort mit
einigen Festungswerken versehen, und demselben
Kanonen, nebst Ammunition, einige Kanoniers
und die nöthigen Soldaten zu Besetzung der vier
Thore gegeben. Bis 1771 ward man öfters
durch schreckenvolle Berichte von Einfällen der
Kubanischen und Kabardinischen Tatarn be-
unruhigt, welche einigemal bis auf ein paar Tagereisen von Sarepta vordrangen. Gegen diesen Feind dienten die Kalmuckischen Horden
zur Vormauer, welche den Sommer über auf
der Westseite der Wolga zwischen Sarepta und
Astrakan ihren Aufenthalt nahmen. Wie wenig aber letzteren selbst zu trauen war, offenbarte
sich

sich ganz unvermuthet zu Anfang oberwehnten
Jahres. Die sogenannte große Horde, von
deren Treue man sich Rußischer Seits um so
mehr versichert hielt, als sie auch in dem Kriege
gegen die Tatarn gute Dienste leistete, faßte ins
geheim aufrührerische Anschläge, welche sie,
wenn die Wolga zugefroren seyn würde, ausführen wollte. Sie stand auf der östlichen Seite
gedachten Flusses, und hatte ihr Vieh unver-
merkt nach der Jaikschen Steppe hintreiben lassen. Da nun in den ersten Tagen des Jahres
1771 bey einem heftigen Froste die Wolga stark
mit Eise ging; so fingen die Kalmucken von dieser Horde an, ihre feindseligen Absichten zu äußern; sie plünderten und verbrannten den großen
Tatarischen und Armenischen Markt, mißhandelten viele Kaufleute, und schleppten sie fort, und
übten gegen Rußische Unterthanen viele Gewaltthätigkeiten aus. Ihre Absicht war, wie man
nachher erfuhr, über die zugefrorne Wolga zu
gehen, und alle an diesem Flusse liegende Plätze
bis nach Astrakan zu verwüsten, sodann aber
diese Stadt zu bestürmen. Ein ganz ungewöhn-
lich einfallendes Thauwetter aber hinderte das
Zufrieren der Wolga, und vereitelte das Vorhaben der Horde, welche, da ihre Empörung
bereits entdeckt war, und Anstalten gegen sie ge-
troffen wurden, mit großem Verlust durch die
Jaiksche Steppe nach den Grenzen von China
entfliehen mußte. Zum Glück nahm die Der-
börsche Horde, welche dicht bey Sarepta stand,
und in zahlreichen Haufen durch diesen Ort zog,

keinen

keinen Antheil an der Empörung, wie man anfangs besorgt hatte.

Im Sommer 1771 verschaffte die Anwesenheit des Gouverneurs von Astrakan, welcher sich
zum Gebrauch einer Cur in Sarepta aufhielt,
diesem Orte besondere Sicherheit.

Eine Horde Belogorodischer Tatarn, wenigstens viertausend Personen stark, welche sich
während des Krieges unter Russischen Schutz begaben, wurden im Frühjahre 1772 neue, nicht
allzu sichere, Nachbarn von Sarepta.

Mehrere schreckvolle Aussichten eröffneten
sich von nahem und fernem. In verschiedenen
Gegenden des Reichs brachen Empörungen aus.
Der Aufruhr in Moskau bey Gelegenheit der
Pest im Jahre 1771 ist bekannt. Im Juny
1772 waren einige Brüder Augenzeugen eines
gefährlichen Auflaufs, der in Zarizin über die
Verhaftnehmung eines für Peter den dritten
sich ausgebenden Betrügers entstand, aber durch
schleunige Vorkehr des Commandanten binnen
einer halben Stunde gestillt wurde. Die Unruhen der Jaikschen Kosaken hatten auch bereits
ihren Anfang genommen; und waren nur auf
eine Zeit gedämpft worden. Viele Räuberbanden machten nicht nur die Geschäftsreisen der
Brüder gefährlich; sondern Sarepta selbst wurde ein paarmal mit einem Anfalle von Räubern,
welche Fahrzeuge mit Kanonen auf der Wolga
hatten, bedroht.

Die Kirgisen oder Karakalpaken, ein dem
Muhammedanischen Glauben zugethanes Volk,
welches

welches in den weiten Steppen an den südöstlichen Grenzen des Rußischen Reichs gegen China hin, nach Art der Kalmucken, umherziehet; und durch Räubereyen allen seinen Nachbarn furchtbar ist, fanden, wegen der im Orenburgischen ausgebrochenen Empörung, den gewöhnlichen Widerstand auf Rußischer Seite nicht; drangen daher über den Jaik, und bedroheten die Gegenden an der Wolga mit Ueberfällen, verheerten auch wirklich einige Dörfer, achtzig Werste oberhalb Zarizin; und Sarepta hatte etliche Monate hindurch gleiches Schicksal zu befürchten.

Auch von den Tatarn aus den Gebirgen, welche sich einige Zeit ruhig verhalten hatten, geschahen neue Einfälle, wobey sie Sarepta ziemlich nahe kamen.

Alle diese Gefahren wurden durch GOttes gnädige Fürsorge abgewendet; und nun betraf endlich die Gemeine zu Sarepta eine sehr harte Prüfung, worin sich die Wunderhand GOttes auf eine ganz ausgezeichnete Weise zu ihrer Rettung und Erhaltung offenbarte, da vor Menschen Augen die Hoffnung dazu fast gänzlich verschwunden war.

§. 51.

Der grausame Haufen der Empörer, welche von Pugatschef angeführt wurden, hatte schon geraume Zeit in verschiedenen Provinzen des Rußischen Reichs schreckliche Verwüstungen angerichtet, als selbiger endlich im Sommer

1774. das Aſtrakaniſche Gouvernement über-
ſchwemmte, und am 6ten Auguſt beſagten Jahres die Stadt Saratof einnahm. Noch hoffte
man, das weitere Vorrücken dieſer unmenſchli-
chen Räuber würde durch die gegen ſie beorderte
Ruſſiſche Truppen verhindert werden; allein vergeblich. Ein kleiner Häufe Ruſſen, die von Zarizin aus den Rebellen entgegen gingen, wurden
bey Praleika, etwa hundert Werſte von Sarepta, gänzlich geſchlagen, da etliche tauſend
Kalmucken, welche ſie unterſtützen ſollten, größtentheils zum Feinde übergingen. Flüchtlinge
von Zarizin brachten die Nachricht davon am
17ten Auguſt nach Sarepta, wo man bisher den
Erfolg noch ruhig abgewartet hatte. Da aber
nunmehr der Commandant von Zarizin zugleich
wiſſen ließ, er könne Sarepta auf keine Weiſe
helfen, und beſtmöglichſt auf die Flucht bedacht
zu ſeyn rieth: ſo beſchloß man, zuförderſt ſämtliche Schweſtern und Kinder, unter Begleitung
des größten Theils der verheiratheten Brüder,
nach Aſtrakan in Sicherheit zu bringen. Der
verſammleten Gemeine ward dieſer Entſchluß an
bemeldetem Tage gegen Mittag unter einem weh-
müthigen Gefühle bekannt gemacht; und bey einbrechender Nacht begaben ſich dann hundert und
zehn Perſonen, nachdem ſie noch gemeinſchaftlich
auf dem Saale ſich der Obhut des HErrn mit
inbrünſtigem Gebete empfohlen hatten, in zwölf
Booten auf die Reiſe. Mit vieler Mühe und
großen Verſprechungen hatte man einige Ruſſen
bewogen, ihre zur Fiſcherey gemiethete Boote zu
dieſem

diesem Zwecke herzugeben, und dabey die nöthigen Dienste zu leisten; Indem sie nicht nur für sich
selbst, wie alles gemeine Volk, schon von dem
Geiste des Aufruhrs angesteckt waren, sondern
überdieß noch durch ein paar Kosaken aufgehetzt
wurden, welche Abends zu Pferde am Ufer der
Wolga erschienen, und denselben in Pugat-
schefs Namen bey Leib- und Lebensstrafe verbo-
ten, den Einwohnern von Sarepta in ihrer
Flucht beförderlich zu seyn. Kälte, widriger
Wind, Widerspenstigkeit der immer aufsätziger
werdenden Schiffsknecht, und Mangel an Lebensmitteln, machten die Reise beschwerlich und
langwierig; dazu kam noch die angstvolle Besorgniß, von den Rebellen eingeholt zu werden.
Indeß erreichten sie Astrakan am 7ten September wohlbehalten. Sechs Familien, die auf
Wagen zu Lande gereiset waren, kamen zu gleicher Zeit dahin. Herr Rentel, ein alter Freund
der Brüder, nahm die ganze Gesellschaft in vieler Liebe auf, und verschaffte ihnen ein Unter-
kommen in zwey Häusern.

Fünf und sechzig Brüder mit dem Vorsteher
Daniel Fick waren noch in Sarepta geblieben.
Hier packten sie ihre und der geflüchteten Einwohner Habseligkeiten ein; vergruben und verbargen
sie in Kellern, so gut als möglich; konnten aber
den Beobachtungen der, in Hoffnung künftiger
Theilnahme an der Plünderung des Ortes, ihnen
überall auflauernden Russischen Knechte und
Soldaten, und selbst der Kalmucken, nicht entgehen. Letztere fingen bald an, feindselige Gesin-

K 4 nungen

nungen zu äußern; wollten die Sareprische Vieh-
heerde forttreiben, die man ihnen noch mit Noth
entriß und nach Astrakan hin treiben ließ; versuchten, in dem verlassenen Dorfe Schönbrunn
zu plündern, und selbst in einige leer stehende
Häuser in Sarepta einzubrechen, so daß man
sie nicht mehr in den Ort lassen durfte. Endlich
mußte man sie gar durch Kanonenschüsse von gewaltsamen Angriffen auf den Ort zurückschrecken.
Täglich ging ein Bruder nach Zarizin, um von
dem Vorrücken des Pugatschefischen Heers
Nachricht einzuziehen. Endlich war solches wegen der Kalmucken nicht mehr zu wagen, und
die Brüder, welche schon wußten, daß die Rebellen gegen Zarizin angerückt waren, und die
vom Commandanten der Festung angesteckte Vorstadt brennen sahen, waren in Gefahr, wenn sie
länger in Sarepta verweilten, von jenem graus-
samen Heere unversehens überfallen zu werden.
Und doch wollten sie auch nicht ohne Noth durch
ihre Entweichung den Ort Preis geben. In
dieser Verlegenheit war ihnen die Ankunft eines
Couriers von Astrakan, welcher einige Kosaken
zur Begleitung hatte, sehr willkommen; und vorgedachter Bruder entschloß sich, in seiner Gesellschaft nach Zarizin zu gehen. Sie wurden aber
bald von ein paar hundert Kalmucken verfolgt,
eingeholt und geplündert, und der Courier kehrte
nach Sarepta zurück. Der Bruder setzte jedoch
allein und zu Fuße seinen Weg fort, bis auf einige Werste von Zarizin, da er deutlich sahe und
hörte, daß die Rebellen die Festung mit schwerem

Ge-

Geschütze beschossen. Endlich ward er gewahr,
daß ein dicker Rauch in der Stadt aufging, und
bald darnach hatte das kanoniren ein Ende. Nun
eilte er nach Hause, und sahe schon in der Ferne
den Staub des vorrückenden Pugatschefischen
Heeres, welches, wie man nachher erfuhr, da
es Zarizin nicht erobern konnte, weiter zu ziehen
beschloß.

§. 52.

Es war am ²¹ſten Auguſt ¹ſten September Abends um sechs Uhr,
als er den Brüdern in Sarepta, die eben
den letzten Keller vermauerten, die schreckenvolle
Nachricht vom Anrücken der Rebellen brachte.
Sie versammleten sich nochmals auf dem Betsaale; dankten GOtt auf dem Angesichte für alle
Wohlthaten, welche Er Sarepta bisher erwiesen; empfahlen sich seinem mächtigen Schutze;
ermunterten sich zum Vertrauen auf seine Hülfe;
und beschlossen einmüthig, sich auf der Flucht
nicht zu trennen, sondern als Glieder Eines Leibes mit einander zu leben und zu sterben. Zween
Brüder, welche sich schon vorher auf den ersten
Schreck zu Pferde davon gemacht hatten, kamen
den folgenden Tag glücklich zu der übrigen Gesellschaft.

Die Brüder verließen Sarepta nach Son-
nenuntergang. Sie flohen auf vierzehn Wagen,
die theils mit Ochsen, theils mit Pferden bespannt
waren, und womit sie den mit schnellen Pferden
versehenen Feinden unmöglich hätten entrinnen
können, wenn nicht die göttliche Vorsehung be-

K 5   sonders

sonders über sie gewacht hätte. Sie sahen schon
den Vortrab der Rebellen sich ihren Grenzen nähern, und einige Kosaken kamen auch wirklich
noch denselben Abend nach Sarepta zum plündern. Fast überall, wo die Brüder hinkamen,
hörten sie, daß der Feind schnell vorrücke, und
mußten daher, so sehr sie und ihr Vieh der Ruhe
bedurften, ungesäumt forteilen. Zu ihrem Glück
verirrten sie sich von der Poststraße, und fuhren
eine Station vorbey, wo sie von funfzig Kosaken vergeblich aufgesucht wurden, welche Pu-
garschef mit dem Befehle, sie zu ermorden, ihnen
nachgeschickt hatte. Am $\frac{29\text{sten August}}{9\text{ten September}}$ erreichten sie
Janairefka, und blieben daselbst, weil sie die
Bestätigung der schon auf dem Wege vernom-
menen Nachricht erhielten, daß das Heer der
Rebellen vierzig Werste hinter Sarepta vom
Obrist Michelson geschlagen und zerstreut
worden.

Vier Brüder gingen gleich darauf nach Sarepta zurück, wo sie die Häuser zwar noch stehen,
aber sehr übel zugerichtet, und fast bis auf die
kahlen Wände geplündert fanden. Fenster, Thüren, Oefen und alles Hausgeräthe war zerschlagen und auf die Gassen geworfen, die meisten
Keller erbrochen, und alles geraubt oder verwü-
stet. Die Truppen des Obristen Michelson
standen noch im Orte; räumten aber solchen auf
seinen Befehl gleich nach der Ankunft der vier
Brüder, welche nun beschäftigt waren, die Häuser zu säubern und zu reinigen, und was noch
einigermaßen brauchbar war, aufzuheben, bis
daß

daß noch im Monat September sämtliche geflüch-
tete Einwohner zurück kamen. Das erste war
nun, sobald der Betsaal dazu einigermaßen in
Stand gesetzt worden, daß die versammlete Gemeine GOtt, dem Erhalter ihres Lebens, für
ihre wundervolle Rettung, da kein einiges den
Feinden in die Hände gerathen, oder sonst zu
Schaden gekommen war, mit innigster Rührung
dankte. Der Verlust des größten Theils von dem
Ihrigen war freylich schmerzlich. Aber auch
darin zeigte sich GOttes besondere Fürsorge, daß
doch die ersten Bedürfnisse des Lebens ihnen nicht
fehlten. Mehl und Korn hatte ein zurückgeblie-
bener Knecht in ihrem Magazin mit vieler Treue
zu erhalten gewußt; das mitgenommene Vieh
war größtentheils noch vorhanden; ein Vorrath
von Brennholz war auch da. In kurzem waren
alle Häuser wieder gehörig in Stand gesetzt, und
die Gewerbe konnten wiederum getrieben werden.

§. 53.

Unter diesen Umständen wurde Sarepta durch
den Besuch des Bruders Christian Gregor,
eines Mitgliedes der Direction der Unität, sehr
aufgerichtet und erquickt. Er war nebst seiner
Frau bereits im July von Barby über Lübeck
nach Petersburg abgereiset. Eine Krankheit,
welche ihn vierzehn Tage hier zu bleiben nöthigte,
war das Mittel, dessen sich die göttliche Vorsehung
bediente, um sie nicht, gleich andern unglückli-
chen Reisenden, in die Hände der grausamen
Rebellen fallen zu lassen. In Moskau erfuhren

sie

sie schon die erfolgte Plünderung von Sarepta
und Flucht der Einwohner. Am 2ten November
trafen sie daselbst ein, zu großer Freude und Trost
der ganzen Gemeine, welcher sie das herzlichste
Theilnehmen der übrigen Brüdergemeinen versichern konnten. Es erfolgten auch bald darauf
werkthätige Beweise davon durch Beyträge an
Geld und andern Nothwendigkeiten, welche unter
die Einwohner vertheilt wurden, und ihnen sehr zu
Statten kamen.

Die schweren Proben, welche die Sarepti-
sche Gemeine betroffen hatten, und die dabey gemachten Erfahrungen des mächtigen Schutzes und
der gnädigen Fürsorge GOttes, hatten auf den
innern Gang derselben einen gesegneten Einfluß.
Die brüderliche Liebe und die innige Verbindung
zu dem Sinne, als eine Gemeine JEsu nur Ihm
zur Freude und Ehre zu leben, wurde kräftig erneuert. Der Bruder Gregor, dessen Besuch
hiezu mitwirkte, wurde solches bey den einzelnen
Unterredungen mit sämtlichen Gemeingliedern zu
seinem Vergnügen gewahr. Er ermunterte sie,
bey dem lautern Christus-Sinne unverrückt zu be-
harren; diente überhaupt dieser Gemeine in ihren
Angelegenheiten mit gutem Rathe, und unterrich-
tete sich von ihrer ganzen Lage, um solche nach seiner Rückkehr dem Synod vorlegen zu können. Zu
Anfang Februar 1776 trat er mit seiner Frau die
Rückreise an; und nachdem sie sowol in Moskau
als Petersburg, ingleichen an verschiedenen Orten in Liefland und Preußen, die daselbst befindlichen Brüder und mit denselben verbundene Freun-

de zu ihrem Vergnügen besucht hatten; so kamen sie
am 20sten Juny wohlbehalten nach Barby zurück.

Sarepta genoß nunmehr einer erwünschten
Ruhe; und so wie diese Gemeine bald nach der
Rückkunst von ihrer Flucht für die vom HErrn
genossene ausgezeichnete Bewahrung ein außeror-
dentliches Dankfest am 6ten November feyerte: so
nahm sie auch an dem, nach Beendigung des Tür-
kenkrieges, im Russischen Reiche auf den 31sten July 1775 angeordneten Friedens- und Dankfeste
den freudigsten und innigsten Antheil.

§. 54.

Die kleine Kolonie der Brüder bey Trankebar
auf der Küste Koromandel in Ostindien
brachte sich äußerlich ganz gut durch. Ihr Gar-
ten- und Feldbau war gesegnet; die Gewerbe hatten guten Fortgang; und bey ihrem geschickten
Arzte begaben sich viele Kranke in die Cur. Sie
waren daher im Stande, auch die wenigen Brüder, welche sich in Nikobar aufhielten, mit Lebensmitteln und andern Bedürfnissen zu versehen.

Viele Fremde, sowol Europäer, als Mohren
und Indianer, die theils in Geschäften, theils aus
Veranlassung der Kriegsunruhen nach Trankebar
kamen, sahen sich in dem Brüdergarten mit Vergnügen um. Es waren darunter einige vornehme
Braminen, ein Abgesandter des Königs von
Tanschaur, und ein vornehmer mohrischer Oberpriester aus Aurengerbat im Königreiche Dekan.

An die Stelle des zeitherigen Vorstehers der
Kolonie, Georg Johann Stahlmann, welcher

im

im Juny 1770 aus der Zeit ging, kam der Bruder Johann Joachim Woltersdorf. Zu gleicher Zeit wurde die Kolonie noch durch sechs Personen aus Europa verstärkt. Diese Gesellschaft sollte bereits im Jahre 1771 die Reise nach Ostindien antreten; da aber das Schiff, welches sie einnehmen sollte, vor ihrer Ankunft in Kopenhagen schon abgesegelt war: so erfolgte ihre Abreise ein Jahr später, und sie erreichte Trankebar im Juny 1773. Im nächstfolgenden Jahre ward die Kolonie abermals durch vier Brüder verstärkt.

Da die bey Gelegenheit der Concession zu einem Etablissement der Brüder im Herzogthum Schleswig ergangenen Königlich Dänischen Placate, wodurch die vormaligen den Brüdern nachtheilige Edicte aufgehoben worden, auch zu Trankebar von den Kanzeln publicirt wurden: so bekamen die Brüder Hoffnung, die Verkündigung des Evangelii unter den Heiden in dasigem Lande nun ungestört treiben zu können; sie faßten daher neuen Muth zu der Sache, legten sich mit erneuertem Fleisse auf die Erlernung der Malabarischen und Portugiesischen Sprache, und fingen an, alle Sonntage in beyden Sprachen zu predigen. Es geschahe solches mit Genehmigung der ihnen jederzeit geneigten Regirung. Am 6ten Januar 1774 tauften die Brüder den ersten Malabaren Kutti, mit Namen Arulappåhn, d. i. Johannes.

§. 55.

Zur Unterstützung des Etablissement in Nancauery wurden von der Dänischen Regirung in Tran-

Trankebar im September 1769 einige Beamte
der Compagnie nebst einer Anzahl Soldaten und
schwarzer Bedienten mit einem beträchtlichen Vor-
rathe von Handelswaaren dahin abgeschickt. Allein diese neuen Ankömmlinge starben größtentheils
in kurzer Zeit, so daß im Frühjahre 1771 nur
noch zween Europäische Soldaten und vier Malabaren übrig waren. Dieser schlechte Erfolg schreck-
te die Compagnie dergestalt ab, daß sie nichts weiter für besagtes Etablissement unternehmen mochte.
Erwehnte zween Soldaten wurden zurück berufen,
und die vier Brüder, welche sich bereits seit 1768
dort befanden, (D. Cranz N. B. H. §. 301.)
und ihr Leben, wiewol in kränklichen Umständen,
erhalten hatten, blieben nun ganz allein. Die zurückgelassenen Effecten und Waaren der Compagnie wurden ihnen übergeben, und sie sollten den
Handel mit den Eingebornen treiben. Es machte
ihnen aber solches viele Noth und Mühe; oft war-
teten sie lange Zeit vergeblich auf ein Schiff, welches die von ihnen gesammlete Landes-Producte
abholen sollte, und diese sowol, als die ihrer Verwahrung anvertrauten Compagnie-Güter könnten
sie bey der langen Regenzeit nicht unverdorben erhalten. Endlich wurde die völlige Aufhebung der
Nikobarischen Handels-Löge von der Compagnie beschlossen. Die Brüder auf Nancauwery
sahen wohl ein, daß in diesem Falle ihr Aufenthalt
daselbst noch beschwerlicher seyn würde, weil sie
nun noch weniger Unterstützung von Trankebar
aus zu erwarten hätten; sie wagten es aber doch,
im Vertrauen auf die Hülfe des HErrn, ferner

daselbst

daselbst auszuhalten. Aus dem Brüdergarten
wurde ihnen durch das Schiff, welches im
Herbste 1773 dahin ging, um die noch vorhandenen der Compagnie gehörigen Güter abzuholen, ein Vorrath von Lebensmitteln und andern
Bedürfnissen, nebst einigen Schwarzen zu ihrer
Bedienung, zugeschickt; und mit eben dieser
Gelegenheit begab sich Ludoph Lützen dahin,
welcher kurz zuvor in Woltersdorfs Gesellschaft
in Trankebar angekommen war. Schon im
Jahre 1771 war die Anzahl der Brüder in
Nancauwery durch einen vermehrt worden, der
aus dem Brüdergarten zu ihnen kam; und eben
daher wurde einige Jahre darauf die durch das
Ableben eines derselben gemachte Lücke sogleich
wieder ersetzt. So nachtheilig auch das Klima
oder vielmehr die Lage und Beschaffenheit der
Nikobarischen Inseln für die Gesundheit aller
Ankommenden ist; so wurden doch, wie man
siehet, die Brüder größtentheils beym Leben erhalten. Indeß verbrachten sie die meiste Zeit in
einem siechen Zustande, wobey die Arbeiten, welche ihre Haushaltung erfoderte, und darin sie
von den Nikobaren keine Unterstützung hatten,
ihnen sehr beschwerlich fielen. Sie unternahmen
jedoch so gar ein neues Haus von Backsteinen zu
bauen, da das alte hölzerne und mit Baumblättern bekleidete immer baufälliger wurde. Sie
fingen selbst an, Kalch aus Seemuscheln zu brennen und Ziegel zu streichen; wurden aber durch
den häufigen Regen in ihrer Arbeit sehr gehemmt.
Die Eingebornen, welche sonst Liebe und Achtung

tung für die Brüder bezeigten, als für Leute, die
mit GOtt bekannt wären, äußerten doch über
gedachten Bau, den sie auf Anstiften anderer als
ihrer Freyheit gefährlich zu betrachten anfingen,
einige Besorgniß; ließen sich aber bald darüber
bedeuten. Die Brüder erkannten es immer als
eine ausgezeichnete Bewahrung GOttes, daß sie
in so geringer Anzahl und ganz unbewehrt mitten
unter einem wilden Volke verschiedene Jahre
wohnen konnten, ohne einige Beleidigung zu erfahren. So gar als einsmals (im Februar 1774)
die Eingebornen der Insel, durch das üble Betragen eines Englischen Schiffshauptmanns gereizt, ihn ermordeten, und in der grausamen
Gemüthsstimmung, worin sie bey einer so un-
menschlichen That sich befinden mußten, unmittelbar darauf vor das Haus der Brüder kamen,
gaben sie diesen, welche von dem ganzen Vorgange nichts wußten, und um so mehr erschrocken
waren, sich plötzlich von einem Haufen mit
Spießen, Säbeln, Messern rc. bewaffneter Wilden umringt zu sehen, neue Versicherung ihrer
Freundschaft, und ermahnten sie, sich nicht zu
fürchten, sondern ganz ruhig in ihrem Hause zu
bleiben, wo ihnen kein Leid geschehen sollte.

Das unangenehmste für die Brüder war die
Schwierigkeit der Communication mit Trankebar, die öfters über Jahr und Tag unterbrochen war. Schiffe von andern Orten, die dahin
kamen, verschafften ihnen wenig Nutzen oder Erleichterung, vielmehr erschwerten sie öfters das
Durchkommen der Brüder, indem durch den

Auf-

Aufkauf vieler Lebensmittel solche sehr vertheuert
wurden. Alles dieses wäre ihnen indeß leichter
zu ertragen gewesen, wenn sie nur einige Hoffnung gehabt hätten, mit dem Evangelio in die
Herzen der armen Heiden Eingang zu finden; zu
welcher Absicht ihnen jedoch auch immer noch hinlängliche Kenntniß der Landessprache fehlte.

§. 56.

Aus dem Brüdergarten bey Trankebar ging
auch ein Bruder nach Ceylon, zur Erneuerung der Bekanntschaft mit einigen Freunden in
Kolombo, bey denen der Besuch, welchen David
Nitschmann und sein Gefährte im Jahre 1740
daselbst gemacht hatte, (s. D. Cranz N. B. H.
§. 80.) noch in gutem Andenken war. Auch der
dießmalige Besuch war mit Segen begleitet, jedoch von kurzer Dauer, indem besagter Bruder auf Anstiften einiger Gegner bald obrigkeitlichen Befehl erhielt, die Insel zu verlassen.

Nach einigen andern Europäischen Etablissemens in Ostindien erhielten die Brüder freundschaftliche Einladungen, davon sie aber keinen
Gebrauch machen konnten. Nur auf einen von
Seiten der Dänischen Ostindischen Compagnie
erhaltenen Antrag waren sie geneigt, einige aus
ihrem Mittel nach einer Dänischen Loge in Bengalen abzuschicken, indem sie hofften, zur Verkündigung des Evangelii un ... rtigen Heiden
Gelegenheit zu finden.

Auf ihre Vorstellung, daß sie sowol zu diesem
Zwecke, als zu gehöriger Besetzung des Brüder-
gar-

gartens und des Postens in Nikobar, einige
Verstärkung brauchten, wurden vom Synodo
im Jahre 1775 vier Brüder aufs neue nach Ostindien abgefertiget.

§. 57.

Zu Kairo in Egypten hielten sich drey Brüder auf: Hocker, ein Arzt, und Johann
Heinrich Danke, ein Tischler, seit dem Merz
1769; und ein geschickter Uhrmacher, Johann
Antes, der im Januar 1770 zu ihnen kam.
(s. D. Cranz N. B. H. S. 302.)

Das Land wurde in diesem Zeitraume nach
einander von zween Fürsten beherrscht, die eigen-
mächtig die oberste Gewalt an sich rissen; von
dem bekannten Ali Bey, und von dessen Schwa-
ger, Mahamed Bey Abu Dahab, welcher im
Jahre 1772 seinen Vorfahren vertrieb. Er selbst
kam im Juny 1775 auf einem Feldzuge in Sy-
rien um; und nun ward von den Egyptischen
Beys die alte aristokratische Verfassung dem Anscheine nach, hergestellt.

Bey diesen Revolutionen blieben die Brüder
von allen Gewaltthätigkeiten verschont, die manche andere Landeseinwohner hart betrafen. Auch
genossen sie in einigen Fällen den Schutz, welchen
die beyden erwehnten Fürsten den Christen gegen
ungerechte Bedrückungen angedeihen ließen.
Hocker, als ein geschickter und berühmter Arzt,
mußte verschiedene von den Hausgenossen des Ali
Bey bedienen, der ihn auch verschiedenemal vor
sich kommen ließ und gar freundlich empfing.

Von

Von vielen wurde er daher als des Ali Bey
Leibarzt angesehen. Zu seinem Glück war er es
nicht; denn als Mahamed Bey in Kairo ein-
zog, wurde das Haus des Leibarztes, so wie
mehrerer Beamten des Ali Bey geplündert; da
inzwischen Hocker mit seinen Brüdern einer ungestörten Ruhe genoß, indem die Gasse, welche
sie bewohnten, nach dortigem Gebrauche ver-
schlossen wurde. Ueberhaupt hüteten sich die
Brüder vielmehr möglichst vor der Kundschaft
der Großen des Landes, deren Gefahr sowol
Hocker bey etlichen vornehmen Patienten, als
auch andre Brüder, welche ein paarmal für die
Beys zu arbeiten genöthiget wurden, hinlänglich
erfuhren, wiewol sie noch glücklich genug derselben entkamen.

Die Pest, welche oft in Kairo wüthet, nahm
doch nur im Jahre 1771 dergestalt überhand,
daß die Brüder sich vom April bis in den Juny
einschließen mußten, um die Ansteckung zu verhüten.

Mit den christlichen Einwohnern der Stadt
unterh'elten die Brüder das alte freundschaftliche
Vernehmen, und fanden zuweilen Gelegenheit
ein Zeugniß abzulegen von dem Grunde der Hoffnung, die in ihnen war. Noch im Jahre 1769
lernten sie im Hause des Koptischen Patriarchen
den neuerwehlten Mathran, d. i. Metropoliten
oder Erzbischof für Abyssinien, Johannes den
138sten, kennen, welcher im Begriff war, in
besagtes Land zu reisen. Auf Hockers Erzehlung, daß er einmal eine Reise dahin unternommen

men habe, um der Kirche des Markus und Johannes, (der Koptischen und Abyssinischen Kirche) einen Gruß von seinen Brüdern zu bringen, zu welchem Ende er auch von dem nun verstorbenen Koptischen Patriarchen, Markus dem 106ten, ein Empfehlungsschreiben an den dortigen Matbran gehabt habe; fragte ihn der Erzbischof: ob er nicht noch Lust hätte, nach Abyssinien zu reisen? Hocker entschuldigte sich mit seinem Alter und Schwachheit; setzte aber hinzu, daß solches vielleicht künftig durch andre Brüder geschehen könnte, die er auf diesen Fall der Gewogenheit des Erzbischofs empfahl; und letzterer versicherte, daß sie eine gute Aufnahme finden würden. Die Nachrichten aber, welche man in der Folge von besagtem Lande erhielt, sonderlich durch Herrn Bruce, welcher einige Jahre dort zugebracht hatte, waren so beschaffen, daß man von dem Besuche eines Bruders daselbst keinen guten Erfolg hoffen konnte.

§. 58.

Inzwischen fanden die Brüder über Erwarten in Egypten selbst Gelegenheit, unter den Koptischen Christen ein Evangelisches Zeugniß von JEsu Christo und der durch sein Verdienst allein uns erworbenen Seligkeit und Heiligkeit abzulegen, welches nicht ganz unfruchtbar zu bleiben schien. Johann Heinrich Danke entschloß sich im July 1770 eine Reise auf das Land zu thun, und sich eine Zeitlang unter den Kopten aufzuhalten, um durch den Umgang mit denselben

ben eine Fertigkeit in der Arabiſchen Sprache zu
erlangen; wobey er zugleich darauf dachte, ihnen,
wo er könnte, ein Wort zu ihrer Seelen Heil zu ſa-
gen. Nach einer ziemlich beſchwerlichen Fahrt
auf dem Nil, kam er am 8ten Auguſt in der Stadt
Girge in Oberegypten an, wo er ſich in einem
Wirthshauſe oder Oquelle aufhielt, und ſogleich
mit einigen Kopten bekannt ward, denen er auf
ihre Fragen um ſeine Religion die Liebe ihres Schö-
pfers und Erlöſers anpries. Hier konnte er jedoch
ſeinen Zweck nicht recht erreichen, indem bald eine
ſtarke Einquartirung von Türkiſchen Soldaten aus
Kairo nach dieſer Stadt kam, welche auch die
Oquelle, worin er ſich aufhielt, ganz beſetzten.
Es wiederfuhr ihm indeß von dieſen Leuten nichts
übels; ſondern, da ſie hörten, daß er aus Kairo,
und der Engliſche Arzt, (ſo wurde Hocker genännt,)
welchen einige von ihnen kannten und für Ali Beys
Leibarzt hielten, ſein Bruder wäre: ſo geboten ſie
ihm, in Frieden unter ihnen zu ſitzen und ſich vor
nichts zu fürchten. Ja auf des Odhabaſchi oder
Hauptmanns ausdrückliches Geheiß mußte er, ſo
lange er da war, mit ihnen eſſen und trinken, ohne
etwas zahlen zu dürfen, und wurde überhaupt von
ihnen auf das freundſchaftlichſte behandelt. Einmal beſchuldigte ihn ein Scherif, (d. i. ein Araber
aus Muhammeds Geſchlechte, welche bey ihren
Glaubensgenoſſen beſondere Vorzüge und Achtung
genießen,) er läſe Bücher, worin die Muſelmän-
ner verdammt würden. Auf dieſe Klage verlangte
der Odhabaſchi ſehr ernſthaft, daß er ihm ſeine
Bücher bringen ſollte. Danke war nicht wenig
ver-

verlegen, weil er die Gefahr einsah, worin er sich
befand; denn es hätte ihn können das Leben kosten.
Er empfahl sich aber in GOttes Schutz, und über-
reichte dem Odhabaschi das Arabische neue Testament und den Arabischen Psalter, worin er zu
lesen pflegte. Der Türke las wol eine Viertel-
stunde lang in beyden Büchern, gab sie darauf
Danken mit freundlichem Blicke zurück, und
sagte: "Ich finde in deinen Büchern nichts, denn
lauter GOttes Wort; lies dieselben bey Tag und
Nacht ungestört." Und dem Scherif nebst andern Anwesenden erklärte er: er habe diesen Christen lieb; jede Beleidigung, die demselben wieder-
führe, würde er als ihm selbst geschehen ansehen.
Am 13ten September trennte sich Danke von diesen gutmüthigen Türken, welche sein Weggehen
bedauerten, und ihm noch auf alle Art ihre Freundschaft bezeigten; um sich in Gesellschaft einiger
Kopten nach Behnesse zu begeben, wo, ihrem
Berichte zufolge, viele Christen von ihrer Kirche
wohnten. Die Reise geschahe theils auf dem Nil,
theils zu Lande, und am 28sten erreichte er obgedachten Ort. Behnesse ist eine alte Landstadt auf
der Westseite des Nils, welche von einem Dorfe
gleiches Namens durch einen Kanal getrennt wird,
der die halbe Breite des Nils hat, und Bah'r Joseph, Josephs See, genannt wird. In diesem
von lauter Kopten bewohnten Dorfe nahm Danke seinen Aufenthalt. Er hatte bald vielen Zuspruch von Kopten; und gleich am Tage nach seiner Ankunft wurde er von ein paar Priestern um
die Absicht, in welcher er dahin gekommen, und

um

um die Kirche, zu welcher er gehöre, befragt.
Ich will einige der Fragen hersetzen, die sie an
Danken in Absicht auf die Brüdergemeine thaten, von welcher er ihnen gesagt hatte, daß er
dazu gehöre. Man wird daraus einige Gebräu-
che der Koptischen Kirche kennen lernen, und zugleich merken, wie wichtig ihnen viele an sich sehr
gleichgültige Dinge zu seyn scheinen. Sie fragten also: Ob in der Brüdergemeine bey der Kin-
dertaufe Weihrauch, Myrrhen und Oel gebraucht würde? wie vielmal das beym heiligen
Abendmahle gebrauchte Geschirr unter dem Volke herumgetragen würde? ob die Brüder, so oft
sie in die Kirche gingen, Messe und Opfer ver-
richteten? ob ihre Priester, so oft sie jemanden
begegneten, ihm die Hände auflegten, und ihm
die Sünde vergäben? ob bey ihnen ein jeder
täglich zweyhundertmal Kyrie eleison betete?
wie vielmal sie bey einem jeden Gebete das Kreuz
machten? ob sie wöchentlich zween Tage fasteten?
ob sie des Jahres zweymal die große vierzigtägi-
ge Fasten hielten? ob sie alle Heiligen anbeteten?
ob ihre getauften Kinder, wenn sie fünf oder sechs
Jahre alt wären, auch beschnitten würden? und
dergleichen mehr. Nachdem Danke alles ganz
gelassen angehört und beantwortet hatte, fragte
er sie dagegen: ob sie nicht gelesen hätten, daß in
Christo nichts gelte, als eine neue Kreatur? wie
viele Seelen sie ihm in ihrer Kirche aufweisen
könnten, die wahrhaftig JEsum kennten und
liebten, und mit Wahrheit zu sagen vermöchten:
wir haben Vergebung der Sünden in seinem

Blute

Blute gesucht und gefunden? oder ob ihnen etwa
selbst dieser Weg noch unbekannt sey? Und als
sie erwiederten, daß sie seine Meynung nicht verstünden, so fuhr er fort: Ey nun, ihr habt doch
gelesen, daß JEsus allein der Weg, die Wahrheit und das Leben ist; so wollen wir zuerst davon
reden, wie wir zu Ihm kommen und Ihn kennen
lernen sollen. Wenn es damit seine Richtigkeit
hat, dann wollen wir von andern Dingen reden.
Auf die Weise suchte er bey aller Gelegenheit die
Kopten von unnützen Streitfragen, mit denen
sie sich nur zu gern beschäftigen, abzulenken, und
auf das Wesen des Christenthums, das Leben
im Glauben des Sohnes GOttes, aufmerksam
zu machen.

Einmal wollten sie wissen, was Maallem
Hanna, (Meister Johannes, wie sie ihn bey
seinem Vornamen nannten,) von den zwo Na-
turen in Christo hielte; eine Streitfrage, welche
die Trennung der Koptischen von der Griechischen
Kirche veranlasset hat. Danke sprach zu dem,
der ihn darum befragte: Gläubest du, daß JE-
sus Christus der wahrhaftige GOtt ist? Ja, war
die Antwort, Er ist das ewige Wort, durch
welches alle Dinge gemacht sind, und ohne welches nichts gemacht ist, was gemacht ist. Recht,
sagte Danke, und fragte weiter: Gläubest du
auch, daß JEsus Christus wahrhaftiger Mensch
ist? Antwort: Ja. Ey nun, fuhr Danke fort,
mehr weiß ich nicht; ich begehre auch nicht mehr
zu wissen; sondern es ist mir besser, diese große
Sache, welche allen Verstand übersteigt, daß

L 5 mein

mein GOtt aus ewiger Liebe zu mir schnödem
Sünder wahrhaftig ein Mensch worden, um
mich durch sein bitter Leiden und Sterben von
allem Fluche, worunter ich mit der ganzen Welt
gefangen lag, zu befreyen, täglich und stündlich
in meinem Herzen zu bewegen.

Gemeiniglich wurden Danke's Zeugnisse von
den Kopten am Ende mit vielem Beyfall beehrt,
wobey sie die ihnen gewöhnlichen schmeichelnden
Ausdrücke — "GOtt stärke dich Meister, und
segne deine Worte" — "der Tag ist gesegnet,
an welchem wir dein Angesicht sehen, und solche
Worte aus deinem Munde hören" — u. dgl. —
nicht sparten. Theils vermochten sie der Wahrheit nicht zu widerstehen, theils folgten sie dabey
auch nur ihrer gefälligen oder vielmehr heuchleri-
schen Gemüthsart. Sie trieben dieses zum Theil
so weit, daß Danke wirklich anfangs von manchen zu geschwind Hoffnung faßte, daß seine
Worte einen gesegneten Eindruck zu ihrer wirklichen Herzensänderung auf sie gemacht hätten,
wovon er bey seinen folgenden Besuchen zu seinem
Schmerz den Ungrund wahrnehmen mußte. Inzwischen ist es doch von einigen unleugbar, daß
sie zu einem heilsamen Nachdenken und zu der
Ueberzeugung von der Nothwendigkeit, allein
bey JEsu als dem Sündentilger ihre Seligkeit
zu suchen, gelangt sind; und sonderlich war bey
dem Schulzen des Dorfes (Scheichel Belad)
Michael Baschara, mit welchem Danke bald
in Bekanntschaft kam, eine fortdauernde Angelegenheit seines Herzens, der Seligkeit in JEsu
Christo

Christo theilhaftig zu werden, deutlich wahrzunehmen. So viel es ihm nur seine überhäuften
Geschäfte zuließen, da er als Schreiber und
Steuereinnehmer die Abgaben für die Türkischen
Oberherren in der ganzen Gegend eintreiben
mußte, benutzte er den Umgang mit Danken
zum Segen für sein Herz. Uebrigens erwiesen
letzterem die Kopten überhaupt, und sonderlich
auch ihre Priester, alle Freundschaft. Sie nahmen ihn auch mit in ihre eine Stunde weit vom
Dorfe gelegene Kirche, wo er Gelegenheit fand,
unter den vielen Menschen, die sich daselbst versammleten, JEsum Christum zu verkündigen.

Sein erster Besuch währte meist ein Viertel-
jahr lang, da er erst in der letzten Hälfte des Decembers nach Kairo zurück kehrte.

§. 59.

Er besuchte nachher noch zweymal in Behnesse,
wovon ich nur folgende Umstände anführen
will.

Bey seinem zweyten Besuche im Jahre 1771
miethete er sich eine Kammer, wo er allein wohnen, und von solchen, die sein Zeugniß gern hörten, Besuch annehmen konnte. Er besuchte nun
auch in einigen andern Dörfern. In einem derselben, Namens Samalut, war ein Kummus
oder Oberpriester, der seine Kirchkinder eifrig
ermahnte, Danke's Zeugniß anzuhören, und
ihm selbst versprach, sein treuer Gehülfe zu seyn,
und, so weit er könnte, ihn bey den Kopten bekannt zu machen, damit sie von ihm das Evan-

gelium

gelium hören möchten; wogegen er sich seinem
Andenken im Gebet empfahl.

Danke's dritter Aufenthalt in Behnesse
dauerte meist ein halbes Jahr lang. Da er
während der vierzigtägigen Fasten vor Ostern,
welche von den Kopten sehr streng gehalten wird,
sich unter ihnen befand, so fastete er treulich mit,
um nicht Anstoß zu geben. Zugleich aber bezeugte er ihnen täglich, daß durch das Fasten und andere Uebungen die Seligkeit nimmermehr verdient werden könnte. Dieses war bey den Kopten der beständige Stein des Anstoßes. Einmal
kamen zwern Priester aus dem Kloster St. Michael bey Siud in Oberegypten zu ihm, und sagten: sie hätten ihn als einen sehr eifrigen Christen
rühmen gehört, der den Messias sehr lieb habe,
so daß man seines gleichen hier noch nicht gesehen;
sie hätten aber zugleich vernommen, daß er die
Fasten verwerfe, und behaupte, sie hülfen nichts
zur Seligkeit; er sollte ihnen doch erklären, wie
sich das reime? Danke bezeugte darauf, daß
er eigentlich um ihre Fasten, so wie um andere
ihrer Kirchengesetze, sich nicht bekümmere, solche
zu verwerfe sich nicht anmaße, sie aber eben so
wenig anpreisen könne, weil er von keinem andern Grunde wisse, als von JEsu Christo. Er
bat sie jedoch, ihm zu sagen, wozu denn eigentlich das Fasten nütze? Und als sie erwiederten, zur
Kasteyung des Leibes; so sagte er ihnen, wie er,
seitdem er JEsum Christum als den Versöhner
seiner Sünde erkannt und erfahren habe, seinen
Leib und auch seine Seele kasteye, das heißt, wie

er die sündlichen Gedanken und Regungen, die
bey ihm in der Seele oder in den Gliedern seines
Leibes entstehen wollten, bezähme; nemlich durch
die Betrachtung alles dessen, was JEsus an
Seel- und Leib gelitten habe, und durch die gläubige Zueignung dieser seiner für uns verdienstlichen Leiden. Darin finde er eine Kraft, die alle
Macht der Finsterniß, welche sonst den armen
Menschen fesselt, augenblicklich zernichte. Die
Priester äußerten ihr Erstaunen über das, was
sie von ihm hörten, und gestanden, ihre Kasteyung
käme mit der seinigen nicht in Vergleich; "denn,"
sagten sie, "jenes sind nur Menschensatzungen;
du aber bist ein seliger Mensch, und von GOtt
gelehrt."

Als der Koptische Bischof Athanasius im
Maymonat zur Kirchen-Visitation nach Behnesse
kam; so konnte Danke nicht umhin, ihn zu besuchen. Der Bischof, welcher schon von ihm gehört hatte, und glaubte, daß er seine Kirchkinder
an ihrer Verfassung irre zu machen und zu der
seinigen überzuholen suche, gab ihm zu wiederholten malen, jedoch auf eine freundliche Weise,
zu erkennen, daß er solches unterlassen möchte.
Danke stellte ihm darauf vor, daß er keinesweges die Kopten zu seiner Verfassung zu überre-
den suche, sondern nur ihnen, wie er es allen seinen Mitchristen schuldig zu seyn glaube, die Er-
barmung GOttes in Christo JEsu aus Erfahrung anpreise; und da einige der anwesenden
Kopten, und selbst ein Oberpriester, eben dieses
versicherten; so gab sich der Bischof zufrieden,
und

und bezeigte sich, so lange er da war, gegen Danken überaus freundschaftlich.

In der fruchtbaren und stark bewohnten Gegend zwischen dem Nil und dem obengedachten Bah'r Joseph besuchte Danke in verschiedenen Dörfern; wo er aber zum Theil große Feindschaft der Kopten wahrnahm, welche durch einige Geistliche aufgehetzt wurden; wie denn unter andern ein im Rufe der Heiligkeit stehender Mönch öffentlich sagte: "einen Christen, der nichts auf die Fasten hielte, sollte man steinigen, er möchte übrigens noch so schön von JEsu Christo reden."

Auf Anrathen seiner Koptischen Freunde ließ sich Danke auch einem Arabischen Fürsten, Scheich Hadgi *) Hamse, vorstellen, damit er unter dessen Schutze seine Besuche unter den Kopten ungestört machen könnte; und wurde von dem Scheich aufs freundlichste empfangen. Auch verschiedene Türken bewiesen sich sehr geneigt und wohlthätig gegen ihn, wie oben bereits ein Beyspiel davon angeführt worden ist. Da er, als aus dem Hannöverischen gebürtig, für einen Engländer galt, so kam ihm die große Achtung, in welcher diese Nation bey Türken und Arabern stand, wohl zu statten.

Die schlechte Nahrung unter den Kopten, sonderlich in der Fastenzeit, und viele Strapazen,

---

*) Hadgi, auf deutsch Pilgrim, ist ein Ehrenname, den jeder Muhammedaner erhält, wenn er eine Wallfahrt nach Mecka gethan hat.

gen, welche Danke bey seinen Besuchen auszustehen hätte, zogen ihm endlich, ohngeachtet seiner sonst starken Constitution, eine Krankheit zu,
welche auf seiner Rückreise nach Kairo im July
1772 noch verschlimmert wurde, da er am Nil-
Ufer in Erwartung eines Schiffes drey Tage
auf dem heißen Sande unter freyem Himmel zubringen mußte. Er endigte seinen Lauf am 6ten
October gedachten Jahres, und seine Leiche ward
mit Bewilligung des Griechischen Patriarchen
in einem Gewölbe der Kirche des heiligen Georgii
in Altkairo beygesetzt.

Der Verlust dieses treuen Zeugen der Wahrheit unter den Kopten war um so empfindlicher,
da seine Stelle nicht so bald wieder ersetzt werden
konnte, ohngeachtet die Anzahl der Brüder in
Kairo durch ein paar Gehülfen vermehrt worden
war, von welchen jedoch der eine bald wieder zurückkehrte. Inzwischen ging Johann Antes
im Sommer 1773 auf einige Zeit nach Behnesse, um die Freundschaft mit den Bekannten des
seligen Danke zu unterhalten. Im folgenden
Jahre kamen aufs neue zween Brüder nach Kairo, Augustin Gottlob Roller, ein geschickter
Arzt, und Heinrich Georg Winiger. Letzterer
erwarb sich bald einige Kenntniß der Arabischen
Sprache, so daß er es bereits im Man 1775
wagen konnte, nach Behnesse zu gehen, um dort
unter den Kopten zu wohnen. Antes begleitete
ihn, um ihm zu seiner Einrichtung behülflich zu
seyn, kehrte aber bald nach Kairo zurück. Winiger, der dann bis in den August allein in Behnesse

nesse blieb, ward bald unter den Kopten eben
so bekannt und beliebt, als der selige Dänke gewesen war.

§. 60.

Die vier Brüder, welche im Jahre 1769 nach
Guinea abreiseten, und im Februar 1770
in dem dasigen Dänischen Fort Christiansburg
ankamen, (s. D. Cranz M. B. H. §. 303.)
fanden daselbst noch zween von ihren Vorgängern
am Leben. Am 1sten Februar eröffnete der Königlich Dänische Gouverneur dem Könige von
Akkim, welcher ihn besuchte, das Vorhaben der
Brüder, auf seinem Lande zu wohnen, indem sie
solches dem Aufenthalte im Fort vorzögen; und
stellte ihm die Brüder Westmann und Schenk
vor. Der König berathschlagte sich darüber mit
seinen Kaboseern, und erklärte sich sodann folgendermaßen: "Ich nehme diese guten Freunde
auf in mein Land. Sie sollen sich anbauen, wo
sie wollen, und niemand soll sie beleidigen; aber
sie müssen keine Festung bauen." Nachdem sich
die Brüder für die Antwort bedankt und bezeugt
hatten, daß sie weder eine Festung bauen, noch
den Sklavenhandel treiben würden, sondern bloß
aus Liebe zu ihnen kämen, und, wenn sie die
Sprache erst verstünden, ihren Sinn mehr sagen würden: so gab der König ihnen die rechte
Hand, und nach ihm die Kaboseer und der ganze Rath; und er erklärte sie für seine Freunde.
Die Brüder besahen in der Folge die Gegend in
der Nähe der beyden dasigen Dänischen Forts,
Chri-

Christiansburg und Friedensburg; b hten
auch die da wo nend Kabosera, von elchen
sie freundschaf lich empfangen wurden; und be
schlossen dann, sich zu Mingo bey Friedensburg
anzubauen. Der Gouverneur versprach ihnen
natürliche Unterstützung, und am 19ten Merz be
gaben sich zu dem Ende vier Brüder nach Frie
densburg, denen die übrigen nachher folgten.
Sie machten ernstlich Anstalt zu ih banet
allein das in dem ungesunden Klim öhnliche
faule Fieber ergriff bald einige von nen; und
bereits am 10ten April ging der Bru er Samuel
Varson aus der Zeit. Es währte auch nicht
lange, so folgten ihm die andern Brüder nach
einander. smann, der noch allein übrig
und nur zur Begleitung mitgegangen war, eltte
dem tödtlichen Klima zu entgehen; und begab sich
zu dem Ende auf ein nach Westindien bestimmtes
Englisches Sklavenschiff; aber umsonst; denn
ehe solches noch die Rhede verließ, ging er eben
falls aus der Zeit.

Dieser traurige Erfolg, nebst andern dabey
in Betrachtung gekommenen Umständen, bewog
die Brüder, ohngeachtet wiederholter Auffode
rungen von Seiten der Guineischen Compagnie
in Kopenhagen, von ferneren Versuchen zu einer
Mission unter den Negern in Guinea für die Zeit
ganz abzustehen, und sich vielmehr mit dem Se
gen zu begnügen, welchen der HErr ihnen unter
dem aus seinem Vaterlande in die Sklaverey
entführten Theile dieser Nation in so reichem
Maaße schenkte.

M Es

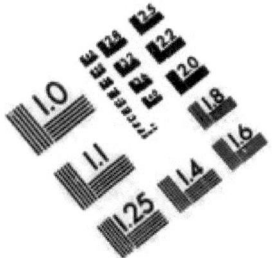

**IMAGE EVALUATION
TEST TARGET (MT-3)**

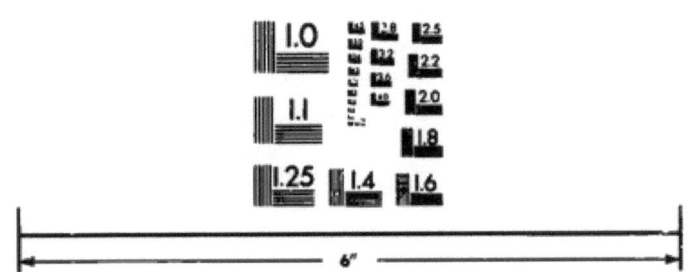

Photographic
Sciences
Corporation

33 WEST MAIN STREET
WEBSTER, N.Y. 14580
(716) 875-4503

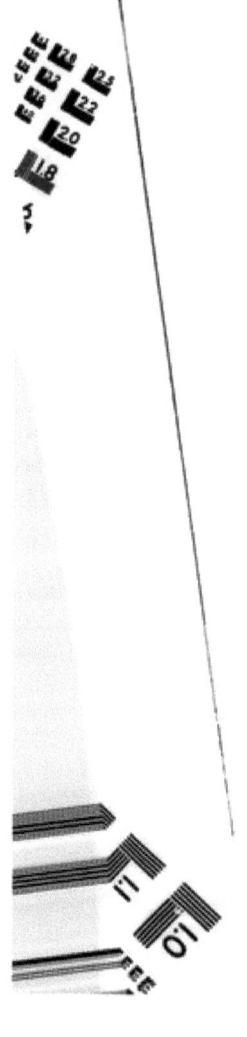

Es zeigte sich zwar im Jahre 1774 eine andere dem Anschein nach recht günstige Gelegenheit
zu einer Mission der Brüder unter den Negern
in Afrika; jedoch konnte solche nicht benutzt werden. Die Sache verhielt sich folgendermaßen.
Zween Negerprinzen aus Alttalabar, welche
als Sklaven nach Virginien gekommen, hernach
aber, da man sie erkannt hatte, wieder in Freyheit gesetzt, und nach England gebracht worden
waren, um in ihr Vaterland zurück befördert zu
werden, hatten während ihres Aufenthalts in
England durch den bekannten Herrn Charles
Wesley die heilige Taufe und weiteren Unterricht im Christenthum erhalten. Sie äußerten
zum den Wunsch, daß Missionarien mit ihnen in
ihr Vaterland gehen möchten, um das Christenthum dort auszubreiten, und versicherten geneigte
Aufnahme vom Könige. Ihre Freunde wende-
ten sich daher erst an die Methodisten, und
dann an die Brüder, mit der Bitte, ihnen zu
Erfüllung dieser löblichen Absicht behülflich zu
seyn. Es erfolgte jedoch die Abreise der beyden
Prinzen, ehe die Sache zu Stande kommen
konnte, welche man nachher nicht mehr thunlich
befand.

§. 61.

Im Jahre 1775 war abermals ein Synodus
der Brüder-Unität, und zwar zu Barby,
von dessen Verhandlungen folgender Auszug aus
einer den Gemeinen wöchentlich davon ertheilten
Nachricht das wesentlichste enthält.

"An

"Am ersten July wurde der Synodus eröffnet. Unter dem ersten Gruße, der mit dem apostolischen Segenswunsche geschahe: Die Gnade unsers HErrn JEsu Christi, die Liebe GOttes und die Gemeinschaft des heiligen Geistes sey mit uns allen! war ein so durchdringendes Gefühl der Gegenwart GOttes zu spüren, daß die Herzen davon selig angethan und eingenommen wurden; und in dem Gefühle sang der Synodus mit einem gläubig getrosten Herzen: Komm, heiliger Geist, HErr GOtt rc. In einem Gebete auf den Knien ward der Heiland herzlich und zutraulich angeflehet, sein gnädiges Beitreten zu allen Verhandlungen und Ueberlegungen zu geben; und der Trost, der die Herzen erfüllte, ließ an der gewißen Erhörung der Bitte nicht zweifeln. Es waren ins gänze vier und neunzig Personen auf diesem Synodo versammlet, und darunter sechs und zwanzig Deputirte der Gemeinen, von denen verschiedene mehr als eine Gemeine zu vertreten hatten.

Nach den nöthigen vorläufigen Verhandlungen war die wichtige Materie von der Lehre und dem Lehramte der erste Gegenstand, der den Synodus beschäftigte. Mehr als einmal bezeugte derselbe mit Einem Herzen und Munde, daß unser Zeugniß, sowol an die Welt, als an die Gemeine, seyn und bleiben solle, daß im Opfer JEsu allein zu finden Gnade und Freyheit von allen Sünden für alle Welt. Man kam dann insbesondere auf den Unterricht der Jugend in den Gemeinen und das vor kurzem herausgegs-

bene

bene Büchlein: Die Lehre JEsu Christi und
seiner Apostel, zum Unterrichte der Jugend in
den Evangelischen Brüdergemeinen) worüber
der Synodus ins ganze sein Vergnügen bezeugte, und wovon er einen großen Segen für unsre
lieben Kinder hoffte.

Ein oft wiederholter Wunsch des Synodi
war, daß nicht nur alle Diener und Dienerinnen
der Gemeine, sondern auch überhaupt alle Brüder und Schwestern die heilige Schrift fleißig
lesen, und insbesondere, an den Worten unsers
lieben Heilandes und seiner Apostel, einen solchen
Geschmack finden möchten, daß ihnen über dieser
gesunden und herzstärkenden Speise der Geschmack
an andern unnützen, oft auch schädlichen Büchern
ganz verginge, und sie in der Liebe und Erkenntniß JEsu Christi immer mehr befestiget würden.

Eben so angelegentlich wünschte der Synodus
insonderheit, daß uns unser lieber Heiland viele
Schriftgelehrte, zum Himmelreich gelehrt,
(Matth. 13, 52.) besonders auch unter unsern
ausendiesten Brüdern zum Dienste unsrer Gemeinen schenken wolle, welche selbst im Genuße
der Evangelischen Wahrheit stehen, und von
JEsu Liebe gedrungen, mit ihrem Zeugnisse sowol,
als mit ihrem Beyspiele, bestätigen, daß man an
dem lieben Heilande alles habe, was dazu gehört,
daß unser Herz selig, Leib und Seele keusch und
heilig, und unser ganzer Wandel und Betragen
in allen Stücken GOtt wohlgefällig werde.

Die darauf folgende Verhandlung über die
Gemeinen, deren Chöre, die Bedienung derselben,

selben, die Conferenzen, u. s. w. wurde mit der
schönen Loosung angefangen: Mache dich auf,
mache dich auf, Zion, zeuch deine Stärke an;
schmücke dich herrlich, du heilige Stadt Jerusalem. Selige Gemeine, der des Lammes
Blut hält die Kleider reine, schwemmt mit
seiner Fluth alle Irdigkeiten und Verderben
hin; laß dich vollbereiten nach des Lammes
Sinn; und unsre Herzen wurden dadurch mit
der gläubigen Hoffnung erfüllt, daß unser lieber
Heiland auch unsre dießmaligen Ueberlegungen
dazu segnen werde; daß wir unserm großen Be-
ruff, eine lebendige Gemeine JEsu Christi zu
seyn, deren Glieder Ihn über alles lieben, und
Ihm mit fröhlichem Herzen dienen, näher kommen, und das vorgesteckte Ziel erreichen mögen.
Wir kamen in dem Verfolge unsrer Ueberlegungen mehrmals in eine ernstliche Prüfung, r. s wie
das auch wirklich sind, was wir seyn sollten, und
nach der uns dargereichten Gnade seyn könnten?
So fiel uns z. E. sehr auf, was für ein unersetz-
licher Schade und Verlust es seyn würde, wenn
die Sorge der Nahrung und das Ankleben an die
Dinge dieser Erde auch nur einen Theil unsrer
Brüder und Schwestern um den Sinn bringen
sollte, Pilger des HErrn zu seyn, die da sagen
können: Wir wollen nichts in dieser Welt, als
eins; wir wollen Dir gefallen.

Ein Herzenswunsch des Synodi war es, daß
doch endlich einmal alle Glieder sämtlicher Gemeinen, alte und junge, recht einsehen und verstehen lernten, daß nur diejenigen den völligen

Genuß

Genuß des heiligen Abendmahls haben, nemlich ...

Wir besprachen uns unter Andern herzlich und vertraulich über die Gemein-Zucht oder Gemeine-Disciplin, d. i. die liebreiche und ernstliche Zurechtweisung, Ermahnung und brüderliche Bestrafung derjenigen Gemeinglieder, die sich bey ihren Nächsten oder ...

Das Missions-Werk unter den Heiden erwog der Synodus mit vieler Angelegenheit. Von verschiedenen Missionen wurden schöne und erfreu-

liche

liche Berichte an den Synodus geben, und ihnen
andern die neuesten Nachrichten aus Bayern mitgetheilt. Alle unsre lieben Brüder und Schwestern, welche der Heiland dermalen zum Zeugniß
von seiner blutigen Versöhnung unter die Heiden
gestellt hat, und deren Anzahl sich auf hundert
und sechzig Personen beläuft, wurden eigentlich
ins Andenken gebracht, und dem lieben Heiland
de, zur Bewahrung im Genuß seines Friedens
und zum freudigen Aufthun ihrer Munde von
seiner Liebe herzlich empfohlen; so wie wir Ihm
auch alle unsere Brüder und Schwestern aus den
Heiden, und alle Seelen, die sein Wort hören
und in der Brüder Pflege sind, an sein erbar-
mendes Herz legten. Gar oft wurden bey Betrachtung des Werkes GOttes, welches durch
den geringen Dienst der Brüder unter den Heiden angefangen und bisher fortgesetzt worden,
unsre Herzen von Schaam und Beugung und
dankbarer Verwunderung hingenommen. Der
HErr hat auch in dem Theile großes an uns gethan, deß sind wir fröhlich. Fünf liebe Heiden-
gemeinen in den Dänischen Inseln, welche mit
den Lehrlingen über sechstausend Seelen in sich
begreiffen; drey dergleichen in Grönland; die
außerordentliche Gnadenbewegung in Antigoa,
der unter so manchen ganz besondern Schwierigkeiten immer weiter um sich greiffende Feuer des
HErrn im Indianerlande, sind gewiß Gnaden-
wunder, für welche alle Gemeinen GOtt mit
uns loben und anbeten werden. Alles dieses ermunterte uns, Ihm gläubig zuzutrauen, daß Er

M 4   auch)

nach seiner richtigen Weissheit unter den Heiden gesammlet werden, und diejenigen Missions-Anstalten, die theils erst kürzlich ihren Anfang genommen haben, und sonst noch wenig oder keine Frucht zeigen, Ihm als einem hoffnungsvollen Herzen zu empfehlen.

Dann ermahnte sich auch aufs neue, der Beförderung einer zweckmäßigen und Gott wohlgefälligen Erziehung der Kinder durch ihre Eltern in allen Gemeinen sich recht angelegen seyn zu lassen. Da alle Häuser in den Gemeinen zu Gotteshäusern, und alle Familien in denselben zu Kirchlein Jesu geweiht sind, so wollen wir sicher eher aufhören, vor dem Heilande zu stehen, als Er und durchgehends noch mehr sehen läßt, daß die Kinder in den Familien in der Zucht und Vermahnung zum HErrn auferzogen werden, und die Eltern ihren Hauskirchen würdiglich vorstehen, und dieses muß allen Gemeingliedern, sie mögen Kinder haben, oder nicht, um so viel mehr am Herzen liegen, da das Gedeihen der Kinder in den Gemeinen auf unser ganzes künftiges Bestehen einen so großen Bezug hat.

Der bisherige Gang der Erziehungsanstalten der Unität in Niesky, Herrnhut, Barby, wie auch in Fulnek und Nazareth, Hall, wurde vom Synodo besehen, und wir fanden Ursach, unserm lieben HErrn für die auf selbigen ruhende Gnade herzlich zu danken, Ihn aber auch dabey zu bitten, daß Er sich ferner in Gnaden dafür bekennen, und sonderlich uns auch mehr solche Kinder finden lassen wolle, welche im Pädagogio zu

... und Seminaria zu ... zu brauchende
... Werkzeuge in seiner Hand zubereitet worden, ... nicht ...
... Unser ... ein ... Gegenstand der
Ueberlegungen. So wie wir eines theils den
Grundsatz, mit keinem Kinde GOttes, und wahren Liebhaber Jesu, in welcher christlichen Reli-
gions-Partey er sich auch immer befunden, ...
... getrennt zu seyn, unbeweglich fest behalten
wollen; so wollen wir auch andern theils dem Her-
von Hollande besonders, dafür danken, daß Er
uns mit den Evangelischen Religionen bis hieher,
aller Bemühungen der Gegner ohngeachtet, in
einem freundschaftlichen und brüderlichen Zusam-
manhange erhalten hat. Viele tausend Brüder
und Schwestern haben wir, dem Heilande sey
Dank, in den Evangelischen Religionen, und
etliche hundert Zeugen JEsu in öffentlichen Lehr-
ämtern verkündigen mit uns in denselben den Tod
des HErrn, und das ist nun, was wir wissen;
da wir doch immer glauben können, daß noch viel
mehrere sind, die GOtt dem HErrn allein bekannt sind.

Außer verschiedenen andern, manche innere
und äußere Einrichtungen und Verhältnisse der
Brüder-Unität betreffenden Ueberlegungen, wurde die Aufsicht und Wache über das ganze derselben von GOtt anvertraute Werk aufs neue
einer Unitäts-Aeltesten-Conferenz übertragen.
Zur Missions-Diakonie, d. i. zur Besorgung
der Bedürfnisse der Missionen, wurden einige

Directorium verordnet, und die jedesmaligen Inspectionen der Erziehungsanstalten dem Unität wurden angewiesen, nebst einem besonders bestellten Rechnungsführer, die Angelegenheiten dieser Anstalten als Vormünder derselben collegialisch zu besorgen.

Zuletzt beschäftigte man sich mit der gehörigen Besetzung der Aemter in den Gemeinen und auf andern Posten, wie auch mit Verfertigung des Verlasses; und nachdem alles gehörig zu Stande gebracht worden, so erfolgte am 8ten October in einer feyerlichen Versammlung die Ordination verschiedener Brüder zu Bischöfen, Conseniori, bus civilibus, Presbytern und Diakonis; auch wurden etliche Schwestern zu Diakonissen eingesegnet. Die Gemeine hatte darauf noch die Gnade, im heiligen Sacramente durch JEsu Leib und Blut sich zu Einem Leibe speisen und zu Einem Geiste tränken zu lassen; und versammlete sich endlich zum letztenmale am 9ten October mit Loben und Danken vor dem Angesichte des HErrn, um Ihm das tausendfach schuldige Gratias zu bringen. Den Schluß von allem machte der Segen des HErrn, unter dessen Absingung es wahrhaftig so war, daß wir sagen konnten:
"Das Auge ist nur zu, Du nahes Herze, Du allein die Seelen fühlen dein Da- und Naheseyn aufs seligste. Amen, Hallelujah!"

Zweyter Abschnitt.

Vom Synodo 1775. bis zum Synodo 1788.

Inhalt.

§. 62.

Aus der Aeltesten-Conferenz der Unität, welche bis zum nächstfolgenden Synodo ihren Aufenthalt unveränderlich in Barby hatte, ging der Bischof Spangenberg noch im October 1775 nach Herrnhut, um einige Zeit lang über die Brüdergemeinen in der Oberlausiz die Aufsicht zu führen, und in denselben alles den Synodal-Verabredungen gemäß einzurichten. In Herrnhut besorgte er selbst die Publication des Synodal-Verlasses mit gesegnetem Eindrucke auf die Herzen. Hier sowol als in Niesky wurden die neu angestellten Arbeiter der Gemeine von ihm eingeleitet und die Conferenzen eingerichtet; und in beyden Gemeinen, wie auch in Kleinwelke, wo er ebenfalls verschiedenemal besuchte, ließ er sich angelegen seyn, von sämtlichen Einwohnern in Absicht auf ihren Herzenszustand eine gründliche Kenntniß zu erlangen, und zu Förderung ihres Gnadenganges, so wie des inneren und äußeren Wohlstandes dieser Gemeinen überhaupt, alles mögliche beyzutragen. In Kleinwelke, wo eine Erziehungsanstalt für junge Knaben, und eine Schule für Mägdchen eingerichtet wurde, wohnte er deren Eröffnung im Januar 1776 bey. Der Anwachs dieser Gemeine, und der häufige Besuch von Fremden in ihren Versammlungen, machte eine Erweiterung des

N Raum

Raumes in ihrem Betsaale nothwendig, welcher in nurgedachtem Jahre veranstaltet ward. Im Juny desselben Jahres kam der Churfürst von Sachsen, bey Gelegenheit der in Bauzen eingenommenen Huldigung, durch Kleinwelke, und die Einwohner freueten sich ihren gnädigen Landesherrn zu sehen, den sie mit tausend Segenswünschen begleiteten.

Ueberhaupt wurden die Gemeinen in der Oberlausitz, und sonderlich Herrnhut, von vielen Fremden hohen und niedern Standes mit Wohlgefallen besucht.

In Herrnhut sahe Spangenberg am 23ten Merz 1776 seinen alten Universitäts-Freund Gottfried Clemens, mit welchem er sich vor funfzig Jahren auf JEsu Blut und Tod aufs innigste verbunden hatte, in die Ewigkeit vorangehen, und ertheilte ihm den Segen zu seiner seligen Heimfahrt. Dieser gesegnete Zeuge des Evangelii war in Jena, wo er 1726 die Universität bezog, erweckt, und sonderlich durch den Pfarrer Brumhard auf JEsum und seine Versöhnung gewiesen worden. Er lernte noch in demselben Jahre den seligen Graf Zinzendorf kennen, und ward, bey einem sehr begnadigten Vortrage desselben über Ephes. 5, 1. 2. an eine Versammlung erweckter Studenten, mit allen Anwesenden so hingenommen, daß sie sich mit dem seligen Grafen innig verbanden, und an die Gemeine in Herrnhut anschlossen. Er ward darauf ein Mitarbeiter an den Armen-Freyschulen in den Jenaischen Vorstädten, (s. D. Cranz N. B. H. §. 24.) kam obgedach-
terma-

termäßen in eine genaue Bekanntschaft und Verbindung mit dem nunmehrigen Bischof Spangenberg, und befand sich unter den mehr als hundert
Studenten, welche im Jahre 1728 bey einer abermaligen Anwesenheit des Grafen Zinzendorf mit
der Gemeine zu Herrnhut sich brüderlich verbanden. Im folgenden Jahre besuchte er mit Spangenberg diese Gemeine. Sie wurden, wie er
selbst davon schreibt, in herzlicher Liebe aufgenommen, fanden die Gemeine in ihrer ersten Einfalt
und brennenden Liebe zum Heilande; besuchten die
ganze Gemeine Person vor Person, und gingen mit
ihr in Berthelsdorf zum heiligen Abendmahle.
Nach einigen Jahren, die er als Hauslehrer bey
einem Kaufmann in Venedig zubrachte, erhielt
er einen Ruf nach Herrnhut, welchen er aber zu
wiederholtenmalen ausschlug. Er ging dagegen
1735 als Hofprediger nach Lobenstein, und in
gleicher Eigenschaft 1738 nach Sorau, und 1745
nach Ebersdorf. An allen drey Orten war sein
Dienst sehr gesegnet; und da er an letzterem Orte
zugleich dasiger Gemeine vorstand; so wurde er,
als im Jahre 1746 deren Vereinigung mit der
Brüdergemeine erfolgte, auch wiederum mit letzterer näher verbunden. Nach einigen Jahren verließ er den Dienst in Ebersdorf, und ward seitdem in den Geschäften der Brüdergemeine verschie-
dentlich gebraucht. 1750 kam er nach Barby,
als Director des Collegii academici und Prediger
in dasiger Schloßkapelle; (s. D. Cranz N. B.
H. §. 147.) 1763 ward er Prediger der Gemeine zu Gnadenfrey in Schlesien, wo er in großem

Segen

Segen stand, und 1771 trat er endlich in Herrnhut eben dieses Amt an, wozu ihn sein alter Freund
Spangenberg, der ihm bereits vor beynahe vierzig Jahren, den Ruf dazu gebracht hatte, der
Gemeine vorstellte. Auch hier war sein Vortrag,
und der Unterricht, den er der Jugend in den Heilswahrheiten ertheilte, sehr gesegnet. Auf dem Synodo 1775 bat er wegen zunehmender Schwachheit
um Entlassung von seinem Amte, die er auch erhielt.
Sein Ende erfolgte noch vor der Ankunft seines
Nachfolgers, der erst im September 1776 in
Herrnhut eintraf. Es war solcher M. Burk-
hard Georg Müller, der seit verschiedenen Jahren in Petersburg als Agent der Brüder und Prediger bey dasiger kleinen Brüdergemeine gewesen
war.

Im November beschloß der Bischof Spangenberg seine mit vielem Segen begleitete Arbeit
in den Oberlausizischen Gemeinen, und kehrte
nach Barby zurück. Es wurde sowol in diesen
als in den übrigen Gemeinen fast durchgängig eine
selige Wirkung von dem letzten Synodal-Verlasse
verspürt, und dadurch die Hoffnung bestärkt, welche man im Synodo gefaßt hatte, daß der Heiland
in der Brüder-Unität ein neues schaffen, und sich
ein neuer Geist der Gnade, Liebe, Einfalt und
Treue über alle Gemeinen ausbreiten würde.

§. 63.

Noch im Jahre 1776 verordnete die Aeltesten-
Conferenz der Unität drey Brüder aus ihrem Mittel zum Besuch verschiedener Gemeinen;

M.

M. Peter Conrad Fries ging nach Sarepta, der
Bischof Johann Friedrich Reichel nach Zeist,
und der Bischof Johannes von Watteville
nach Christiansfeld.

Die Gemeine in Zeist fand sich nach Anhörung
des Synodal-Verlasses angeregt, ihren Bund
vor dem HErrn feyerlich zu erneuern, welches am
25ten November 1775 mit einer seligen Bewegung
der Herzen geschahe. Der Besuch des Bruder
Reichels, vom August bis in den October 1776,
wobey er sich mit allen Gemeingliedern besprach,
den Gang der Conferenzen wahrnahm, und alle
innere und äußere Angelegenheiten der Gemeine
gründlich beherzigte, war mit vielem Segen begleitet.

Zu verschiedenen malen hatte diese Gemeine erfreuliche Besuche von Sr. Hoheit dem Prinzen
Erbstatthalter nebst Dero gesamten hohen Familie,
welche sich überall umsahen, und deutliche Merkmaale ihrer Huld und Zuneigung blicken ließen.

Manche Holländische Prediger, die dahin kamen, wurden durch das, was sie sahen und hörten, von dem Ungrunde ihrer gegen die Brüder gehabten Vorurtheile überzeugt. Unter andern legten sieben Geistliche, die zu einer Synode deputirt
waren, vor derselben ein sehr günstiges Zeugniß
von den Brüdern ab, mit dem Beyfügen: sie hätten selbst einen Vortrag in Zeist angehört, der
nicht nur lauter Wahrheit, sondern auch gewissen
Irrthümern, die man den Brüdern Schuld gäbe, gerade entgegenstehende Wahrheit enthalten
hätte.

Ja

In Amsterdam und Haarlem, wo der Bruder Reichel bey seinem Aufenthalte in Holland auch kurze Besuche machte, wurden die Versammlungshäuser, welche bisher auf den Namen von Privat-Personen gestanden hatten, auf den Namen der dasigen Evangelischen Brüdergemeinen gerichtlich übertragen; welchen neuen Beweis von der geneigten Gesinnung der Obrigkeit sie mit vielem Danke erkannten. An erstrem Orte wurde die öffentliche Predigt immerfort von vielen Fremden besucht.

Die Anzahl der mit den Brüdern in Herzensgemeinschaft stehenden Erweckten in Holland nahm allmählich zu; auch in Utrecht kam eine kleine verbundene Societät zu Stande.

Ein Ehepaar, welches sich in Blokzyl zu Bedienung dasiger kleinen Gemeine aufhielt, erfuhr im November 1776 eine besonders gnädige Bewahrung; da bey einem außerordentlichen Sturme und damit verbundener Wasserfluth über funfzig Häuser in der Stadt beschädigt, und einige derselben ganz eingerissen wurden.

§. 64.

Vom Ende November 1776 bis in den Februar 1777 hielt sich der Bischof Johannes von Wattewille in Christiansfeld auf. Auch hier war, so wie in andern Gemeinen, nach der Publication des Synodal-Verlasses, von allen Einwohnern der Bund, daß sie als Glieder einer lebendigen Gemeine JEsu durch seine Gnade nur Ihm zur Freude und Ehre leben, und seiner Leh-

re

re in allen Theilen sich gemäß beweisen wollten,
feyerlich erneuert worden, wovon der Bruder
Johannes von Wattewille, bey seinen Unterredungen mit einem jeden Gemeingliede, insonderheit, erfreuliche Folgen wahrnahm. Ueberhaupt
konnte er sich über den inneren und äußeren
Wachsthum dieses neuen Gemeinortes, den der
HErr zu vielem Segen für die umliegende Gegend setzte, von Herzen freuen. Im Jahre 1776
wurde der Bau eines Versammlungssaales der
Gemeine und eines Chorhauses der ledigen
Schwestern unternommen, und letzteres bereits
im December gedachten Jahres bezogen; ersteres aber im August 1777 in Beyseyn verschiedener obrigkeitlichen Personen und vierzehn lutheri-
scher Prediger eingeweiht. Im October letztge-
dachten Jahres bezogen auch die Brüder ihr neuerbauetes Chorhaus.

Von Seiten der hohen Obrigkeit wurde der
Fortgang dieses Etablissement auf alle Weise befördert. Viele Fremde, darunter verschiedene
Standespersonen waren, besuchten diesen neuen
Ort mit Vergnügen, und der erstmalige Anblick
einer Brüdergemeine, gegen die sie zum Theil
vorher mit Vorurtheilen eingenommen waren,
gab ihnen einen guten Eindruck. Es waren aber
auch unter den Predigern nicht wenige, die in
herzlicher Bekanntschaft mit den Brüdern standen, und dahin kamen, um sich in Gemeinschaft
mit ihnen zu erbauen, und an dem unter ihnen
waltenden Segen Theil zu nehmen. Letzteres
geschahe auch außerdem von einer großen Anzahl

aus-

auswärts wohnender Freunde; fast alle Sonntage waren derselben achtzig bis neunzig und mehrere zugegen, und an Festtagen zuweilen zwey- bis
dreyhundert; deren man sich auch in herzlichen
Unterredungen zu ihrem Vergnügen besonders
annahm.

Die Erziehungsanstalten, in welchen sich
Söhne und Töchter auswärtiger Freunde befanden, hatten einen erwünschten Fortgang. Zwar
erhielten einige lutherische Prediger, welche ihre
Kinder dahin gethan hatten, von ihren den Brüdern abgeneigten Vorgesetzten den Befehl, solche
zurückzunehmen; es hatte solches aber weiter keine unangenehme Folgen; vielmehr wuchs das
Vertrauen auswärtiger, auch sonst mit den Brüdern nicht bekannter Eltern zu diesen Anstalten
immer mehr, und mit demselben die Anzahl der
Zöglinge.

Der würdige General-Superintendent
Struensee besuchte jedesmal, wenn er zur Visitation in das nächstgelegene Kirchspiel kam, in
Christiansfeld mit Bezeugung seines Wohlgefallens, und hielt einen rührenden und erbaulichen Vortrag an dasige Gemeine.

§. 65.

In Sarepta, wohin der Bruder Fries im
May 1776 von Barby über Petersburg
abreisete, erholte man sich allmählich von dem
erlittenen beträchtlichen Schaden. Die dringend-
ste Bedürfniß sämtlicher Einwohner ersetzten freywillige Geschenke aus den Europäischen Gemeinen

nen an Geld, Betten und Kleidungsstücken; wovon der Bruder Kabel, welchen im October 177. von seinem Besuche in Deutschland, mit seiner Frau und noch ein paar Brüdern und Schwestern zurück kam, einen Theil überbrachte. Von der Monarchin Gnade ward der Kolonie, in Betracht ihres Verlustes, Verlängerung der Freyjahre und der Termine zur Abzahlung der von der Krone erhaltenen Vorschüsse zugestanden. Der Credit der Kolonie erhielt sich; die Handwerker und Fabriken kamen bald wieder in Gang, und bey dem häufigen Durchzuge der Karavanen, da des Winters zuweilen auf einmal wol tausend Schlitten zugegen waren, fehlte es nicht an Absatz.

Die Entdeckung einer sieben Werste von der Sareptischen Grenze befindlichen mineralischen Quelle, welche von dem dasigen geschickten Arzte, Joachim Wier, untersucht, und in vielen Krankheiten heilsam befunden wurde, (wie er denn auch auf hohen Befehl eine Beschreibung davon einsandte, welche die Approbation der Kaiserlichen Leibärzte erhielt,) war eine neue Veranlassung, daß Sarepta in der folgenden Zeit häufigen und vornehmen Besuch bekam, indem sich viele Personen, zum Theil von hohem Range, zum Gebrauch einer Brunnencur dahin begaben. Unter andern hielt sich der Gouverneur von Astrakan nebst seiner Gemahlin im Sommer 1776 geraume Zeit daselbst in dieser Absicht auf. In Sarepta selbst wurde dieser Brunnen gegen die zuweilen dort herrschenden Fieber mit Nutzen gebraucht.

N 5 Bey

Bey dem allmählichen Zuwachs der Kolonie, die in den Jahren 1777 und 1778 neue Verstärkung erhielt, und bey Erweiterung der Gewerbe, wurde auch der Ort immer mehr angebauet. In einem fruchtbaren und quellreichen Thale, die Tschapurnik genannt, machte man einen Versuch, Wein- und Obstgärten anzulegen.

Von außen genoß Sarepta eine erwünschte Ruhe, und manche diesem Orte drohende Gefahren von den streifenden Kirgisen und inländischen Räuberbanden wurden durch die Hand des HErrn gnädiglich abgewendet.

§. 66.

Zur Fortsetzung der Bekanntschaft mit verschiedenen Asiatischen Nationen fand sich immer neue Gelegenheit. Eine beträchtliche Anzahl Grusinier, die aus der türkischen Gefangenschaft in ihr Vaterland zurückkehrten, kamen durch Sarepta, wobey man nicht ohne Rührung sahe, wie sie, sobald sie den Ort erreichten, gleich nach dem Kirchensaale hineilten, um auf ihre Art ihre Andacht daselbst zu verrichten. Der Bucharische Gesandte, welcher auf der Reise nach Moskau in Sarepta gewesen war, kam auf der Rückreise wieder dahin, sahe sich überall mit Vergnügen um, und wiederholte seinen Wunsch, daß Brüder nach Buchara kommen möchten. *)

Die

---

*) Aus der Unterredung mit ihren Brüder folgendes vernommen.

Sein

Die unter Rußischer Hoheit gebliebenen Kalmuckischen Horden kamen wiederum öfters in die Nähe von Sarepta, und erneuerten die alte Be...

Sein Name war Ere Nasur Maksudof, und sein Charakter, Vasir (oder Visir) des Bucharischen Regenten, d. h. oberster Staats-Kriegs- und Finanzbedienter des Reichs. (†) In Moskau ward sein Titel Generalissimus übersetzt. Er hat etnigemal Audienz bey der Kaiserin gehabt, die ihm große Gunstbezeugungen erwiesen, und auf deren Befehl ihm drey Jahre lang in Astrakan ein Kron-Seeschiff zum Transport seiner Waaren über das Kaspische Meer gehalten werden sollte. Der Hafen an der östlichen Seite der See, wo die Bucharischen Waaren eingeladen werden, heißt Machischlak. Von Astrakan kommt man bey gutem Winde in acht und vierzig Stunden dahin. Es sind da, wie an der ganzen östlichen Küste, keine ordentliche Wohnplätze; sondern die mit ihren Horden umherziehende Turkomannen oder Truchmenische Tatarn haben das Land inne. Von besagtem Hafen bis nach Buchara ist ein Weg von acht und vierzig Tagereisen zu Lande mit Karavanen. Die eigentliche Bucharey ist ein gemäßigtes, fruchtbares, stark bevölkertes Land. Die Stadt Buchara soll eben so viel, wo nicht mehr Einwohner haben, als Moskau. Es gehen von da beständig Karavanen nach Sibirien, Orenburg, Astrakan, Persien, China und Indien. Die Straße nach Indien geht über Balek, Kabul, Lahor und Ichnabad oder Delly, wohin von Buchara eine ordentliche Post eingerichtet seyn soll. Von Ichnabad gehen die Bucharen auch weiter, und

kommen,

kanntschaft. Bereits im September 1775 machten der Fürst und die Fürstin der Derbötschen Horde wiederum einen Besuch daselbst. Auch andere ihrer

kommen, wie der Bucharische Gesandte sagte, bis nach Bengalen und nach Madras. Als er vernahm, daß ohnweit letzterer Stadt Brüder wohnten; so erbot er sich, wenn ein paar Brüder von Sarepta dieselben besuchen wollten, sie binnen Jahr und Tag sicher und bequem hin und zurück bringen zu lassen, indem eine Karavane von Buchara nach Madras aufs längste drey Monat unterwegs sey. Man gab ihm einen Brief mit an Woltersdorf im Brüdergarten bey Trankebar, an Herrn Roß in Madras addressirt, den er zu bestellen versprach, zu welchem Ende er auch gleich die Addresse ins Tatarische übersetzt beyfügen ließ. (Man hat nicht vernommen, daß dieser Brief an seine Addresse gelangt ist.) Die Sprache der Bucharen ist die Nogaischtatarische, daher ein Bruder, Grabsch, der sie in Astrakan zu lernen angefangen hatte, ziemlich mit dem Gesandten reden konnte. Derselbe bezeugte ein großes Verlangen, daß ein paar Brüder von Sarepta nach Buchara zu wohnen kommen möchten: er nannte insonderheit einen Töpfer und einen Uhrmacher. Es fehlt in der großen Stadt an Handwerkern, die, wie er sagt, alle willkommen seyn würden. Die gemeinen Professionen erregten seine Aufmerksamkeit weit mehr, als Weberey und Fabriken, deren es in seinem Lande genug gibt. Er versicherte, daß kein Europäer in Buchara sey, auch seines Wissens keiner da gewesen sey, außer einem Englischen Kaufmann in Moskau, Herrn Thompson, der vor mehr als

zwanzig

ihrer Fürsten und Lama oder Geistlichen kamen dahin. Diese Nation war immer ein besonderer Gegenstand der Fürbitte der Sareptischen Gemeine, welche sehnlich wünschte, daß die Stunde der Heimsuchung für dieselbe schlagen möchte. Einige Brüder gaben sich viele Mühe, ihre Sprache zu erlernen, und ihnen gelegentlich das Evangelium zu verkündigen; und man nahm einmal mit Vergnügen wahr, daß die einfältige Erzehlung von JEsu Leiden und Sterben für unsre Sünden, die von einem Bruder mit Herzensangelegenheit vorgetragen wurde, einen Kalmucken bis zu Thränen rührte. Doch sahe man leider noch immer keine bleibende Frucht

zwanzig Jahren einmal dahin gereiset war. Mit den räuberischen Kirgisen und Truchmenen leben die Bucharen in gutem Vernehmen, treiben starken Handel mit ihnen, und kaufen ihnen ihre Gefangene ab, die sie als Sklaven zur Arbeit brauchen; daher in der Bucharey viel tausend Russen und noch mehr Kalmucken sind, die alle von den Kirgisen erhandelt worden. Der ganze große Strich Landes östlich von der Bucharey zwischen Indien, China und Sibirien, ist von lauter Völkern bewohnt, die mit den Kalmucken die Lebensart, auch meist die Sprache gemein haben. Sie sind aber alle unter Chinesischer Hoheit. In der Bucharey ist das Getreide, so wie alle Arten von Baum- und andern Früchten vortrefflich und wohlfeil. Ein Pud (d. i. 40 Pfund) Weintrauben soll z. E. in guten Jahren nicht mehr als 3 Kopeken (d. i. ohngefehr 9 Pfenninge) kosten. Die Religion der Einwohner ist bekanntlich die Muhannedanische.

Frucht von dem Zeugnisse unter diesem Volke. Im
Februar 1776 kamen dreyzehn Kalmucken von der
entwichenen großen Chanischen Horde, welche aus
China entrunnen waren, durch Sarepta, wo sie
von dem Schicksale dieser nun von den Chinesern
unterjochten Horde einige Nachricht gaben. *)

Die

---

*) Einer von ihnen erzehlte folgendes.
　　Als die Chanische Horde bey ihrem Abzuge im
Winter 1771 über den Jaik gekommen, sey ihr
Vieh sehr müde, und dieses die Gelegenheit gewesen, daß die Kirgisen nicht nur beynahe alle ihr
Vieh, sondern auch fast den dritten Theil der Nation gefangen genommen hätten. Auf der weiteren
Reise seyn die Blattern unter sie gekommen, die
auch viele Menschen weggerafft hätten; so daß bey
ihrer Ankunft an den Grenzen von China die Nation nicht mehr halb so stark gewesen, als bey dem
Abzuge von der Wolga. Sie wären von dem
Kaiser nach ihren Ulussen oder Stämmen in verschiedene Gegenden, deren Kalmuckische Namen er
angab, vertheilt worden. Aber ihre ganze vorma-
lige sowol politische als geistliche Verfassung habe
aufgehört, und aller ehemaliger Glanz der Nation
sey verschwunden. Die Fürsten haben kein Regi-
ment mehr, und bekommen vom Kaiser Pensionen;
der ehemalige Chan 15 Yemba jährlich; ein Yemba soll ohngefehr 150 Rubel seyn; andere Fürsten
10, 8 oder 5 Yemba. Die in Sarepta bekannt
gewesenen Fürsten wären noch alle am Leben und in
China, wo sie zwar in Kibitken wohnen, aber
nur in der Nähe der bewohnten Chinesischen Plätze
herumziehen dürfen. Der Fürst Schereng sey in
dem Altaischen Gebirge zurükgeblieben, und einem

Volke,

Die Ankunft des Bruder Fries in Sarepta erfolgte im August 1776. Er besorgte die Publikation des Synodal-Verlasses und die Einrichtung der

Volke, das er Chotons nannte, in die Hände gefallen. Die Saissans, (Kalmuckische Edelleute,) werden von den Chinesern gar nicht ausgezeichnet. Sie erhalten nur noch mit Mühe ein wenig Ansehen unter ihrem eigenen Volke, wenn es sich so trifft, daß sie ihre ehemaligen Almako (ihre gewesenen Unterthanen) in der Nähe haben. Von ihrem Gottesdienste und Religions-Verfassung sey wenig mehr übrig. Nur die Gellungs (Priester) sind von der öffentlichen Arbeit frey gesprochen; und wenn sie ganz verarmt sind, bekommen sie Almosen zu ihrem Unterhalte. Die gemeinen Kalmucken sind in kleine Haufen zertheilt, und stehen in Kibitken bey den Chinesischen Städten und Dörfern, wo sie den Chinesischen Edelleuten und Befehlshabern als Sklaven zur Arbeit übergeben sind. Sie müssen das Feld bauen, pflügen, ernten, und andre Arbeit verrichten, wobey ihnen ein gewisses Tagewerk aufgegeben wird; und wenn sie das nicht bereiten, werden sie mit Schlägen hart behandelt. Diese unfreundliche Behandlung bewog den Erzehler mit acht seiner Kameraden sich zu verbinden, und als sie einst wieder sehr hart geschlagen wurden, bemächtigten sie sich des Chinesischen Befehlshabers, schlugen ihn nieder, und gingen dann in der Nacht zu Fuß davon. Nach einigen Tagen trafen sie einen Kaufmann an, den sie aus dem Wege räumten, und auf der weiteren Reise bedienten sie sich seines Fuhrwerks. Nach einer Reise von zwey und funfzig Tagen kamen sie in die Gegenden

der Gemein-Conferenzen, und da in Absicht auf
die äußere Verfassung der Kolonie, die durch die
Plünderung des Ortes sehr gelitten hatte, vieles von

genden des Irtisch, wo sie wiederum von den
Kirgisen gefangen wurden. Unter ihnen sey er
seit zween Monaten gewesen, bis er abermals Gelegenheit gehabt, mit zween seiner Gefährten zu entfliehen; und so habe er endlich die Rüssische Grenze erreicht. Zu der harten Behandlung der Kalmucken in China trage die Verschiedenheit der
Sprache viel bey. Die Chinesische sey von der
Kalmuckisch-Mungalischen so verschieden und so
schwer, daß er in den vier Jahren seines dortigen
Aufenthalts, aller angewandten Mühe ungeachtet,
nichts davon begriffen habe. Nach seiner Meinung
hätten die Chineser gar keine Religion; doch wollte
er bemerkt haben, daß sie das Zagan- oder Neu-
jahrsfest, eben so wie die Kalmucken, feyern.
Das Klima in der Gegend, wo er gewesen, sey
sehr gemäßigt, im Sommer nicht so heiß, im Winter nicht so kalt, als in Sarepta. Das Land
sey bergicht, trage aber Getreide und Früchte. Alle
Belohnung, die sie von den Chinesern für ihre
harte Arbeit bekommen, bestehe täglich in einer
Tasse voll Roggengrütze. Das Vieh ist sehr theuer;
die Kalmucken haben fast gar keines, auch keine
Pferde, so daß sie jetzt, ihrer Gewohnheit zuwider,
zu Fuße gehen müssen. Weil das Holz selten und
weit entlegen ist; so bedienen sich dortige Einwohner der Steinkohlen, die sie 20, 30 Klafter tief
aus der Erde graben. Ihr gewöhnliches Fuhr-
werk sind zweyrädrige Karren, wie die Arben in
Rußland, mit Eseln bespannt. Die Gegend, wo
sie

von neuem anzuordnen war, so diente er, wie in
andern Angelegenheiten der Gemeine, auch dabey
insonderheit nach seiner Kenntniß und Erfahrung
mit gutem Rathe und Anweisung. Seine herzlichen Unterredungen mit allen und jeden Gemeingliedern insonderheit, und seine gesalbten öffentlichen
Vorträge hatten einen gesegneten Einfluß auf den
Gang der Gemeine. Beym Abschiede ermunterte
er sie zum Vertrauen auf die Hülfe des HErrn in
allen Umständen, und ermahnte sie nachdrücklich,
des Zweckes ihres Daseyns wahrzunehmen, daß
sie nemlich ein Licht unter Christen und Heiden
seyn sollten, auch insonderheit die Bekehrung der
Kalmucken dem Hellande im Gebete zu empfehlen, und so viele ihrer die Sprache verstünden, bey
aller Gelegenheit denselben ihren Schöpfer und Erlöser

. . . . sie sieben, gehöre zwar zum Chinesischen Reiche,
sey aber nur die Grenze, und hier befinde sich der
größte Theil der Chinesischen Armee seit dem letzten
Kriege mit den Sjungoriern, oder Kalmucken
des Chan Taischa. Von diesem und seinem Regi-
mente sey nichts mehr übrig, und seine Leute wären alle von den Chinesern unterjocht. Sie würden zwar nicht so hart gehalten, als die von der
Wolga gekommenen Turgutschen Kalmucken,
müßten aber doch auf den Vorposten, oder sonst,
ohngefehr solche Dienste thun, als in Rußland die
Kosaken. Sowol die Kalmuckischen Fürsten, als
auch das gemeine Volk, wären der harten Behandlung der Chineser sehr müde, und sehnten sich in
ihre vorige freye und glückliche Lebensart unter
Russischer Herrschaft zurück, wozu sie aber keine
Möglichkeit sehen.

löser anzupreisen. Nach herzlichem Abschiede und
mit den Segenswünschen der Gemeine begleitet,
begab er sich am 7ten Januar 1777 auf die Rückreise, und nachdem er noch in Moskau, Petersburg und an verschiedenen Orten in Liefland, dasige Brüder und Freunde zu beyderseitigem Vergnügen besucht hatte, so traf er am 29sten May gedachten Jahres wohlbehalten in Barby ein.

§. 67.

So wie im Jahre 1772 und 1774 das funfzig-
jährige Andenken des Anbaues von Herrnhut feyerlich begangen worden war, so geschahe
im Jahre 1777 ein gleiches in Absicht auf verschiedene Vorgänge, welche die ersten Einwohner von
Herrnhut zu einer Gemeine JEsu eigentlich verbunden, und zur Ausführung der seligen Absichten
GOttes mit der erneuerten Brüder-Unität gleichsam den Grund gelegt hatten. Der 13te, 17te
und 27ste August 1727 bleiben den Brüdern un-
vergeßliche Tage. An dem ersteren erfuhr die Gemeine zu Herrnhut bey Begehung des heiligen
Abendmahls in der Kirche zu Berthelsdorf eine
besondere Geistestaufe, so daß sie von da an als eine
lebendige Gemeine JEsu sich ansehen konnte; an
dem andern nahm eine eben so ausgezeichnete Erweckung unter den Kindern daselbst ihren Anfang;
und an dem dritten kam eine besondere Verbindung
sämtlicher Brüder und Schwestern zur beständigen
Fürbitte für das Werk GOttes zu Stande, welche seitdem bis auf den heutigen Tag einen gesegneten Fortgang gehabt hat. (s. D. Cranz N. B. H.
§. 18.

§. 18. 19. 20. 21.) Sämtliche Gemeinen erinnerten sich dankbarlich dieser anmerklichen Vorgänge, und der Gnade, mit welcher der HErr sein damals unter den Brüdern angefangenes Werk nun schon funfzig Jahre fortgeführet hatte. In Herrnhut wohnten dieser Jubelfeyer noch ein paar lebende Zeugen und Mitgenossen jener ersten Gnadenbeweise an dieser Gemeine bey.

§. 68.

Anmerklich ist es, daß in eben diesem Jahre verschiedne ausgezeichnete Diener und Dienerinnen der Unität, welche in dem ersten halben Jahrhundert seit deren Erneuerung zum Theil sehr thätige und gesegnete Werkzeuge bey deren Bau gewesen sind, ihren Lauf vollendet haben.

Sophia Theodora, geborne Gräfin von Castell, verwitwete Gräfin Reuß, welche am 8ten Januar zu Herrnhut entschlief, war eine von den ältesten Bekannten des seligen Grafen von Zinzendorf, und mit der Gemeine zu Herrnhut seit deren ersten Anfängen in genauer Verbindung. (s. D. Cranz N. B. H. §. 132. ingleichen Leben des Grafen von Zinzendorf, herausgegeben von Spangenberg, S. 158. u. f. S. 814. u. f.) Seit dem 1747 erfolgten Ableben ihres Gemahls, des regirenden Grafen zu Ebersdorf, wohnte sie in Herrnhut, und war eine Zierde der Gemeine.

Friedrich von Wattewille verschied ebenfalls in Herrnhut am 24sten April nach einer vieljährigen schmerzlichen Krankheit. Mit ihm hatte der selige Graf Zinzendorf schon im 14ten Jahre

D 2　　　　seines

seines Alters eine Herzensverbindung gestiftet,
die bey reiferem Alter immer mehr befestiget wurde, und ihn zu einem der ersten Gehülfen bey
Stiftung der Gemeine zu Herrnhut und Erneuerung der Brüder-Unität machte. Das Gebet,
welches er am 12ten May 1724 bey Legung des
Grundsteins zum ersten Betsaale in Herrnhut
that, bleibt, wegen dessen gleichsam weissagen-
den Inhalts von dem damals menschlicher Weise nicht voraus zu sehen gewesenen Erfolge dieser
Anstalt, sehr merkwürdig. So lange seine Gesundheit es erlaubte, war er ein gesegneter Mitarbeiter am Werke des HErrn in der Brüder-
Unität, und, da er zu anhaltenden Arbeiten nicht
mehr im Stande war, ein treuer Fürbitter für
dasselbe. Er war der erste und älteste Senior
civilis der erneuerten Brüderkirche.

Sigmund August von Gersdorf, ein Con-
senior civilis und treuer Diener der Unität, welchem der Gemeinort Niesky seine ersten Anfänge,
nächst GOtt, zu danken hatte, (D. Cranz N.
B. H. §. 113.) entschlief zu Herrnhut am 5ten
December.

Friedrich Wenceslaus Neisser, dessen
Vater, einer der ersten Anbauer von Herrnhut,
ihn mit sich aus Mähren gebracht hatte, war seit
vierzig Jahren in verschiedenen Ländern und Geschäften im Dienste der Unität gebraucht worden.
Er war ein Coëpiscopus der Brüderkirche, und
von 1764 bis 1775 ein Mitglied der Direction
der Unität. In den letzten Jahren seines Lebens
hatte er die Missions-Diakonie mit zu besorgen.

gen. Sein Ende erfolgte zu Barby am 12ten
October.

M. Samuel Lieberkühn, ein Mann von
großer Gelehrsamkeit, der mit gründlicher Kenntniß der heiligen Schrift eine zärtliche Liebe zu
JEsu Christo verband, und darum auch dem
Volke der Brüder, weil es unter vieler Schmach
über dem Worte vom Kreuze hielt, ganz ergeben
war. Seine Einsichten wurden auf den Synodis und in andern Conferenzen vorzüglich ge-
schätzt und genützt. Sein vieljähriger Umgang
mit den Juden, wobey er JEsum Christum getrost bekannte, hat viel gutes unter ihnen geschafft. Seine Harmonie der vier Evangelisten unter dem Titel: Die Geschichte der Tage
unsers HErrn und Heilandes JEsu Christi ꝛc.
und sein Lehrbüchlein für die Kinder unter dem
Titel: Der Hauptinhalt der Lehre JEsu
Christi, ist in gesegnetem Gebrauch. In den
Brüdergemeinen, wo er als Prediger gestanden,
und sich sonderlich des Unterrichts der Kinder angenommen hat, wird sein Andenken im Segen
bleiben. Er verschied zu Gnadenberg in Schlesien am 9ten August.

David Cranz, vieljähriger treuer Amanu-
ensis des seligen Ordinarii fratrum, der durch
dessen nachgeschriebene Reden und die von ihm
gesammleten Gemeinnachrichten sämtlichen Brüdergemeinen einen sehr schätzbaren Dienst erwies;
durch seine Historie von Grönland und die alte
und neue Brüder-Historie auch dem Publiko
vortheilhaft bekannt; zuletzt Prediger der Ge-

O 3   meine

meine zu Gnadenfrey in Schleſien, wo ſeine öffentlichen Evangeliſchen Vorträge ſehr beliebt
waren, entſchlief, auf der Rückreiſe von einem
in Herrnhut gemachten Beſuche, zu Gnadenberg den 6ten Juny.

Moriz Wilhelm, Burggraf und Graf zu
Dohna, vormals in Königlich Preußiſchen
Kriegsdienſten, und erſt ſeit nicht gar vielen Jahren ein Mitglied der Brüdergemeine, widmete
ſich ganz dem Dienſte am Evangelio und der Arbeit an den Seelen, und bewies in den Aemtern,
zu welchen er berufen ward, ausgezeichneten Eifer und Treue. Die Gemeinen in England, die
ihm anvertrauet wurden, ließ er ſich ſehr angelegen ſeyn. Wenn er das Evangelium predigte,
ſo that er es mit einem in der Liebe zu JEſu und
zu ſeinen Zuhörern brennenden Herzen. Nach
einer langwierigen Krankheit verſchied er zu
Bath am 4ten Merz. Er war vermählt mit
Maria Agnes, Gräfin von Zinzendorf, einer
Tochter des ſeligen Ordinarii fratrum.

§. 69.

Im Jahre 1777 ward die Pacht des Amtes
Barby von neuem an den Herrn Grafen
Heinrich den 28ſten Reuß und Conſorten überlaſſen. Ermeldeter Graf übernahm zugleich von
ſeinem Herrn Vetter, Grafen Heinrich dem
25ſten Reuß den Erbpacht des Schloſſes zu Barby, ſamt dem Vorwerke Döben, auf deſſen
Grunde Gnadau erbauet worden iſt. (ſ. D.
Cranz N. B. H. §. 277.) Bey dem allmählichen

lichen Anwachs dieses Gemeinorts wurde ein
neuer Anbau an das Chorhaus der ledigen
Schwestern, und die Erbauung eines neuen ge-
räumlicheren Betsaals für die Gemeine nebst
Wohnungen für die Arbeiter nöthig. Erstgedach-
ten Anbau bezogen die Schwestern im Juny
1780. Bey der Einweihung des neuen Betsaals, die am 17ten Juny 1781 geschahe, waren
auf ein paar tausend Menschen aus der Nachbarschaft gegenwärtig. Ueberhaupt hatte dieser
Ort vielen Besuch von Fremden hohen und niedern Standes. Besonders anmerklich sind die
mehrmaligen Besuche der regirenden Fürsten zu
Anhalt Dessau und Anhalt Bernburg. Im
December 1776 kam mit dem Fürsten von Dessau zugleich der regirende Herzog von Sachsen-
Weimar nach Barby. Beyde Fürsten wohnten den Gemeinversammlungen bey, und unterre-
deten sich mit einigen Gliedern der Aeltesten-Conferenz der Unität über die Verfassung der Brüdergemeine und deren Missionen.

Mit den studirenden Brüdern im Seminario
zu Barby wurden die §. 6. erwehnten Unterredungen nicht ohne Nutzen fortgesetzt. Zur Beförderung des gesegneten Fortgangs dieser Anstalt, aus welcher man nach und nach manche
brauchbare Gehülfen am Werke des HErrn erhielt, widmete sich der Bischof Spangenberg
im September 1779 einige Wochen lang einer
gründlichen Untersuchung des innern und äußern
Zustandes derselben. Um eben die Zeit übernahmen die Brüder Johannes Lorez und Christian

O 4   Quandt

Quandt eine Revision der beyden Erziehungsanstalten in Niesky, nemlich des Pädagogii und der Anstalt für jüngere Knaben, für welche letztere bey deren starken Anwachs ein eigenes Haus erbauet worden war, welches sie im Merz gedachten Jahres bezogen hatten.

§. 70.

Die Buchdruckerey zu Barby wurde im Februar 1780 gleich andern Buchdruckereyen im Lande privilegirt, indem auf Churfürstliche gnädigste Anordnung dem jedesmaligen Schloßprediger die verfassungsmäßige Censur der daselbst zu druckenden Schriften aufgetragen ward.

Außer den jährlichen Loosungen und Lehrtexten der Brüdergemeine kamen hier in diesen Jahren vornemlich folgende Bücher aus der Presse.

Im Jahre 1777: C. G. A. Oldendorps Geschichte der Mission der Evangelischen Brüder auf den Karaibischen Inseln, St. Thomas, St. Croix und St. Jan, herausgegeben durch J. J. Bossart; ein Buch, das mit vieler Begierde und nicht wenigem Nutzen in und außer den Brüdergemeinen gelesen wurde.

Im Jahre 1778: ein Gesangbuch zum Gebrauch der Evangelischen Brüdergemeinen; ein für letztere überaus schätzbares Werk, worin, nachdem es seit vielen Jahren an einer vollständigen Sammlung der in ihren gottesdienstlichen Zusammenkünften gebräuchlichen Lieder und Liederverse fehlte, solche nach einer

gründ-

gründlichen Revision, mit Verbesserung unverständlicher oder einer Mißdeutung fähiger Ausdrücke, in einer schönen Ordnung zusammengetragen worden sind. Diese Arbeit hat man vornemlich dem Bruder Christian Gregor zu verdanken.

Ferner eine neue Auflage des Büchleins: Die Lehre JEsu und seiner Apostel zum Unterrichte der Jugend ꝛc. unter dem veränderten Titel: Der Hauptinhalt der Lehre JEsu Christi, zum Gebrauch bey dem Unterrichte der Jugend in den Evangelischen Brüdergemeinen. Von diesem Büchlein wurde das Jahr darauf in London eine Englische Uebersetzung zum Gebrauch in den Englischen Brüdergemeinen gedruckt.

Im Jahre 1779: *Idea fidei fratrum,* oder kurzer Begriff der christlichen Lehre in den Evangelischen Brüdergemeinen, dargelegt von A. G. Spangenberg. Diese Schrift ist nicht nur in den Gemeinen und von den Freunden derselben mit vielem Segen gebraucht worden; sondern sie hat auch sehr vielen redlichen Männern, die noch Vorurtheile gegen die Brüder hatten, dieselben benommen. Es ist auch dieses Buch nachmals ins Englische, Dänische, Französische, Schwedische, Holländische und Böhmische übersetzt und in diesen Sprachen gedruckt worden. Die Französische Uebersetzung kam im Jahre 1782 in Barby heraus.

Im Jahre 1780: *Exposition succincte de l'état actuel & de la Constitution de l'Unité des*

frères

freres évangeliques de la Confeffion d' Augsbourg,
eine Franzöfifche Ueberfetzung der vom Doctor
Walch zuerft herausgegebenen kurzgefaßten
Nachricht rc.

Im Jahre 1781: Der fünfte Band der
Auszüge aus den Reden des feligen *Ordinarii
fratrum,* womit die Reden über den Evangelift
Lucas befchloffen wurden.

In eben dem Jahre eine zweyte revidirte Auflage der kurzgefaßten hiftorifchen Nachricht
von dem gegenwärtigen Zuftande und der
Verfaffung der Evangelifchen Brüder-Unität Augsburgifcher Confeffion.

Ferner: eine Abhandlung des Bifchof Spangenberg, von der Arbeit der Evangelifchen
Brüder unter den Heiden, worin die Grund-
fätze, die bey ihren Miffionen befolgt werden,
und die dabey getroffenen Einrichtungen, deutlich
dargelegt werden. Der felige Confiftorial-Rath
Doctor Walch in Göttingen veranlaßte diefe
Schrift, welche ihm zugefchickt und von ihm in
feine neuefte Religions-Gefchichte eingerückt
worden ift.

§. 71.

Bey den im Jahre 1778 ausgebrochenen
Kriegsunruhen in Sachfen und Schlefien
erfuhren die Brüdergemeinen in diefen Landen
die treue Bewahrung des HErrn, und genoffen
mehrentheils einer faft ungeftörten Ruhe, und
freundlichen Behandlung von den durchziehenden
Kriegsvölkern. Nur Herrnhut hatte im July,
befag-

besagten Jahres einen unangenehmen Besuch
von einem Commando Scharfschützen, die unter
harter Bedrohung eine übermäßige Brandscha-
tzung binnen ein paar Stunden erpreßten. Zu
Gnadenfrey in Schlesien wohnte oft von dem
Preußischen Kriegsheere eine große Anzahl aufmerksamer Zuhörer der Predigt der Brüder bey,
und das verkündigte Evangelium machte Eindruck
auf die Herzen, so daß verschiedene sagten, sie
wollten, was sie da gehört hätten, mit ins Feld
und in die letzte Stunde nehmen.

Sehr erfreut nahmen die erwehnten Gemeinen Theil an dem im nächsten Jahre erfolgten
Frieden.

Weit mehr Beschwerde hatten andere Gemeinen und Missionen von dem langwierigen
Englisch-Amerikanischen Kriege zu empfinden,
der diesen ganzen Zeitraum hindurch dauerte, und
sich noch mehr verbreitete. Auch bey den Seerei-
sen der Brüder verursachte solcher viel Aufenthalt
und vermehrte Kosten. Die Englischen Schiffe
gingen insgemein nicht anders, als in ganzen
Flotten unter Bedeckung von einem oder mehreren Kriegsschiffen. Die Brüder und Schwestern, die mit solchen Schiffen reisen sollten, mußten daher, um nicht die Gelegenheit zu versäumen, nach England eilen, und dann doch lange
Zeit auf den Abgang der Flotte warten, deren
Fahrt auch an sich immer sehr langwierig war.
Es kamen bey diesen Reisen öfters sehr schwere
Umstände, aber auch ausgezeichnete Bewahrun-
gen GOttes vor.

Ein

Ein Bruder, der im October 1776 von Jamaika nach Europa absegelte, wurde durch einen
Amerikanischen Kaper mit dem Schiffe nach
Virginien gebracht, und konnte nicht eher als
im Februar 1778 seine Reise nach Europa mit
einem Paß vom Congreß fortsetzen.

Eine Schwester reisete im Herbste 1782 von
Jamaika nach England. Die Flotte, mit welcher sie abgegangen war, wurde durch einen
dreytägigen heftigen Sturm ganz zerstreut, und
das Schiff, worauf sie sich befand, ward sehr
übel zugerichtet, und im Kanal an die Französische Küste bis auf einen Flintenschuß getrieben,
so daß auch schon ein feindliches Schiff auf dasselbe feuerte; doch entkam es durch die Hülfe der
Nacht und eines guten Windes, und langte
glücklich in den Downs an.

Im Februar 1781 begab sich eine Schwester
von Paramaribo auf die Reise nach Europa mit
einem Schiffe, dessen Kapitain ein zuverläßiger,
den dortigen Brüdern wohlbekannter Mann war.
Fünf Tage nach ihrer Abreise erfuhr man dort,
daß zwischen England und Holland Krieg ausge-
brochen sey. Das Schiff, auf welchem sie sich
befand, wurde im Merz von einem Englischen
Kriegsschiffe weggenommen und nach Barbados
gebracht. Der Schwester wurde jedoch nicht übel
begegnet, auch von dem ihrigen nichts genommen. Sie bemühte sich vergeblich, die Brüder in
Barbados zu erfragen; und fand endlich Gelegenheit, mit einem Englischen Schiffe nach Europa abzusegeln. Da solches zu Cork in Irland
einlief,

einlief, traf sie hier ein anderes Schiff an, das nach Bremen ging. Sie begab sich auf selbiges, und kam auf die Weise, nachdem sie in mancher Noth und Gefahr die Bewahrung, Hülfe und Leitung des HErrn auf eine besondere Weise erfahren hatte, wohlbehalten nach Deutschland, ihrer Absicht gemäß.

Eine weit härtere Probe betraf zween Brüder, die im December 1780 von Holland nach Suriname abreiseten. Das Schiff, mit welchem sie gingen, wurde im Januar 1781 durch eine Englische Brig weggenommen. Die beyden Brüder wurden nebst dem meisten Schiffsvolk des eroberten Schiffes auf die Brig gebracht, und man konnte in langer Zeit nicht erfahren, wie es ihnen ergangen wäre. Nach vielfältiger Bemühung bekam man Nachricht, daß erwehnte Brig nach St. Lucia gegangen sey. Ein Bruder von Barbados begab sich im April 1782 (denn eher war es ihm nicht bekannt worden,) dahin; fand aber nur noch einen von den beyden Brüdern, und zwar in den traurigsten Umständen, ganz abgezehrt, in zerrissener Kleidung und voller Unreinigkeit. Der andere, Namens Georg Caspar Pfeifer, hatte das unbeschreibliche Elend, welches sie während ihrer langen und äußerst harten Gefangenschaft ausstehen mußten, in welcher aber GOttes Geist ihren Glauben kräftig stärkte und erhielt, nicht überlebt, und war bereits am 24sten December 1781 in freudigem Vertrauen auf seinen Erlöser selig verschieden. Sein überbliebener Gefährte bekam nun seine Freyheit, und

und ging zu den Brüdern nach Barbados, wo
er sich von den erlittenen Drangsalen erhölte.

Das Schiff, welches alljährlich nach Labra=
dor geschickt wurde, und dessen Ausbleiben die
dortigen Brüder wegen ihres Unterhalts in die
größte Verlegenheit würde gesetzt haben, kam je=
desmal glücklich daselbst an. Allein auf der Rück=
reise im Jahre 1778 fiel es ohnweit Yarmouth
einem Französischen Kaper in die Hände. Das
Schiff wurde zwar bald darauf von den Englän=
dern wieder genommen und den Eigenthümern
ausgeliefert. Inzwischen ward der Kapitain nebst
seinem Steuermann und zween Matrosen nach
Dünkirchen gebracht, und die Briefe und Nach=
richten aus Labrador hatte der Kaper auch zu
sich genommen. Ein den Brüdern sonst nicht be=
kannter Engländer, Herr Howard,*) der sich
eben in Dünkirchen aufhielt, gab sich viele Mü=
he um die Befreyung der Mannschaft und die
Auslieferung der Papiere. Beydes wurde jedoch
erst durch die schriftliche Verwendung des Bru=
ders James Hutton in London bey seinen vor=
nehmen Freunden in Paris bewirkt. Der Mi=
nister von Bertin ließ ihm mit einem sehr ver=
bindlichen Schreiben alle Briefschaften uneröff=
net und unversehrt zustellen, und der Kapitain
nebst seiner Mannschaft wurden bald auf freyen
Fuß gestellt und nach England entlassen. Für die
künfti=

---

*) Ohne Zweifel der bekannte Menschenfreund, der end=
lich ein Opfer seines Eifers, das Schicksal der Un=
glücklichen zu erleichtern, geworden ist.

künftigen Reisen erhielt das nach Labrador bestimmte Schiff Französische und Amerikanische
Pässe, die solches vor aller feindseligen Behandlung sicher stellten.

Selbst auf neutralen Schiffen waren die Reisenden manchem Aufenthalte und Unannehm-
lichkeiten ausgesetzt. So wurde z. E. ein Dänisches Schiff, mit welchem eine Gesellschaft Brüder und Schwestern im Frühjahre 1781 nach
St. Croix reisete, von Englischen, Amerikanischen und Französischen Kapern angehalten und
durchsucht, und von einem derselben sehr geäng-
stiget, da man die Mannschaft, und sonderlich einen auf dem Schiffe befindlichen Neger durch
Drohungen und Schläge zu dem Bekenntnisse,
daß solches ein feindliches Schiff sey, zu bewegen
suchte. Nicht viel besser ging es einem andern
Dänischen Schiffe, das in eben dem Jahre verschiedene Brüder und Schwestern aus St. Thomas nach Deutschland brachte.

§. 72.

Von der Aeltesten-Conferenz der Unität wurden im Jahre 1778 ein paar Brüder, der
eine nach Großbritannien und Irland, und
der andere nach Nordamerika, zum Besuch dasiger Brüdergemeinen abgeordnet.

Ersterer, der Bischof Johannes von Wattewille, reisete mit seiner Gemahlin im May von
Barby über Hamburg und Hull nach Fulnek,
wo er in der Mitte des folgenden Monats ankam.
Er fand diese Gemeine in einem seligen Gnadengange.

ganne. Von da begab er sich in Gesellschaft des
Bruders La Trobe im July nach Irland, wo
er erst über vierzehn Tage sehr geschäftig, ver-
gnügt und gesegnet bey der Gemeine zu Dublin
zubrachte, dann die vier Landgemeinen, Coots-
hill, Drumargou, Kilwarlin und Ballona-
herry besuchte, und am 12ten August wohlbehalten in Gracehill ankam. Mit der Visitation
dieser Gemeine war er bis in die Mitte des Septembers beschäftiget. Dazwischen ging er auch
einen Besuch nach dem neuangehenden Gemeinorte Gracefield, und machte daselbst solche Einrichtungen, wie sie in andern Gemeinen sind. An
diesen Ort waren im October 1776 die ledigen
Schwestern von Ballonderry, wo sie ihre bisherige Wohnung verlassen mußten, versetzt worden. Sie nahmen ihren Weg zu Wasser über
den zwo starke deutsche Meilen breiten See
Lochneaghe. Erst, als sie mitten darauf waren, entdeckte man, daß das Fahrzeug leck war.
Es sank bald so tief, daß nur noch zween Zoll über
dem Wasser waren. Die Schwestern sahen ihren Untergang vor sich, und erwarteten ihn mit
gelassener Ergebenheit in den Willen GOttes.
Sie wurden aber noch glücklich errettet, indem
durch Ausschöpfen des Wassers so viel geholfen
ward, daß man das nächste Ufer erreichen konnte. Sie machten dabey eine anmerkliche Erfahrung der Loosung desselben Tages: "Ich bin
der HErr dein GOtt." — mit der Collecte:
"Wenn die Noth am größten, so will Er bey
uns seyn."

Bey

Bey der allgemeinen Stockung des Handels während des Krieges mit Amerika, und der Vertheurung der Lebensmittel, kamen viele arme Einwohner im nördlichen Theile von Irland in Absicht auf ihr äußeres Bestehen sehr in Noth, und dieses betraf auch manche Glieder der dasigen Brüdergemeinen. Doch half ihnen der HErr durch, und vermögendere Gemeinglieder nahmen sich ihrer und andrer nothleidender Nachbarn wohlthätig an.

Ich will hier noch anmerken, daß die Brüder in Irland an einige Orte aufs neue eingeladen wurden, das Evangelium daselbst zu predigen. Als auch in diesem Lande eine Miliz von Freywilligen errichtet wurde, so kam im September 781 eine Compagnie derselben, nach vorgängiger Anmeldung, in die Kapelle der Brüder nach Gracehill, um eine Predigt zu hören, welche über die Worte 1 Tim. 1, ... gehalten, und von ihnen und einer herbey strömenden Menge Menschen still und andächtig angehört wurde.

Von Gracehill reisete der Bischof Johannes von Watteville mit dem Bruder Abraham Taylor nach Schottland, wo sie am ... September anlangten. Ersterer beschäftigte sich vornemlich damit, die Societät in Ayr, ihrem Wunsche gemäß, zu einer Brüdergemeine einzurichten. Zu diesem Ende machte er der versammleten Societät einen deutlichen und ausführlichen Begriff von der Brüder-Unität, dem Zwecke der Verbindung der Brüdergemeinen, und allem, was zu ihrer Verfassung und Einrichtung gehört.

P

Nach-

Nachdem er hierauf sämtliche Glieder der Societät in einzelnen Unterredungen mit denselben näher kennen gelernt und ihren Sinn geprüft hatte,
so erklärte er in einer abermaligen Versammlung eine Anzahl der bisherigen Societäts-Glie-
der zu einer Brüdergemeine, welche von nun an
mit andern Gemeinen gleiche Rechte und gleiche
Pflege genießen sollte. Der Beschluß wurde mit
Begehung des heiligen Abendmahls gemacht.
Es waren ausgezeichnete Gnadentage für diese
neuangehende Gemeine, für welche einige Zeit
nachher eine neue Kapelle gebauet, und im September 1780 eingeweihet wurde.

Außer Air wurde von den dort wohnenden
Brüdern auch in Terbolton und Jerbie, ingleichen in den Bleybergwerken zu Galloway
nicht ohne Segen gepredigt, und sonst an verschiedenen Orten besucht, wo sich hin und wieder
Erweckte fanden, denen ihr Zuspruch angenehm
und tröstlich war.

§. 73.

Der Bischof Johannes von Wattewille
verließ die kleine Gemeine in Air voll Hoffnung für die Zukunft, der Gnade GOttes empfohlen, und reisete nach England zurück. Am
ersten October kam er in Fulneck an, und begab
sich bald darauf mit seiner Gemahlin nach London. Hier trafen sie eine nach Nordamerika
reisende Gesellschaft von Brüdern und Schwestern an, und darunter ihre älteste Tochter Anna
Dorothea, welche, nachdem sie sich auf das
herz-

herzlichste verabschiedet hatten, zu Ende des Monats ihre Reise fortsetzen. Erstere begaben sich,
nach etwas längerem Aufenthalte in London,
wo sie im Segen in der Gemeine arbeiteten, noch
vor Ende des Jahres nach Bristol, begingen
mit dasiger Gemeine das Weihnachtsfest und
den Jahreswechsel, und waren von da aus etlichemal in Bath und Kingswood, ingleichen in
Tethetton. Zu Anfang Merz setzten sie ihre Reise fort; kamen zuerst nach Treveka, in Begleitung des Bruders La Trobe, welcher die dasige
Oekonomie auf Verlangen schon mehrmals besucht hatte; (s. S. 161) und besahen sich diese Anstalten mit Vergnügen; machten darauf einen
angenehmen und gesegneten Besuch bey den Gemeinen und Societäten in Carmarthen, Laug-
harne, Haverfordwest, Apperly und Leomins-
ter; und trafen am 8ten April in Fulneck ein.
Der HErr legte einen besondern Segen auf die
Visitation in nurgedachter Gemeine und den vier
benachbarten Landgemeinen zu Pudsey, Wyke,
(wo vor einigen Jahren eine neue größere Kapelle erbauet worden war,) Gummersal und Mir-
field. Ich will hiebey anmerken, daß nach dieser Visitation in verschiedenen Englischen Landgemeinen die Schulen für die Kinder theils erneuert, theils ganz von neuem eingerichtet worden sind. Erst in der Mitte des Juny reisete der
Bischof Johannes von Wattewille mit seiner
Gemahlin weiter zum Besuch der noch übrigen
Gemeinen in England; sie kamen zuerst nach
Duckenfield, von da nach Ockbrook, sodann

nach Bedford, und endlich zu Anfang Augusts
nach London zurück. Von hier aus machten sie
einen Besuch in Plymouth und Exeter, zum
Vergnügen dasiger Societät, brachten sodann
noch einige Wochen bey der Gemeine in London
angenehm und im Segen zu, und beschlossen damit ihren fünfviertejährigen Aufenthalt in England mit Loben und Danken. Am 14ten September reiseten sie ab, und kamen über Harwich und
Zeist nach Barby zurück.

Sämtlichen Gemeinen, welche Bruder Johannes von Wattewille besucht hatte, gereichte
solches zu besonderem Segen und zu neuer Aufmunterung. Sein herzliches Theilnehmen an
allen ihren Umständen; seine liebreichen Unter-
haltungen mit ihnen in verschiedenen Abtheilungen, ja mit deren einzelnen Gliedern; seine öffentlichen Vorträge, die mit großer Aufmerksamkeit angehört wurden: alles dieses, und vornemlich, daß bey jeder Gelegenheit sein Mund
davon überfloß, wie hoch uns JEsus geliebet habe, und daß wir hinwiederum Ihn lieben, uns
Ihm mit Leib und Seele ergeben, und so an der
durch Ihn erworbenen Seligkeit Theil haben sollen, nahm die Herzen ein, und reitzte sie, ihren
Bund mit JEsu durch seine Gnade kräftig erneuern zu lassen.

Von den Gemeinen in England ist noch folgendes anzuführen.

Bey dem im Juny 1780 in London erregten Aufstande hatten die Brüder daselbst viel
Noth und Schrecken. In der Nachbarschaft
von

von ihrer Kapelle in Jetterlane war ein großer
Brand, und von der Wuth des Pöbels hatten
sie für ihre Kapelle und Häuser alles zu befürchten. Auch in Fulneck, in Bath, und an einigen andern Orten, liefen die Brüder Gefahr,
bey aufrührischen Bewegungen des Volkes ihre
Kirchen und Wohnungen zerstört zu sehen. GOtt
wendete aber allen Schaden gnädiglich ab.

Auf dem Synodo 1775 war der Bruder
Philipp Heinrich Molther, Lehrer und Vorsteher der Gemeine zu Bedford, zu einem Bischofe geweihet, und dadurch die Stelle des seligen Bruders Gambold (s. §. 16.) ersetzt worden. Allein dieser neue Bischof endete bereits
im Jahre 1780 seinen Lauf im 66ten Jahre seines Alters. Er war in Jena zu der Zeit, als
der Graf Christian Renatus von Zinzendorf
daselbst studirte, in Bekanntschaft mit der Brüdergemeine gekommen, widmete sich von da an
dem Dienste derselben, und war ein treuer Mitarbeiter am Werke des HErrn, sonderlich unter
der Französischen und Englischen Nation.

§. 74.

Ehe ich von der Visitations-Reise nach Nordamerika Nachricht gebe, muß ich von der
Lage und dem Zustande dieser Gemeinen einiges
anführen.

Das unangenehmste für dieselben war, daß
ihre Gemeinschaft mit den Europäischen Gemeinen geraume Zeit fast ganz unterbrochen wurde.
Eine Reise aus Europa dahin war mit fast unü-

bersteig-

bersteiglichen Schwierigkeiten verknüpft; daher
auch die Deputirten aus besagten Gemeinen nicht
gleich nach dem Synodo dahin zurückkehrten,
sondern noch einige Jahre in Deutschland verweilten. Nur die Correspondenz blieb übrig;
und auch diese fand große Hindernisse, da die
Packetboote, deren man sich anfangs noch dazu
bedienen konnte, nachher eine Zeit lang nicht
mehr gingen, die Amerikanischen Schiffe aber
zu viel Gefahr von den Englischen Kapern liefen;
auch war es oft sehr schwer, aus den Gemeinen,
die im Gebiete der für unabhängig erklärten
Staaten lagen, einige Briefe in die von den
Engländern in Besitz genommenen Seehäfen zur
weiteren Beförderung zu bringen. Da man indeß von beyden Seiten alles mögliche in Absicht
auf die Correspondenz that, und man dabey eine
besondere Fürsorge GOttes erfuhr, so daß fast
alle Briefe richtig ankämen: so waren doch die
Brüder, in Europa niemals allzulange ohne
Nachricht von den Nordamerikanischen Gemeinen, an deren Schicksal sie so herzlichen Antheil
nahmen; und diese erhielten doch auch von Zeit
zu Zeit zu ihrem Troste und Aufmunterung Zu-
schriften aus Europa.

Die Gemeine zu Bethlehem hatte aus Veranlassung der Landesunruhen vielen Zuspruch von
Fremden, die Achtung für die Brüder und einen
guten Eindruck von ihnen bekamen. Verschiedene durchziehende Kriegsvölker hörten daselbst
das Evangelium mit Aufmerksamkeit. Eine Anzahl Englischer Kriegsgefangenen wurden durch

den

den Ort gebracht. Mehrere Herren vom Congreß und andere der Vornehmsten im Lande sahen sich mit Vergnügen daselbst um. Geraume Zeit wurde man, außer der wegen verweigerter persönlicher Kriegsdienste zu erlegenden Abgaben, von der Noth des Landes nicht viel gewahr, und genoß einer ungestörten Ruhe. Zwar hörte man bald manche Gerüchte, die Schrecken einflößten; auch wurden die Brüder, weil sie bey der Revolution nicht mit wirksam waren, mehrmalen als Feinde und Verräther des Landes angegeben; doch waren sie jedesmal so glücklich, ihre Unschuld an den Tag legen zu können, und fanden Schutz gegen böse Anschläge. Nachdem die Erklärung der Unabhängigkeit der vereinigten Staaten am 8ten July 1776 erfolgt war: so wurde in Pensylvanien eine Convention erwehlt, die eine neue Regirungsform für diesen Staat entwerfen sollte. Die Brüder, welche sonst nach der Landesverfassung mit zu den wählenden und wahlfähigen Staatsgliedern gehörten, glaubten, ihren Grundsätzen gemäß, an der Wahl besagter Convention, die den Umsturz der bisherigen Staatsverfassung bezielte, nicht Theil nehmen zu dürfen. Sie machten sich es zur Regel, der Obrigkeit unterthan zu seyn, die Gewalt über sie hat; allen Menschen Freundschaft zu erweisen; stille zu seyn, und auf den HErrn zu sehen. Sie hatten zwar in der Folge manche Beschwerde zu erfahren; jedoch wurden sie von der neuen Landesobrigkeit als friedliebende und gutgesinnte Einwohner erkannt und geschützt. Inzwischen wur-

den

den die Folgen des Krieges immer beschwerlicher:
Im December 1776 kam das Lazareth der Amerikanischen Armee nach Bethlehem, und blieb
daselbst bis in das folgende Frühjahr. Ueber
hundert Mann starben in demselben an bösarti-
gen Fiebern, wovon auch viele Einwohner des
Ortes angesteckt wurden. Den kranken Soldaten wurde von den Brüdern das Heil in JEsu
Christo angepriesen, und sie hatten das Vergnügen, manche als versöhnte Sünder getrost und
gläubig aus der Welt scheiden zu sehen. So beschwerlich übrigens die Anwesenheit des Lazareths
war, so fand man doch, daß solche zu Abwen-
dung größerer Unruhe und zur Verhütung böser
Unternehmungen bey dem Durchmarsche vieler
Truppen und einer unregelmäßigen Landmiliz
sehr dienlich war. Im September 1777 wurde
nicht nur abermals ein Lazareth in Bethlehem
errichtet, wozu die ledigen Brüder ihr Chorhaus
einräumen mußten; sondern es wurden um eben
die Zeit etliche hundert Englische Gefangene unter starker Bedeckung dahin gebracht. Schon
seit dem Februar befand sich der Kriegsvorrath
daselbst, und endlich kam auch das Gepäcke der
ganzen Armee dahin. Das Getümmel und die
Belästigung der Einwohner war so groß, daß
verschiedene Mitglieder des Congresses, welche
nebst dem Präsidenten auf ihrer Flucht von Philadelphia dahin kamen, aus Mitleid gleich einige
Anstalten zur Erleichterung machten, den Abzug
der Gefangenen anordneten, und den Brüdern
einen Schutzbrief für ihre Personen und Eigenthum,

thum, und sonderlich für die Chorhäuser der
ledigen und verwitweten Schwestern gaben, die
ihnen sehr zu statten kam. Der Gang der Gemeine litt dann keine weitere Störung, und die
Versammlungen konnten in gewöhnlicher Ordnung gehalten werden. Den ledigen Brüdern
ging es am härtesten. Ihr Haus, welches bis
gegen Ostern 1778 dem Lazareth zum Aufenthalte diente, wurde sehr beschädigt, und sie konnten
solches erst zu Ende Juny wiederum beziehen;
ihre Gewerbe lagen größtentheils darnieder, und
überdis mußte jeder von ihnen, so wie die verheiratheten Brüder auch, wenn er in seiner Reihe
zur Miliz aufgeschrieben war, eine beträchtliche
Summe für einen Stellvertreter zahlen; wozu
sie jedoch durch Subscription der Gemeinglieder
in Stand gesetzt wurden. Zu dem Stillstande
der Gewerbe und den schweren Abgaben kam
auch noch die übermäßige Theurung vieler Bedürfnisse des Lebens, und der Verlust am Pa-
piergelde.

§. 75.

Im Juny 1777 ward von der gesetzgebenden
Versammlung (general assembly) in Penn-
sylvanien die sogenannte Test-Acte gemacht, eine
Verordnung, nach welcher alle weiße Mannspersonen, die über achtzehn Jahr alt waren, vor
dem ersten July desselben Jahres bey einem Rich-
ter den Huldigungseid für die neue Regirung ab-
legen sollten; womit zugleich eine ausdrückliche
Lossagung von der vormaligen Königlichen Ober-

herr-

herrschaft verbunden war. Viele Brüder hatten
wegen dieses letzteren Punkts Gewissensscrupel, ob
sie gleich übrigens von Herzen bereit waren, ihrer
neuen Obrigkeit den schuldigen Gehorsam und
Treue an Eides Statt anzugeloben. Nach obgedachter Verordnung sollte ein jeder, der diesen Eid
nicht leistete, kein Amt im Lande bekleiden, keine
Schulden eintreiben, keine liegende Gründe oder
andere Besitzungen kaufen, verkaufen, oder sonst
veräußern können; er sollte keine Wahlstimme haben, und entwaffnet werden. Wer ohne einen
Schein darüber zu haben, daß er besagten Eid
freywillig geleistet, außerhalb der Stadt oder der
Grafschaft, darin er wohnte, sich antreffen ließ,
konnte als ein Spion gefänglich eingezogen, und
so lange in Verwahrung behalten werden, bis er
den Eid ablegte oder einen Schein darüber anzeigte. Die Weigerung der Brüder, der ergangenen
Verordnung förmlich nachzukommen, setzte sie daher mancher Ungelegenheit aus. Die Besuche in
andern Gemeinen konnten nicht mit Sicherheit unternommen werden; das Eigenthum und die Freyheit der Gemeinglieder war in Gefahr, so bald
es übelgesinnten einfiel, von jener Verordnung
einen für sie nachtheiligen Gebrauch zu machen.
Alle Vorstellungen bey der Obrigkeit konnten fürerst nichts weiter bewirken, als daß den Richtern
möglichste Nachsicht gegen die Brüder, da sie sich
übrigens als ruhige Unterthanen verhielten, empfohlen ward. Die Gemeine in Bethlehem wurde dadurch in Stand gesetzt, wiederholte Auffode-
rungen zu Ablegung des erwehnten Eides, ohne weitere

tere üble Folgen, abzulehnen. Endlich ward in
Pensylvanien durch eine neue Verordnung im November 1778 die vorher auf die Weigerung mehrgedachten Eides gesetzte Strafe, mit einigen Aus-
nahmen und Einschränkungen, aufgehoben und er-
lassen.

Die übrigen Gemeinen in Pensylvanien und
den nächstgelegenen Provinzen machten ähnliche
Erfahrungen von mancherley Noth und Verlegenheit, worein sie die Umstände des Landes setzten,
und von der mächtigen Durchhülfe des HErrn
auch in den schwersten Fällen. Aus den Landgemeinen wurden einige Brüder zu Kriegsdiensten
genöthiget. Ein Theil des Lazareths kam im Jahre 1777 nach Litiz und Emaus. An ersterem
Orte mußte das Chorhaus der ledigen Brüder dazu eingeräumt werden, und erst zu Ende Augusts
des folgenden Jahres ward solches wiederum seinen
Bewohnern überlassen. Die Einwohner von
Gnadenhütten an der Mahony wurden im Jahre 1777 beschuldigt, an Indianer und andere Kö-
niglichgesinnte, die sich in der Nähe aufhalten sollten, Provision verkauft zu haben. Es wurde
scharfe Untersuchung gegen sie angestellt; man fand
aber bald, daß die angeblichen Feinde gar nicht
vorhanden waren, wodurch der Brüder Unschuld
klar an den Tag kam. In etlichen Gemeinen, und
sonderlich in Litiz, verursachte die verschiedene
Denkungsart der Gemeinglieder in Ansehung des
mehrerwehnten Eides, indem einer des andern Gewissen ungleich beurtheilte, eine unangenehme Zer-
rüttung; welche jedoch in der Folge wiederum gehoben

hoben ward. Die Gemeinen zu Philadelphia,
Newyork und Newport auf Rhodeisland litten am meisten von der Kriegsnoth bey den bekannten Auftritten in den beyden erstgenannten Städten
und auf letsterwehnter Insel. Der größte Theil
der Gemeinglieder flüchtete nebst andern Einwohnern. Da im September 1776, nachdem die
Königlichen Truppen Newyork besetzt hatten,
eine schreckliche Feuersbrunst entstand, welche ein
Viertheil der Stadt verzehrte; so betraf solches
auch die Häuser etlicher Gemeinglieder; die Gegend aber, wo der Brüder Kapelle oder Kirche
stand, blieb verschont, und die Predigt in derselben ward ungestört fortgehalten, auch zu der Zeit,
da fast aller Gottesdienst in der ganzen Stadt auf-
hörte, und wurde in der Folge häufig besucht.
Auch in Hebron waren die vom August 1777 bis
zu Anfang Merz 1778 in dem Kirchgebäude der
dasigen Brüdergemeine einquartirten Hessischen
Kriegsgefangenen fleissige und aufmerksame Zuhörer in der Predigt der Brüder, und bezeugten beym
Abschiede mit Thränen ihre Dankbarkeit für das
ihnen verkündigte Evangelium.

§. 76.

Bis im Jahre 1780 wurde der Krieg in großer
Entfernung von Nordkarolina geführt;
daher auch die Wachau, welche in dieser Proving
liegt, von den nächsten Folgen des Krieges diese Zeit
hindurch nichts litt. Außer der Theurung, dem
Durchzuge einiger inländischer Mannschaft, und
andern Beschwerden und Beunruhigungen, die

von

von den innerlichen Bewegungen im Lande herrührten, blieben die dasigen Gemeinen und Etablissemens ungestört. In dem neuen Orte, der von
Englischen Familien angebauet worden, (§. 26.)
und in der Folge den Namen Hope bekam, errichtete man ein Schul- und Versammlungshaus,
und ein Bruder kam im November 1776 als ihr
Prediger dahin. An mehrere Orte wurden die
Brüder zur Predigt des Evangelii eingeladen.

Schon mehrmalen waren die Brüder verrä-
therischer Absichten fälschlich beschuldigt worden.
Endlich traf es sich, daß neun Wagen aus der
Wachau nach Croßcreek gingen, um Salz zu
holen, gerade zu einer Zeit, da ein grundloses Gerücht lief, der Englische Gouverneur sey mit einem
Kriegsheer in der Provinz gelandet. Dieses veranlaßte im Februar 1776 eine genaue Untersuchung
durch verordnete Commissarien, wobey die Unschuld der Brüder völlig an den Tag kam, und ihnen deßfalls eine gerichtliche Bescheinigung ertheilt
wurde, die sie vor aller weiteren Beheiligung schützte. Zu gleicher Zeit nahm man von ihnen eine
schriftliche Erklärung an, worin sie wegen ihrer
Befreyung vom Waffentragen auf ein erhaltenes
Privilegium sich beriefen, dabey aber ihre Bereit-
willigkeit bezeugten, an den Lasten des Landes ver-
hältnißmäßig Antheil zu nehmen. Sie wurden
auch im April darauf durch einen Congreß der Provinz von der Theilnahme an den Waffenübungen
frey gesprochen.

Ein Packet Briefe und Nachrichten aus
Deutschland für die Brüder in der Wachau wollte

te man von Salisbury, wegen einigen Verdachtes über dessen Inhalt, nicht verabfolgen lassen. Der Bischof Graff von Salem ging dahin, eröffnete es in Gegenwart einiger Commissarien, und man glaubte seiner Versicherung, daß nichts als die Brüdergemeinen betreffende Nachrichten darin wären.

Gegen die Drohungen und bösen Anschläge schlechter Nachbarn, deren sie sich sonst nicht hätten erwehren können, weil ihnen, wie allen, die nicht mit in den Krieg gehen wollten, alles Gewehr abgenommen worden war, erhielten sie Schutz von der Obrigkeit, so viel nach den Umständen möglich war. Wirklich kamen im Juny 1776 vier Bösewichter nach Salem mit mörderischen Absichten, die sie auszuführen begannen; sie verwundeten verschiedene; man überwältigte sie jedoch, und lieferte sie der Obrigkeit aus.

Auch diese Gemeinen kamen in manche Verlegenheit wegen des vorgeschriebenen Eides, der nach erklärter Unabhängigkeit geleistet werden sollte. Einige Uebelgesinnte, die da meinten, die Brüder würden, weil sie jenen Eid nicht geleistet hätten, bey der Obrigkeit keinen Schutz finden, wollten sich des ihnen zugehörigen Landes anmaßen; so gar dessen, worauf Salem und Bethabara stand. Endlich erließ die General Assembly oder Landesversammlung ihnen, so wie andern Landeseinwohnern, die darin mit ihnen in gleichem Falle waren, auf wiederholte Bitte die eidliche Lossagung von der Königlichen Oberherrschaft, so daß sie bey dem bloßen Versprechen

der

der Treue und des Gehorsams gegen den Staat, in ihren Besitzungen und Freyheiten gesichert seyn sollten.

Es ist hier noch anzumerken, daß im Jahre 1778 die Eintheilung des Landes in Kirchspiele, die sich auf die Verfassung der Englischen Kirche gründete, aufgehoben wurde; weil keine Religions-Parthey mehr gelten sollte, als die andere. Mithin hörte auch die Wachau auf, ein eigenes Kirchspiel (Dobb's parish, s. §. 31.) zu seyn.

§. 77.

Bey dieser Lage der Gemeinen in Nordamerika hatte man längst gewünscht, ihnen jemand zur Aufmunterung und Berathung in ihren schweren Umständen, auch zur Besetzung verschiedener Aemter, da die Personen, die solche bekleidet hatten, theils heimgegangen, theils durch Alter und Schwachheit unfähig waren, solche ferner zu verwalten, einige Gehülfen zuzuschicken. Man konnte aber nicht eher daran denken, als bis die Schiffahrt aus England nach Newyork wiederum völlig im Gange war.

Der Bischof Johann Friedrich Reichel ward von der Aeltesten-Conferenz der Unität zum Besuch der Nordamerikanischen Gemeinen abgeordnet. Am 17ten September 1778 reisete er in Gesellschaft seiner Frau und dreyer Brüder, wovon zween zum Dienste der Gemeinen und einer als Arzt nach Nordamerika bestimmt war, nach Zeist ab, wo er sich bis zum 3ten October aufhielt,

hielt, und einstweilen in dasiger Gemeine im Segen arbeitete. Es folgte ihm dahin der Wachauische Deputirte, Friedrich Wilhelm von Marschall, (s. §. 21.) nebst seiner Frau und Tochter und der Schwester Anna Dorothea von Watteville. Die ganze Gesellschaft ging an obbemeldetem Tage nach England ab, und kam am 9ten October in London an, wo sie, wie bereits oben bemerkt worden ist, mit dem Bischofe Johannes von Watteville und dessen Gemahlin zusammen trafen. Zu Ende des Monats gingen sie nach Portsmouth, und daselbst erst nach der Mitte des Novembers auf das Schiff, welches sie nach Newyork bringen sollte. Weil solches aber in Gesellschaft anderer Fahrzeuge ging: so währte es noch bis zum 2ten December, da endlich die aus mehr als dritthalbhundert Segeln bestehende Flotte, unter Bedeckung von etlich und zwanzig Kriegsschiffen aufbrach. Sie lief jedoch bald darauf in Torbay ein, und entging dadurch glücklich dem heftigen Sturme in den letzten Tagen des Decembers. Gleich mit Anfang des neuen Jahres 1779 ging solche mit gutem Winde in See; und am 26sten Merz kam unsre Reisegesellschaft wohlbehalten in Newyork an, zu großer Freude dasiger Brüder. Von Bethlehem aus, wo man ihrer Ankunft mit freudigem Verlangen entgegen sahe, wurde ihnen ein Paß von Amerikanischer Seite verschafft, so wie sie auch einen von dem Englischen Befehlshaber in Newyork erhielten. Sie konnten daher am 13ten April ihre Reise fortsetzen,

setzen, konnten überall ohne Schwierigkeit durch,
besuchten unterwegs die beyden Gemeinorte Hope in Newjersey und Nazareth, und trafen
den 17ten April in Bethlehem ein. Hier erfolgte bald die Vermählung des Bruders Hans
Christian Alexander von Schweinitz, der seit
1771 den Nordamerikanischen Gemeinen diente,
(§. 9.) mit der Schwester Anna Dorothea
von Watteville.

Der Bischof Reichel beschäftigte sich im
Monat May in Bethlehem mit Bekanntma-
chung des erst von ihm mitgebrachten Verlasses
des letzten Synodi, und mit den Einrichtungen,
welche im Gefolge desselben zu machen waren;
beherzigte auch überhaupt die Angelegenheiten
dieser sowol als anderer Gemeinen in Pensylvanien und den benachbarten Provinzen in verschiedenen Conferenzen, zu welchen auch der Bischof
Matthäus Hehl von Litz sich einfand. Im
Juny war er auf gleiche Weise in Nazareth in
voller Arbeit; und der HErr segnete seine Bemühungen an beyden Orten. Er begab sich hernach
in Gesellschaft des Bischofs Nathanael Seidel
nach Litz zu gleichem Zwecke, und arbeitete daselbst vier Wochen lang in vielem Segen. Hier
hielt er auch im Monat August eine begnadigte
Conferenz mit den Arbeitern der umliegenden
Stadt- und Landgemeinen, worin er ihnen den Verlaß des Synodi mittheilte, und sich über ihr Amt
und dessen treue Verwaltung mit ihnen besprach.
In der Wachau war alles voll Verlangen,
auch bald von dem Besuche aus Europa etwas

Q   zu

zu sehen. Friedrich Wilhelm von Marschall
reisete noch im October 1779 mit seiner Frau dahin ab. Der Bischof Reichel aber blieb den
Winter über in Bethlehem, zum Vergnügen
und Segen dasiger Gemeine, welche er sowol als
das große Werk GOttes, das von da aus bedient wird, auf alle Weise bestens zu berathen
suchte. In den nahgelegenen Gemeinen, Nazareth, Schöneck, Emmaus, Gnadenhütten
an der Mahony, machte er verschiedene angenehme und nützliche Besuche. Seine öffentlichen
Vorträge in der Gemeine und den Chören gaben
den Herzen eine gesunde und wohlschmeckende
Nahrung, auch manche heilsame Warnungen
und Zurechtweisungen. Bey den einzelnen Unterredungen mit den Gemeingliedern erwarb er
sich ihre Liebe und Vertrauen auf eine vorzügliche
Weise, und sein Zuspruch war vielen Seelen zu
besonderem Troste und Ermunterung.

§. 78.

Bethlehem genoß überhaupt seit dem Abzuge
des Lazareths einer fast ungestörten Ruhe,
und wurde vom Kriege wenig gewahr, wenn
man die Theurung und den Mangel mancher Bedürfnisse, und einige Einquartirungen ausnimmt.

Das ehemalige Pädagogium in Nazareth
hatte nach und nach dergestalt abgenommen, daß
nur noch sechs kleine Knaben in demselben übrig
waren, welche man in die Erziehungsanstalt
nach Bethlehem versetzte; so daß jenes Institut
für die Zeit ganz aufgehoben ward.

Bereits

Bereits im April 1776 hatte Bethlehem
seinen geliebten und begabten Prediger Paul
Thrane verloren, der auch in andern Theilen
ein gesegneter Mitarbeiter am Werke des HErrn
war. An seine Stelle wurde Johann Andreas
Hübner, zeitheriger Prediger der Gemeine zu
Niesky, berufen. Er reisete nebst seiner Frau
und dem Bruder Jeppe Nilsen, der zum Dienste der Gemeine zu Salem in der Wachau bestimmt war, im Merz 1779 von Barby über
Hamburg nach England; wohin ihm nach einigen Monaten David Zeisberger der jüngere, der
als Deputirter aus Pensylvanien zum Synodo
gekommen war, nebst seiner Frau und noch einem
Bruder folgte. Diese Gesellschaft, wozu noch
eine Schwester kam, setzte dann ihre Reise mit
einem Fahrzeuge fort, welches erst gegen Ende
Octobers von Portsmouth absegelte, und bis
auf die Höhe von Newfoundland unter Bedeckung eines Kriegsschiffes ging. Die Fahrt
währte lang, und sie erreichten erst am 23sten Februar 1780 den Hafen von Newyork, welcher
bey dem außerordentlich strengen Winter erst kurz
zuvor vom Eise befreyt worden war. Bald nach
Ostern kamen sie in Bethlehem an. Nachdem
hier der neue Prediger Hübner sein Amt angetreten, sein Reisegefährte Jeppe Nilsen aber
geheirathet hatte; so begab sich der Bruder Reichel in Gesellschaft des letzterwehnten Bruders
und ihrer beyder Frauen am 10ten May auf die
Reise nach der Wachau. Von Litiz aus ging
noch ein Bruder mit ihnen, der zum Dienste der

Q 2   Wachau-

Wachauischen Gemeinen bestimmt war. Nach
Verlauf eines Monats erreichten sie Salem.
Hier hatte Jeppe Nilsen kaum seinen Dienst
angetreten, als er noch in eben dem Monat durch
einen schnellen Krankheitszufall sein Leben endigte.
Auch der Bischof Reichel ward von einer Krankheit befallen, wovon er jedoch bald genas; so daß
es keinen sonderlichen Aufenthalt in seiner Arbeit
machte, welche er bey den Gemeinen dieses Landes
auf eben die Weise und mit gleich gesegnetem Erfolge, als in Pensylvanien geschehen war, aus-
führte. Auch die jetzt mehr als in den vorigen
Jahren in diesen Gegenden sich äußernden Kriegsunruhen waren ihm doch zu keiner Verhinderung.
Unter andern wurden die Societäten zu Hope
und Friedland von ihm zu Brüdergemeinen eingerichtet. Nach sechzehn Wochen trat er zu Anfang Octobers die Rückreise an, hielt sich unterweges einige Tage bey den kleinen Gemeinen zu
Manakosy in Maryland und zu Yorktown
oder York an der Catores auf, und kam zu Ende des Monats nach Litiz. Von hier aus besuchte er die Gemeinen in Lancaster, Mount-
joy, Hebron, Bethel und Heidelberg. Er beschäftigte sich dann bis zu Weihnachten in der
Gemeine zu Litiz, und kehrte darauf nach Bethlehem zurück. Hier nahm er sich noch über ein
halbes Jahr sowol dieser Gemeine als des ganzen
Werkes GOttes in diesem Lande mit vieler Angelegenheit an; welches um so nöthiger war, da
der Bischof Nathanael Seidel, der bisher der
ganzen Sache vorstand, durch Krankheit verhin-

dert wurde, so thätig als sonst zu seyn. Der
Bruder Reichel besuchte daneben nicht nur in
dem benachbarten Nazareth, sondern auch die
entfernteren Gemeinen in Philadelphia und Olds-
manscreek; und im April 1781 hielt er noch mit
sämtlichen Arbeitern der Landgemeinen eine gesegnete Conferenz, darin die Grundsätze, die bey
der Bedienung dieser Gemeinen zu befolgen
sind, erneuert wurden. Nachdem er sich mit
der Gemeine in Nazareth, so wie nachher mit
der Gemeine zu Bethlehem, aufs herzlichst verabschiedet hatte: so reisete er mit seiner Frau zu
Anfang August nach Newyork ab, von wo aus
sie auch in Staaten-Island besuchten. Sie
konnten nicht eher als zu Anfang Decembers zu
Schiffe gehen, weil sie so lange auf den Abgang der unter Bedeckung von Kriegsschiffen segelnden Flott warten mußten. Unterweges wurden sie von ihrer Bedeckung getrennt, kamen jedoch am 19ten Januar 1782 wohlbehalten in
London an, von wo sie bald darauf ihre Reise
über Holland nach Deutschland fortsetzten. Sie
erreichten Barby am 6ten Merz.

§. 79.

Die Pensylvanischen Gemeinen, und sonderlich Bethlehem, hatten auch nach des Bruder Reichels Abreise eine sehr ruhige Zeit, und
wurden vom Kriegsgeräusch wenig mehr gewahr.
Sie empfanden aber jetzt die Nachwehen der in
den vorigen Jahren erlittenen Noth und großen
Verlustes, auch mancher Störungen in ihrem
Q 3 Gange.

Gange. In dem neuen Gemeinlein Hope in
Jersey, dessen Anfänge mit manchen Schwierigkeiten verknüpft waren, wurde der Bau eines
neuen Gemeinhauses und Betsaals, und in Nazareth der Bau eines Chorhauses für die ledigen
Schwestern unternommen.

Die Wachau hatte in der letzten Hälfte des
Jahres 1780 und bis in den Merz 1781 die ersten aber ziemlich schwere Erfahrungen von dem
Kriege zu machen, der sich nun in diese Gegend
zog. Nachdem die Engländer Charlestown
eingenommen hatten; so wurden sowol die regu-
lären Truppen, als die Miliz der Provinz zu-
sammengezogen, um sich theils dem weiteren Vor-
dringen des Englischen Heers, theils den königs-
lichgesinnten Landeseinwohnern, die nun ebenfalls zu den Waffen griffen, zu widersetzen. Die
Wachauischen Orte bekamen bey der Gelegenheit viele Durchmärsche und Einquartirungen,
und mußten öfters starke Lieferungen thun; dazu
kamen schwere Erpressungen, Gewaltthätigkeiten
und Drohungen, wodurch sie mehrmals sehr ge-
ängstiget wurden. Die schwerste Zeit war bey
dem Durchmarsche der Englischen Armee des
Lord Cornwallis im Februar 1781, und kurz
vor- und nachher. Der Verdacht gegen die
Brüder, als hielten sie es mit den Engländern,
zog ihnen manche üble Behandlung von der Na-
tional-Miliz zu. Sie erwarben sich jedoch bald
das Vertrauen der Befehlshaber, durch die
treue Verpflegung der nach Salem gebrachten
verwundeten Soldaten, und durch die gute Be-
hand-

handlung anderer daselbst einquartirter Mannschaft.

Im November 1781 kam der Gouverneur
von Nordkarolina mit mehr als sechzig Gliedern
der Assembly nach Salem, in der Absicht, ihre
Sitzungen daselbst zu halten. Da aber zu viele
Mitglieder der Assembly ausblieben, so erreichten sie ihren Zweck nicht, und begaben sich nach
einigen Wochen wiederum hinweg. Im Januar
des folgenden Jahres fand sich abermals ein
Theil der Assembly daselbst ein; sie waren aber
auch diesesmal genöthiget, unverrichteter Sache
auseinander zu gehen. Indeß wurden die Brüdergemeinen bey dieser Gelegenheit der Landesobrigkeit vortheilhaft bekannt, welches auch den
guten Erfolg hatte, daß, da seit der Revolution
der Besitz des den Brüdern gehörigen Landes in
Nordkarolina noch nicht völlig gesichert war, auf
eine desfalls bey der Assembly gethane Vorstellung, durch eine im April 1782 ausgefertigte
Acte die erfoderliche Zusicherung desfalls ertheilt,
und der Bruder Friedrich Wilhelm von Marschall als Besitzer von besagtem Lande anerkannt
wurde. Auch wurde ein Bruder von Salem
als Mitglied der Assembly, Auditor und Frie-
densrichter, angestellt.

Pensylvanien und die Wachau verloren
noch im Jahre 1782 ein paar sehr würdige Männer und treue Arbeiter im Weinberge des HErrn,
die beyden Bischöfe, Nathanael Seidel und
Johann Michael Graff; von welchen ersterer
am 17ten May zu Bethlehem, und letzterer zu

Q 4   Sa-

Salem, am 29sten August seinen Lauf vollendete.
Beyde hatten dem Werke GOttes in der Brüder-Unität vierzig und mehr Jahre gedient. Ersterer hat seit 1742 in Amerika im Segen gearbeitet, und eine Zeit lang insonderheit die Visitation der Heiden-Missionen zu besorgen gehabt,
(s. D. Cranz N. B. H. §. 2 6.) Nach seinem
Heimgange begab sich der Bruder Erwein von
Litiz wiederum nach Bethlehem, um von hier
aus das Werk GOttes in dasigem Lande ins
Ganze mit zu bedienen.

§. 80.

Ehe wir die Englischen Kolonien in Nordamerika verlassen, wollen wir noch sehen, wie
es den beyden dasigen Missions-Anstalten der
Brüder, unter den Negern in Georgien, und
unter den Indianern an der Ohio, ergangen ist.
    Was die erstere anlangt, so sind bereits im
vorigen Abschnitte (§. 22.) die großen Schwierigkeiten berührt worden, welche dieselbe gleich
in ihrem Anfange fand. Ludwig Müller predigte das Evangelium Weißen und Schwarzen
mit vielem Beyfall, doch ohne den gewünschten
Eingang in die Herzen. Er sowol als die beyden
andern Brüder wurden bald am Fieber krank,
und befanden sich fast beständig in einem siechen
Zustande. Ersterem ward solches eine Gelegenheit
zu seiner Auflösung, welche bereits am 11ten
October 1775 in Knorborough erfolgte. Nun
waren Brösing an diesem Orte und Wagner
in Silkhope allein; und obwol die Landesum-
                                    stände

stände nicht verstatteten, dermalen wieder einen
Bruder dahin zu senden, der an des seligen
Müllers Stelle die Predigt des Evangelii an die
Neger besorgen könnte; so waren doch beyde
Brüder entschlossen, wo möglich, noch dort aus=
zuhalten, und bessere Zeiten abzuwarten. Der
alte Präsident Habersham, auf dessen Gute sich
Wagner aufhielt, verstarb zwar auf einer Rei=
se in die nördlichen Provinzen; allein seine beyden
Herren Söhne, davon einer der Erbe seines Gu=
tes war, bewiesen eben so viel Geneigtheit für die
Brüder und zur Beförderung ihrer Missions=
Unternehmung. Da inzwischen die Einwohner
von Georgien an der Verbindung der Kolonien
zur Vertheidigung ihrer Rechte gegen die Englän=
der sehr lebhaften Antheil nahmen: so wurden
auch erwehnte beyde Brüder oft aufgefodert, mit
an den Uebungen in den Waffen Theil zu neh=
men; konnten sich jedoch eine Zeit lang, wiewol
mit Mühe, dessen entschlagen. Endlich aber
wurde in einem Congreß der Provinz festgesetzt,
daß sie, wenn sie sich ferner weigerten, Kriegs=
dienste zu thun, entweder monatlich sieben Pfund
Sterling bezahlen, oder die Provinz verlassen
sollten. Brösing erwehlte letzteres, und ging im
July 1776 nach der Wachau zurück. Wagnern
wurde seiner Kränklichkeit wegen verstattet, noch
im Lande zu bleiben; er diente in dem Hause des
Herrn James Habersham, wo er konnte, und
nahm alle Gelegenheit wahr, den Negern ein
Wort von ihrem Schöpfer und Erlöser zu sagen;
welches jedoch wenig Eingang zu finden schien.

Q 5 Durch

Durch eine Verordnung der Assembly im September 1776, nach welcher ein jeder Kriegsdienste zu thun ablehnen konnte, wenn er einen Mann für sich stellte, oder eine gewisse Summe zahlte, wurde er vor weiteren Zumuthungen in dieser Absicht sicher gestellt, indem obgedachter Herr die verlangte Summe für ihn zahlte. Endlich wurden im May 1778 durch einen neuen Schluß der Assembly sowol die Brüder als andere, die Bedenken hatten, Waffen zu tragen, von der Verbindlichkeit dazu frey gesprochen. Allein bald nachher kam die Provinz zum Theil unter die Botmäßigkeit der Engländer, welche die Hauptstadt Savannah am 29sten December gedachten Jahres einnahmen. Herr Habersham, der die Nacht zuvor mit den Seinigen sich auf die Flucht begab, und um seiner Sicherheit willen alles im Stiche lassen mußte, nahm von Wagnern mit Thränen Abschied, und stellte ihm frey, ob er mit ihm gehen, oder, da er für seine Person von den Engländern nichts zu fürchten hätte, auf seinem Landgute bleiben wollte. Wagner erwehlte letzteres, um auf dem ihm angewiesenen Posten so lang, als möglich auszuhalten. Er suchte und erhielt Englische Protection. Der Commodor der Flotte, Herr Hyde Parker, kam nebst mehrern Officiers fleissig nach Silkhope, wo ihn Wagner bewirthete, und sich dadurch seine Gunst erwarb. Durch desselben Vorschub fand er auch Gelegenheit, im Merz 1779 nach England zurück zu reisen, wozu er sich entschloß, da er von seinem längeren

geren Aufenthalte in Georgien keinen Zweck sahe. Gedachter Commodor, der die Flotte, mit
welcher Wagner ging, selbst begleitete, verwilligte
ihm freye Ueberfahrt, und erwies ihm außerdem
noch mehrere Wohlthaten.

§. 81.

Die beyden aus den Indianern gesammleten
Gemeinen zu Schönbrunn und Gnadenhütten am Muskingum waren in einem erfreulichen Gnadengange. Die Kraft des Evangelii
bewies sich an Alten und Jungen, und so wuchsen auch an der Anzahl. Seit dem Anfange der
Mission an der Ohio bis zu Ende Februars
1776 zehlte man hundert und vier und vierzig erwachsene Indianer, die bey derselben getauft,
und zwölf bereits Getaufte, die in die Gemeine
aufgenommen worden, außer fünfund sechzig getauften Kindern. Letzterer nahm man sich mit
besonderer Sorgfalt an, und gab ihnen Schul-
unterricht, zu welchem Ende auch ein Buchsta-
birbüchlein in Delawarischer Sprache gedruckt
ward.

Auf anhaltendes Begehren des alten India-
ner-Hauptmanns Netawatwees, der nun in
Goschachgünk wohnte, legte man ohngefehr drey
Englische Meilen davon einen neuen Indianischen
Gemeinort an, welcher Lichtenau genannt wurde.
David Zeisberger und Heckewälder begaben
sich zu dem Ende mit acht Indianischen Familien, mehrentheils aus Schönbrunn, im April
1776 dahin. Die Indianer aus gedachtem be-
nachbar-

nachbarten Orte kamen fleißig dahin, um das
Evangelium zu hören, sonderlich der alte Haupt-
mann Netawatwees, der vielen Eifer für die
Bekehrung seiner Nation bewies. Er starb je-
doch bereits zu Ende Octobers ebengenannten
Jahres. Sein Enkel war der Erstling unter den
Getauften in Lichtenau.

Im Frühjahre 1777 nahmen die Kriegs-
ruhen und Feindseligkeiten einiger Indianischer
Völker gegen die Amerikanischen Kolonien mehr
überhand, wodurch die Delawaren, welche den
Frieden zu erhalten wünschten, in eine gefährliche Lage kamen. Auf Anrathen ihrer Hauptleute zogen die getauften Indianer von Schönbrunn
größtentheils nach Lichtenau, wo sie sicherer zu
seyn glaubten. Einige von dem Stamme der
Monseys, die durch ihre heidnischen Verwandten verführt worden, trennten sich von der Gemeine. Die Einwohner von Gnadenhütten
blieben noch ruhig an ihrem Orte. Bey zunehmender Gefahr begaben sich die Europäischen
Brüder und Schwestern, welche sich bey dieser
Mission befanden, größtentheils nach Bethlehem.
Unter denselben war Johann Jakob Schmick,
seit fünfundzwanzig Jahren ein treuer und gesegneter Missionär unter den Indianern, der hiemit
seine Arbeit unter ihnen beschloß, und im nächstfolgenden Jahre zu Litiz entschlief. Nur David
Zeisberger und William Edwards, der erst im
Herbste 1776 als Gehülfe zu dieser Mission berufen worden, blieben unter den Indianern. Inzwischen war die dem Anscheine nach sehr große
Ge-

Gefahr, die die Abreise der weißen Brüder und
Schwestern veranlaßt hatte, sehr bald, und
nachdem sie kaum fort waren, glücklich abgewendet worden. Die getauften Indianer hatten
nemlich dem Oberhaupte, oder von den Engländern sogenannten Halbkönige, der Wyondats,
welcher mit ein paar hundert Kriegern angezogen
kam, eine Botschaft entgegen geschickt, worin
sie ihm ihre Lehrer, mit welchen sie unzertrenn-
lich verbunden wären, nachdrücklich empfohlen.
Der Halbkönig nahm solches sehr wohl auf, versprach alle Sicherheit für ihre Lehrer, kam selbst
nach Lichtenau, gab ihnen die Hand, nennte
einen jeden von ihnen seinen Vater, und schützte
sie auch in der Folge, so viel in seiner Macht
stand. Bey alledem kamen von Zeit zu Zeit
bald von dieser, bald von jener Seite fürchterli-
che Gerüchte, und öfters wurden sonderlich die
Lehrer der Indianergemeinen mit augenscheinli-
cher Lebensgefahr bedrohet; GOttes Hand hielt
jedoch über diese Gemeinen, so daß sie in ihrer
sehr mißlichen Lage noch einige Jahre ungestört
zubringen konnten. Auch wurden sie in der Folge wieder mit hinlänglichen Lehrern versehen.
Heckewälder kam bereits im Frühjahre 1778
mit Schebosch zurück. Um eben die Zeit zogen
die Einwohner von Gnadenhütten wegen zunehmender Gefahr nach Lichtenau. Jetzt wohnten
hier gegen vierthalbhundert Menschen beysammen, welches bey der Indianer Lebensart beschwerlich wurde; sie konnten sich aber damals
nicht füglich an mehrere Orte vertheilen. Doch

im

im April 1779 zog David Zeisberger mit einem
Theile der Indianischen Gemeine wieder nach
Schönbrunn, welches von neuem wieder aufge-
baut werden mußte, und Edwards mit einem
andern Theile nach Gnadenhütten. Heckewälder blieb mit neunzehn Familien fürerst in
Lichtenau. Sie trugen aber darauf an, diesen
Ort, wegen der Nachbarschaft von Goschachgünk, von woher sie durch verschiedene unter den
Wilden häufig und sehr beunruhiget wurden, so
bald möglich ganz zu verlassen. Da es an Gehülfen bey der Missions-Arbeit fehlte, so kam
im Sommer 1780 unter Begleitung des Bruder
Grube von Bethlehem aus ein Ehepaar, Sensemanns, nebst einer Schwester für Bruder
Heckewälder, welche nach ihrer Ankunft mit
ihm getraut wurde. Nun verließ man Lichtenau, und erbauete statt dessen sechs Englische Meilen unterhalb Gnadenhütten am Muskingum
einen neuen Ort, den man Salem nannte. Hieher zogen Heckewälders; Sensemanns kamen
zu Zeisberger nach Schönbrunn, und Edwards
blieb in Gnadenhütten, wo er bald noch einen
Gehülfen, Michael Jung, aus Bethlehem bekam. Der Besuch des Bruders Grube war
den gläubigen Indianern, die sich mit ihm über
ihren Herzenszustand besprachen, sehr erfreulich.
Bey aller diese Jahre her gehabten Gefahr, Unruhe und Beschwerde von dem Durchzuge Indianischer Krieger, deren sie öfters mehrere hun-
derte mit Lebensmitteln versehen mußten, hatte
man GOttes mächtigen Schutz, Durchhülfe und
Für-

Fürsorge, reichlich erfahren; der Gnadengang
der Gemeinglieder war, ungeachtet mancher
Versuchungen, größtentheils ungestört geblieben; und bey den meisten war eine selige Arbeit
des Geistes GOttes an den Herzen wahrzunehmen. Auch wurden von Zeit zu Zeit einige aufs
neue durch die Predigt des Evangelii zu Christo
bekehrt, und durch die heilige Taufe zur Gemeine hinzugethan. Unter diesen war im Jahre
1780 die erste erwachsene Mannsperson aus der
Nation der Schawanosen.

Der Bischof Reichel fand bey seinem Aufenthalte in Nordamerika zwar nicht möglich, die
aus den Indianern gesammlete Gemeine zu besuchen; er hatte aber doch Gelegenheit, mit David
Zeisberger, welcher im Frühjahre 1781 auf einen Besuch nach Bethlehem kam, über die Umstände dieser Mission sich zu besprechen. Zeisberger kehrte bald wiederum zu seinen lieben Indianern zurück, nachdem er in Litiz geheirathet
hatte, und nahm Jungmann und seine Frau
mit. Jungmanns kamen zu Zeisbergers nach
Schönbrunn, Sensemanns und Edwards
wohnten in Gnadenhütten, und Heckewälders
nebst Michael Jung in Salem.

§. 82.

Die äußere Lage der Indianergemeine, welche
zu Anfang des Jahres 1781 in Schönbrunn aus hundert und drey und vierzig, in
Gnadenhütten aus hundert und fünf und dreyßig, und in Salem aus hundert und fünf Personen
nen

den bestand, von denen dreyhundert und fünf-
zehn getauft, und acht und sechzig noch unge-
tauft waren, wurde nun immer schwerer und bedenklicher. Sowol von denen derjenigen Indianer, welche die Englische parthey ergriffen
hatten, als von der andern Seite, wurden die
gläubigen Indianer mehrmalen aufgefodert, mit
in den Krieg zu ziehen. Sie blieben aber bey ihrer einmal gethanen Erklärung, daß sie Kinder
des Friedens und keine Krieger wären. Um die
Mitte des Augusts obgedachten Jahres erhielten
sie eine Botschaft von dem oberwehnten Halbkönig
der Wyonda's, daß eine große Anzahl Krieger
zu ihnen kommen würde; sie sollten sich aber nicht
fürchten; denn er sey ihr Freund und komme selbst
mit. Nicht lange darauf kam wirklich eine Anzahl Krieger, welche sich bey Gnadenhütten la-
gerten, und in den folgenden Tagen stießen mehrere zu ihnen, so daß ihrer endlich bey dreyhundert waren. Außer dem erwehnten Halbkönige
befanden sich einige Englische Officiers, und der
Delawarische Hauptmann Pipe bey diesen Haufen. Als sie alle beysammen waren, rief der
Halbkönig die Indianischen Hausväter aus den
drey Orten nebst ihren Lehrern, und that ihnen
den Antrag, aus dieser Gegend, wo sie dem
Kriege so sehr ausgesetzt wären, weg und in
sein Land zu ziehen, wo sie völlige Freyheit zu
Ausübung ihres Gottesdienstes haben und
es ihnen an Lebensmitteln nicht fehlen, auch der
Englische Gouverneur in Detroit für sie sorgen
würde. Die gläubigen Indianer stellten dagegen
vor,

vor, daß sie an ihren Wohnplätzen noch ruhig und sicher genug zu seyn glaubten, auch jetzt vor der Ernte solche unmöglich verlassen könnten; wenn jene aber vorbey wäre, so wollten sie seinen Antrag beantworten, den sie inzwischen in nähere Ueberlegung nehmen würden. Der Halbkönig hätte sich vielleicht mit dieser vorläufigen Antwort begnügt, wenn er nicht von den Englischen Offi-ciers wäre angehalten worden, die Sache weiter zu treiben. Er erneuerte daher nach einigen Tagen seinen Antrag an die gläubigen Indianer, und verlangte eine baldige und bestimmte Antwort. Man stellte ihm darauf vor, in welche Noth die getauften Indianer mit ihren Weibern und Kindern gerathen würden, wenn sie ohne einen Vorrath von Lebensmitteln sich auf einen weiten Weg in die Wildniß begaben, und bat umständlich, ihnen nur so viel Zeit zu lassen, daß sie ihre Früchte einernten könnten. Diese Erklärung wurde eine Gegenerklärung ungeehrt. Indeß blieben die Krieger da, und ihr Betragen, das anfangs ziemlich gemäßigt war, wurde immer ausgelassener: sie fingen an zu tanzen und zu saufen, schossen das den gläubigen Indianern gehörige Vieh todt; nicht zu ihrem Gebrauch; denn man lieferte ihnen, was sie verlangten, sondern aus Muthwillen; ließen auch das todte Vieh liegen; und begingen mehrere Ausschweifungen. Unter den gläubigen Indianern wurden die Meynungen getheilt, indem einige durch die süßen Vorstellungen, welche die Krieger von der zu ihrem künftigen Aufenthalte bestimmten Gegend

R   mach-

machten, sich so einnehmen ließen, daß sie je eher
je lieber dahin aufbrechen wollten; da hingegen
andere lieber mit Gefahr ihres Lebens ihre bisherigen Wohnplätze behaupten wollten, weil sie
sonst, wie sie sagten, doch in der Wildniß umkommen müßten. Die Lage der Missionarien
wurde dadurch erschwert, indem am Ende jedermann auf ihren Ausspruch wartete; und mehrere
sogar rund erklärten: sie sähen auf ihre Lehrer;
wie diese thäten, so würden sie auch thun. Eben
darum richteten die Krieger ihr Augenmerk insonderheit auf sie. Nach allen Umständen glaubten
letztere indeß, bey der anfangs gethanen Erklärung bleiben zu müssen, und wollten es lieber
aufs äußerste kommen lassen, als sich den Vor-
wurf zuziehen, daß sie durch unnöthiges Nach-
geben die Indianergemeine in Noth gebracht
hätten. Es schien auch wirklich einmal, als
wollte der Halbkönig mit seinen Kriegern es für
diesmal dabey bewenden lassen, und den gläubigen Indianern die verlangte Frist zugestehen, um
ihre Früchte erst einernten zu können. Allein die
Englischen Officiers drangen darauf, daß sie ihr
Vorhaben ausführen sollten. Es wurden daher
endlich zu Anfang Septembers die Lehrer der
drey Indianergemeinen, nebst den National-Ge-
hülfen zu den Hauptleuten der Indianischen Krieger nach Gnadenhütten berufen, wo sie sich
auch, so viel möglich einfanden; und nun verlangte man unverzüglich eine runde Erklärung
von ihnen, ob sie sich aufmachen und wegziehen
wollten; erlaubte ihnen auch nicht, erst unter sich

Abrede darüber zu nehmen. Sie wiederholten daher nur kürzlich ihre vorige Antwort, und erklärten, daß sie dabey blieben. Sogleich ging die Versammlung auseinander, und kurz darauf wurden Zeisberger, Heckewälder und Sensemann gefangen genommen, und von den Kriegern unter ihrem gewöhnlichen gräßlichen Todesgesange in ihr Lager geschleppt. Gleich darauf erbrachen sie die Wohnung des Lehrers, worin sie alles plünderten und verwüsteten. Alle weiße Brüder und Schwestern, welche sich an den drey Orten befanden, und worunter eine Schwester erst fünf Tage zuvor niedergekommen war, wurden gefangen eingebracht, und über jedem der Todesgesang angestimmt. Doch wurden sie nach einigen Tagen auf Bitten der gläubigen Indianer wiederum frey gegeben. Sie verloren indeß ihre meisten Sachen, und man ließ ihnen kaum die übrigsten Kleidungsstücke. Da nun die Wilden darauf bestunden, daß die Indianergemeine mit ihnen ziehen sollte; so machten sich die Einwohner von den drey Orten zur Reise bereit, versammleten sich zuvörderst in Salem, und begaben sich von da aus am 11ten September auf den Weg. Nach einer meist vierwöchentlichen Reise durch unbewohnte Gegenden gelangte man an einen Arm des Flusses Sandusky, welcher sich in den See Erie ergießt; wo den gläubigen Indianern ihr künftiger Aufenthalt angewiesen wurde.

§. 83.

§. 83.

Hier wohnten sie nun nebst den bey ihnen befindlichen weißen Brüdern und Schwestern an einem Orte beysammen, wo sie sich bald gegen sechzig Blockhäuser, nebst einem Versammlungssaale, erbaueten. Dieser neue Platz lag ohngefehr auf dem halben Wege von ihrem vorigen Aufenthalte nach Detroit, etwa hundert Englische Meilen weit von diesem Orte. Von sämtlichen Gliedern der Indianergemeine war bey dieser gewaltsamen Wegführung doch niemand zu Schaden gekommen, und kein einiger wurde an seinem Berufe zur Gemeine irre, sondern sie hielten treulich mit einander aus; und GOttes Gnade waltete auch an ihrem neuen Wohnplatze kräftig unter ihnen. Um die äußere Nothdurft sahe es etwas bedenklich aus. Sie hatten indeß völlige Freyheit zu jagen; auch besaßen verschiedene von ihnen noch eine ziemliche Menge Vieh, indem nur die Einwohner von Gnadenhütten das Ihrige meist verloren hatten. An Welschkorn litten sie den größten Mangel, daher sich von Zeit zu Zeit verschiedene Gesellschaften von ihnen nach ihren vorigen Wohnplätzen zurück begaben, um das zurückgelassene Welschkorn abzuholen. Eine solche Gesellschaft wurde im October in Salem von einer Parthey Amerikanischer Miliz überfallen, und gefangen nach Pittsburg gebracht. Man verstattete ihnen jedoch, nach Sandusky zurück zu gehen. Schebosch, der bey ihnen war, begab sich nach

Beth-

Bethlehem, und brachte dahin die erste zuver=
läßige Nachricht von dem Schickſale der India=
nergemeine.

Auf Befehl des Engliſchen Gouverneurs zu
Detroit, begaben ſich die Brüder Zeisberger,
Heckewälder, Senſemann und Edwards, un=
ter Begleitung einiger Indianer, von Sandus=
ky dahin. Die von Indianern gegen ſie ange=
brachten Beſchuldigungen, als ob ſie einen für
das Intereſſe der Engliſchen Krone nachtheiligen
Einfluß unter dieſen Nationen gehabt hätten,
wurden ungegründet befunden, und der Gouver=
neur ſprach ſie frey davon; lobte auch ſelbſt den
Entſchluß der gläubigen Indianer, ſich auf keine
Weiſe mit dem Kriege zu befaſſen. Er äußerte
viel Mitleiden wegen ihres Verluſtes, ließ ihnen
etwas Leinwand und wollene Decken geben, und
verſprach einige Proviſion nach Sandusky zu
ſchicken. Die Gemeine der Indianer war herz=
lich erfreut, bald darauf (gegen Ende Novem=
bers) ihre Lehrer wohlbehalten zurückkommen
zu ſehen. Sie hatte nun ziemlich Ruhe, nur der
Mangel an Nahrung für die Einwohner und ihr
Vieh war ſehr empfindlich. Die gute Behand=
lung, (welche oberwehnte von Salem nach Pitts=
burg eingebrachte Indianer an letzterem Orte
erfahren hatten, von wo ihnen auch zurück zu ge=
hen verſtattet worden, erweckte bey mehreren die
Hoffnung, daß ſie ſich wol einige Zeit an ihren
vormaligen Wohnplätzen würden aufhalten kön=
nen, ohne von Seiten der Amerikaner etwas be=
fürchten zu dürfen. Von mehrerwehntem Halb=

R 3   könige

könige der Wyondats, unter deſſen Botmäßigkeit
ſie waren, erhielten ſie auch Erlaubniß, dahin zu
gehen, doch ohne Begleitung von ihren weißen
Lehrern. Es begaben ſich demnach über hundert
von den gläubigen Indianern, Erwachſene und
Kinder, von Sandusky nach ihren ehemaligen
Wohnplätzen am Muskingum, um daſelbſt einen Theil des Winters zu verbringen. Allein der
Erfolg davon war höchſt traurig. Eine Geſell-
ſchaft von nicht viel über anderthalbhundert Ameri-
kaniſcher Koloniſten, theils durch die mehrmaligen
Einfälle kriegeriſcher Indianer erbittert, theils von
den ſchon vorlängſt unter ihnen herrſchenden
ſchwärmeriſchen Begriffen erhitzt, daß durch ſie
die Eingebornen des Landes, ſo wie ehedem die Ka-
naniter durch das Volk Iſrael, vertilgt werden
ſollten, (ſ. D. Cranz N. B. H. §. 260.) faßten
zu Ende des Februars 1782 den Entſchluß, die
Wohnplätze der Indianer am Muskingum gänzlich zu zerſtören. Sie überfielen am 8ten Merz
die beyden Orte Salem und Gnadenhütten,
umringten die daſelbſt befindlichen gläubigen Indianer, etlich und neunzig an der Zahl, und obwol
dieſelben ſich ohne Widerſtand ergaben, auch bezeugten, daß ſie chriſtliche Indianer wären, die
mit dem Kriege gar nichts zu ſchaffen hätten, ſo
fanden ſie doch bey dieſen Unmenſchen keine Gnade,
welche vielmehr, nach kaltblütiger Ueberlegung,
größtentheils dahin überein kamen, ihre ſämtliche
Gefangene umzubringen. Sie kündigten ihnen ihr
Todesurtheil an, mit dem Beyfügen, daß ſie, da
ſolches am folgenden Tage vollzogen werden ſollte,

als

als christliche Indianer sich christlich zubereiten
möchten. Man kann leicht denken, daß diese Nachricht den Indianern um so schrecklicher war, da sie
von den Einwohnern der Amerikanischen Kolonien
sich nie eine andere als gute Begegnung erwartet
hatten. Doch bewiesen sie, nach dem Zeugnisse
der Mörder selbst, welche alle diese Umstände ohne
Scheu ausgesagt haben, eine bewundernswürdige
Gelassenheit, und verbrachten die Nacht mit Gesang geistlicher Lieder. Tages darauf wurden sie
paarweise in zwey dazu ausersehene Häuser mit
Stricken geführt, und daselbst ermordet und ge-
scalpt, wobey sie ausnehmend geduldig waren.
Wenn man bey dieser Erzehlung vor den unmensch-
lichen Gesinnungen dieser Namenchristen ein Grau-
sen empfindet; so kann man dagegen gewiß eben so
wenig die Kraft des Evangelii verkennen, welche
die der Natur und Erziehung nach wilden Indianer zu geduldigen Schlachtschafen umwandelte,
die sich dem durch GOttes Zulassung sie betreffenden harten Schicksale ohne Murren unterwarfen,
und Ihn noch mit ihrem Tode priesen.

Die in Schönbrunn befindlichen Indianer erhielten zeitig genug Nachricht von gedachtem Ueberfalle, so daß sie sich mit der Flucht retten konnten.
Alle drey Orte aber am Muskingum wurden samt
den Leichen der Ermordeten verbrannt.

§. 84.

In Sandusky vernahm man von diesem traurigen Vorgange das erste Gerücht gerade zu der
Zeit, als sämtliche Lehrer dasiger Indianergemei-

R 4   ne

sie im Begriff waren, samt ihren Weibern und
Kindern, nach Detroit abzureisen. Sie thaten
solches auf ausdrücklichen Befehl des dasigen Englischen Gouverneurs, den er auf öfteres Anhalten
des mehrerwehnten Halbkönigs und anderer Wilden, die es darauf antrugen, daß die Predigt des
Evangelii unter ihrer Nation ein Ende haben sollte,
gegeben hatte. Der Abschied von ihrer Gemeine
war sehr rührend und mit vielen Thränen begleitet.
Sie verließen Sandusky am 15ten Merz. In
Niedersandusky mußten sie mehrere Tage auf
Boote warten, womit sie die weitere Reise fortsetzen sollten. Hier bekamen sie noch manchen Besuch aus ihrer zurückgelassenen Indianergemeine;
erfuhren aber auch bald, daß die Wilden nunmehr
ihre Absicht, solche gänzlich zu zerstreuen, weiter
ausführten. Es wurde nemlich den gläubigen Indianern, nach der Abreise ihrer Lehrer, von dem
Halbkönige der Wyondats angedeutet, daß sie
nicht ferner in dieser Gegend bleiben, sondern anders wohin sich wenden sollten. Diesem zufolge begaben sich einige derselben zu den Schawanosen;
andere aber in die Gegend des Miami-Flusses.
Nun hatte dem Anscheine nach die Mission unter
den Indianern ihr Ende erreicht; die Lehrer waren
entfernt, und die von ihnen gesammlete Gemeine
zerstreut. Aber eben diese so traurig scheinenden
Umstände dienten durch GOttes Fügung zur Erhaltung derselben. Denn da bald darauf im Monat May eben die Mörder, die das Blutbad am
Muskingum angerichtet hatten, einen Zug nach
Sandusky unternahmen; so wäre ohne Zweifel
die

die Indianergemeine, wann sie sich noch dort befunden hätte, gänzlich vertilgt worden, da hingegen durch ihre Zerstreuung dieses verhütet ward,
und sie sich in der Folge aufs neue sammlen könnte.
Jene Mörder hingegen fanden hier ihren Untergang, da sie auf eine ihnen überlegene Parthey
Englischer und Indianischer Mannschaft stießen.

Die Missionarien kamen am 20sten April mit
den ihrigen in Detroit an, wo ihnen der Gouverneur anzeigte, daß er hauptsächlich um ihrer eigenen Sicherheit willen sie habe dahin bringen lassen,
und ihnen frey stellte, ob sie nun da bleiben, oder
nach Bethlehem zurückkehren wollten. Sie gaben ihm darauf zu erkennen, daß ihnen das liebste
seyn würde, wenn sie irgendwo in dieser Gegend
unter seinem Schutze mit ihren getauften Indianern wohnen könnten. Der Gouverneur war sehr
bereitwillig, ihren Wunsch zu erfüllen, bestimmte
dazu eine Gegend am Huron-Flusse, oberhalb
Detroit, wo sie von allen Kriegsunruhen ungestört wohnen könnten, und bewog selbst die Chipa-
was, diejenige Nation, welcher dieses Land gehörte, der Indianergemeine einen Aufenthalt daselbst zu verstatten. Auch fertigte er eine Botschaft
an die zerstreut wohnenden gläubigen Indianer ab,
um sie auf diesen neuen Platz einzuladen. Letztere
nahmen solches mit vielen Freuden an, und am
8ten July fanden sich die ersten beyden Familien
derselben bey ihren Lehrern in Detroit ein, welchen
bald darauf noch ein paar Familien folgten. Die
Missionarien säumten nun nicht länger, sondern
begaben sich, (Heckewälder und Senseman

R 5   aus-

ausgenommen, die fürerst mit den ihrigen in Detroit blieben) bereits am 20sten July mit den vier
Indianischen Familien, die neunzehn Personen
stark waren, auf die Reise nach der zu ihrem Aufenthalte angewiesenen Gegend am Flusse Huron.
Am 22sten suchten sie sich einen zum Anbau bequemen Ort aus; und hier wurde dann ein neuer Missions-Platz angelegt, der den Namen Gnadenhütten bekam, und wohin sich in der Folge mehrere gläubige Indianer aus ihrer bisherigen Zerstreuung sammleten.

Wer von dem hier beschriebenen Zeitraume die
Vorgänge bey dieser Mission ausführlicher be-
schrieben lesen will, der findet solches in Loskiels
Geschichte derselben S. 628 - S. 736.

§. 85.

Zu einer Visitation der Missionen auf den Englischen Inseln in Westindien erhielt ebenfalls im Jahre 1778 der Bruder Martin Mack
Auftrag.

Die Mission auf den Dänischen Westindischen Inseln, welcher er vorstand, wurde unter
dem Segen des Herrn fortgeführt; und sonderlich
breitete sich auf St. Croix die entstandene neue Erweckung immer weiter aus. Es vermehrte sich
nicht nur die Anzahl derer, die das Evangelium
bey den Brüdern hörten und um nähere Pflege baten, sehr ansehnlich, sondern die aus den Negern
gesammlete Gemeine, zu welcher alle Bettage
mehrere durch die heilige Taufe hinzu gethan wurden, wuchs auch merklich in der Gnade und Er-

kenntniß

kenntniß unsers HErrn JEsu Christi. Die Un-
terbrechung der Zufuhr aus Nordamerika, welche
der Krieg veranlaßte, war für diese Inseln sehr
empfindlich, und bey dem durch große Dürre verursachten Mißwachs stieg die Theurung der Lebensmittel mehrmals auf einen sehr hohen Grad. Die
armen Neger hatten am meisten davon zu leiden;
manche wurden durch die äußere Noth abgehalten,
sich so fleissig, wie sonst, zur Anhörung des Wortes GOttes einzufinden; welches indeß vielen bey
ihrem großen leiblichen Elend zu wahrem Trost
und Labsal gereichte. Von den Gehülfen bey dem
Missions-Werke wurden verschiedene, bey Gelegenheit schwerer Krankheiten, wie es schien, zu
früh ausgespannt, da man ihren treuen Dienst
sehr vernußte. Doch fanden sich bald wieder andere, die mit Willigkeit des Herzens sich dieser
Sache GOttes widmeten, und die Stelle der ab-
gegangenen ersetzten. Eine Gesellschaft von sechs
Brüdern und Schwestern, darunter sich auch die
nachmalige Frau des Bruder Mack befand, hatte auf der Reise von Kopenhagen nach Westindien im Jahre 1776 das Unglück, daß ihr Schiff
in der Nacht auf den 3ten November ohnweit der
kleinen Schettländischen Insel Whalsey scheiterte:
Jedoch geschahe dieses so nahe am Ufer, daß sie,
wiewol mit vieler Gefahr, alle glücklich ans Land
kamen, bis auf eine Schwester, welche von den
Trümmern des Schiffes dergestalt eingequetscht
wurde, daß es unmöglich war, sie zu retten. Die
übrigen fanden bey dem Besitzer der Insel, John
Bruce Stuart, und seiner Familie eine sehr
gütige

gütige Aufnahme, und wurden von ihnen auf
das freundschaftlichste bewirthet, bis sie in der
Mitte des Februars 1777 Gelegenheit hatten,
mit einem Fahrzeuge nach Norwegen abzusegeln.
Hier trafen sie ein nach Westindien bestimmtes
Dänisches Schiff an, mit welchem sie ihre Reise
dahin fortsetzten.

Von der immer wachsenden Menge heilsbe-
gieriger Neger auf St. Croix wohnte eine große
Anzahl in der Mitte der Insel so weit entfernt
von den beyden Missions-Plätzen Friedensthal
und Friedensberg, daß man sich von da aus ihrer nicht hinlänglich annehmen konnte. Als daher von der Besitzerin einer zu diesem Zwecke be-
quemer gelegenen Plantage den Brüdern das Anerbieten geschahe, daß sich ein Missionär von denselben dort aufhalten möchte, um den Negern in
dasiger Gegend das Evangelium zu predigen, so
nahm man solches gern an; und es zog im July
1778 ein Bruder zu diesem Zwecke dahin.

In eben gedachtem Jahre machte der Bruder Johann Friedrich Zenner von St. Jan aus
einen Besuch auf der nahe gelegenen Insel Tor-
tola, den er im nächstfolgenden Jahre wiederholte. Er fand hier sechzehn von den Brüdern getaufte, und fünf von ihnen unter die Tauf-Candidaten aufgenommene Neger, die sämtlich von
den Dänischen Inseln dahin versetzt worden waren. Diese freueten sich sehr, wiederum einen
Bruder zu sehen, und wünschten angelegentlich,
daß er bey ihnen bleiben und ihnen das süße Evangelium verkündigen möchte. Zenner hatte gute

Hoff-

Hoffnung, daß auch bey den vielen andern Negern auf dieser Insel das Wort Gottes Eingang finden würde; und da man von Seiten der Obrigkeit für eine Mission der Brüder allen nöthigen Schutz erwarten konnte: so wollte er einen Anfang dazu machen. Es unterblieb aber, da er im Februar 1780 aus der Zeit ging.

§. 86.

Im Januar 1779 trat Martin Mack seine Visitations-Reise an. Die Aufsicht über die Mission in den Dänischen Inseln übernahm inzwischen Melchior Schmidt, welcher ihm ein paar Jahre zuvor zum nächsten Gehülfen zugeordnet worden war.

Schon seit mehrern Jahren hatten die Brüder Einladungen bekommen, auf der ohnweit Antigoa gelegenen Englischen Insel St. Christoph oder St. Kitts eine Mission unter den Negern zu errichten; ein gewisser Herr Gardiner, der selbst viele Neger auf dieser Insel hatte, wünschte solches vornemlich; denselben besuchte Martin Mack bey Gelegenheit seiner im Jahre 1775 nach Antigoa gethanen Reise, (s. §. 37.) und da letzterer theils mit gedachtem Herrn nähere Abrede genommen, theils sonst die Umstände zu Errichtung einer Mission auf besagter Insel günstig gefunden hatte; so wurde im Jahre 1777 ein Anfang dazu gemacht. Zwey Ehepaare, Gottwalds und Birkby's reiseten über Antigoa nach St. Christoph, wo sie den 1sten Junio ankamen, in Begleitung des Missionar Bra-

von

von Antigoa, der ihnen bey ihrer Einrichtung
behülflich war. Sie mietheten eine Wohnung
unweit der Stadt Basseterre, und predigten
den Negern das Evangelium, sowol in ihrem
Hause als auf der Plantage des Herrn Gardi-
ners, der über ihre Ankunft sehr erfreut und ihnen in ihrem Vorhaben auf alle Weise beförderlich war. Die Brüder besuchten auch auf mehreren Plantagen, und ihr Evangelisches Zeugniß
wurde sowol in ihrem Hause als auswärts bald
von einer ziemlichen Anzahl Neger begierig angehört. Birsby wurde bereits im Jahre 1778
nach der Dänischen Insel St. Croix abgerufen,
seine Stelle aber durch einen andern Gehülfen ersetzt. Diese neue Mission in St. Christoph war
die erste, welche Martin Mack auf seiner Visitations-Reise im Jahre 1779 besuchte; sein vier-
zehntägiger Aufenthalt daselbst war den Missionarien angenehm und gelegen, und er verließ sie
mit der Hoffnung, daß auch unter der großen
Anzahl dasiger Neger die Gnade GOttes sich
bald so herrlich beweisen werde, als auf der benachbarten Insel Antigoa, wohin er sich von
da aus begab.

§. 87.

Auf letztgedachter Insel ging der Segen des
Evangelii unter den Negern immer weiter.
Immer fanden sich mehrere, die das süße Wort
GOttes begierig hörten, und der Gnade in JE-
su Christo, die ihnen angepriesen wurde, theil-
haftig zu werden verlangten. dreyßig, vierzig bis

fünfzig und mehr Erwachsene wurden an jedem
Bettage getauft; und diese Getaufte, deren red-
licher Sinn vorher, theils durch öftere gründliche
Unterredungen der Missionarien mit denselben,
theils nach den Zeugnissen der Gehülfen aus den
Negern selbst, mit möglichster Sorgfalt geprüfet
worden war, bewiesen auch größtentheils in der
Folge durch einen dem Evangelio gemäßen Wandel die Aufrichtigkeit ihrer Bekehrung. Das
Werk des HErrn breitete sich hier so schnell aus,
daß kaum zeitig genug eine hinlängliche Anzahl
Gehülfen zu dessen gehöriger Bedienung angestellt
werden konnte. Dazu kam, daß einige derselben theils an andere Orte versetzt, theils vom
HErrn heimberufen wurden. Die Stelle des
Bruder Johann Meder, der im October 1776
auf erhaltenen Ruf nach Barbados ging, wurde durch Samuel Watson ersetzt, welcher im
May ebengedachten Jahres nach Antigoa kam,
und die Gemeine in Bayleyhill mit vieler Treue
und im Segen bediente.

Im Jahre 1778 nahm die Hungersnoth unter den Negern sehr überhand. Viele banden
den Leib mit Tüchern zusammen, um sich die
peinliche Empfindung des Hungers zu erleichtern.
Andere sahe man hie und da entkräftet liegen, da
sie ihre gewöhnliche Feldarbeit nicht mehr verrichten konnten. Es erfolgten auch Krankheiten;
nicht wenige starben vor Hunger oder an der
Ruhr. Das Stehlen wurde sehr gemein, wodurch manche fleißige Neger ihre noch übrigen
wenigen Habseligkeiten verloren. Einige Ver-

walter

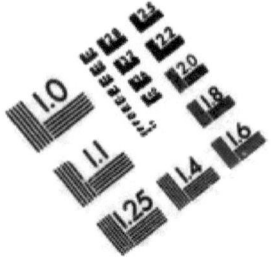

**IMAGE EVALUATION
TEST TARGET (MT-3)**

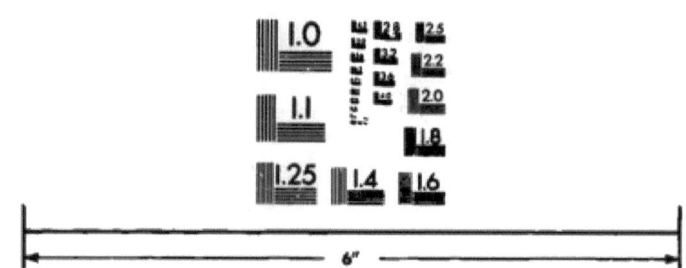

6"

Photographic
Sciences
Corporation

23 WEST MAIN STREET
WEBSTER, N.Y. 14580
(716) 872-4503

gedenken! Gleich als bei erstem derselben waren über tausend Kinder zugegen; mehr als hundert Mütter brachten ihre noch saugende Kinder herbei.

In solchendem Zustande traf Martin Mack diese Mission an, und während seines daselbst Aufenthalts vom Februar bis in den April, die sowol den Arbeitern an diesem Werke Gottes als der Negergemeine zu großer Freude war, wurden etliche und neunzig getauft. Er verließ die Insel mit den schönsten Aussichten zu noch mehrerer Erweiterung des Missions-Werkes, und setzte seine Reise nach Barbados fort.

§. 88.

Hier ging es leider! immer noch schwach. Man hätte zwar im Jahre 1774 vierzehn Neger getauft, und diese sowol als die in vorhergehenden Jahre darauf gaben Hoffnung zu einem nähern Gedeihen. Es war aber noch keine rechte Gnadenheimsuchung und Erweckung einer beträchtlichen Anzahl Neger wahrzunehmen, dergleichen sich in Antegoa und bei andern Missionen ereignet hatte, und in den folgenden Jahren die Gleichgültigkeit der Neger gegen die Predigt des Evangelii noch größer zu werden. Die äußere Lage der Brüder und Schwestern, die bei dieser Mission dienten, war wegen Krankheit, Theurung und andern beschwerlichen Umständen mehrentheils sehr unangenehm und bedenklich. Doch ein Augenwink bei den allermißlich

Schwie-

Schwierigkeiten mit getrostem Muthe und nicht
ohne Segen das Werk des HErrn hieselbst getrieben hatte, ging bereits im December 1775
in seines HErrn Freude ein. Seine Stelle ward
in der Folge durch Johann Meder ersetzt, der
oberwehntermaßen im Jahre 1776 von Antigoa
dahin kam. Er erhielt nach einigen Jahren noch
einen Gehülfen aus Jamaika, dagegen ein anderer nach Europa zurückreisete. Martin Mack
hielt sich fünf Wochen lang in Barbados auf,
machte sich mit der ganzen Lage dieser Mission,
deren bisherigem Gange und den dabey gefunde-
nen Hindernissen und Schwierigkeiten, genau
bekannt, und ermunterte die daselbst angestellten
Brüder und Schwestern, in herzlicher Liebe und
Eintracht und mit Gebet und Flehen treulich und
getrost fortzuarbeiten, und auf die Hülfe des
HErrn gläubig zu hoffen.

§. 89.

Von da reisete er am 19ten May 1779 nach
Jamaika ab, wo er am 8ten Juny ankam.
Er besuchte die verschiedenen Plätze dieser Insel,
auf welchen sich Brüder aufhielten, um die Neger mit dem Evangelio zu bedienen, und überlegte fleissig mit ihnen, was zur Förderung des Missions-Werkes zu thun wäre. Zu seinem
Schmerz fand er auch hier einen großen Unter-
schied gegen Antigoa und die Dänischen Westindischen Inseln; indem die Neger überhaupt, und
selbst der größte Theil der Getauften, sehr wenig
Neigung bezeigten, das Wort GOttes zu hören.

Es

Es war dieses schon verschiedene Jahre her der
Fall gewesen; die Brüder hatten vielen Kummer
darüber; bey jeder Gelegenheit, da sie etwas mehr
Leben und Geschmack am Evangelio unter ihren
Zuhörern wahrzunehmen glaubten, trösteten sie
sich mit der angenehmen Hoffnung, mehrere
Frucht von ihrer Arbeit zu sehen; allein der gute
Anschein verlor sich jedesmal gar bald wieder.
Die drückende Hungersnoth und die drohende
Gefahr eines feindlichen Angriffes der Insel, dabey die Gemüther aller weißen und schwarzen
Einwohner mit Kriegsgerüchten angefüllt waren,
hatte allerdings auch auf den Gang der Mission
einen nachtheiligen Einfluß. Sie war indeß doch
nicht völlig unfruchtbar. Zu Ende des Jahres
1778 waren bey dieser Mission überhaupt vier-
hundert und fünf und zwanzig getaufte Neger,
und seit Anfang der Mission zwey hundert und sechs
und vierzig im Vertrauen auf JEsu Verdienst
selig verschieden. Von Zeit zu Zeit wurden immer wieder einige, wenn gleich nicht viele, Neger durch die heilige Taufe zur Gemeine der Gläubigen hinzugethan; und letztere machten, ins
Ganze genommen, dem Evangelio nicht Schan-
de, sondern Ehre. So hatte z. E. keiner von
ihnen an einer gefährlichen Verschwörung Antheil genommen, die im Jahre 1776 von vielen
Negern angestiftet, jedoch noch zeitig genug entdeckt und verhütet ward.

Unter den Mitarbeitern an dasigem Werke
GOttes fielen verschiedene Veränderungen vor,
davon ich nur folgende bemerken will. Heinrich

S 2   Jör-

Jörde, der mit mehrern Jahren in den Brüdergemeinen im Segen gebraucht worden war, und
erst in seinem Alter einen Ruf zum Dienste dieser
Mission angenommen hatte, in welchem er große
Treue bewies und den Negern unermüdet nachging, um sie zur Annahme des Evangelii zu rei-
tzen, entschlief im May 1776. Johann Christoph Mariens, welcher der Mission in Jamaika vorstand, entschloß sich im Jahre 1778, seiner schwachen Gesundheit wegen, nach Europa
zurück zu reisen, verschied aber noch unterweges
auf der See. Seine Stelle war bereits von Europa aus ersetzt worden.

§. 90.

Martin Mack brachte den Winter in Jamaika zu, und fand nicht eher als im
May 1780 eine Schiffsgelegenheit, mit welcher
er nach England abreisen konnte. Er begab sich
von da nach Barby, wo er im September eintraf, und blieb den Winter über in den Sächsi-
schen Gemeinen. Die Aeltesten-Conferenz der
Unität, welcher er von dem Zustande der Missionen in den Dänischen und Englischen Westindischen Inseln, nach der Kenntniß, die er davon
erlangt hatte, einen ausführlichen Bericht gab,
überlegte mit ihm sorgfältig, wie dieses Werk
GOttes fortzuführen, und was zu dessen Förderung in allen Theilen zu thun sey. Nachdem er
den Zweck seines Besuchs gehörig erreicht hatte,
so trat er zu Anfang April 1781 mit seiner Frau,
die auf der ganzen Reise seine treue Begleiterin
gewe-

gewesen war, und noch einigen zum Dienste der
Mission in den Dänischen Westindischen Inseln
bestimmten Brüdern und Schwestern, die Rückreise dahin über Kopenhagen an. Sie trafen im
5ten July wohlbehalten in St. Thomas ein.
Auf dieser Insel hatte man bereits seit einigen Jahren eine Abnahme der Begierde nach
dem Evangelio unter den Negern mit Betrübt-
heit wahrgenommen, und verschiedene Umstände, die eine Folge des Seekrieges waren, hatten
einen nachtheiligen Einfluß auf den innern Gang
dasiger Negergemeinen. Marein Mack ließ sich
es nach seiner Rückkunft besonders angelegen seyn,
diejenigen, die in Trägheit und irdischen Sinn
verfallen waren, aufs neue anzufassen; und seine
Bemühungen waren nicht vergeblich. Er besuchte bald auch auf den beyden andern Inseln
St. Croix und St. Jean, und fand zu seinem
Vergnügen, daß in seiner Abwesenheit die Mission hier einen erwünschten Fortgang gehabt hatte; sonderlich waren die beyden Gemeinen zu
Friedensthal und Friedensberg auf St. Croix
unter denen GOttes Gnade mächtig waltete, ihm
zu großer Freude. Die Brüder und Schwestern,
welche der Mission dienten, hatten in den vorhergehenden Jahren viel von Krankheiten auszustehen, und verschiedene derselben vollendeten bey
der Gelegenheit ihren Lauf. Man säumte nicht,
ihre Stellen zu ersetzen, und der Heiland ließ es
gelingen, immer andere zu finden, die mit Freuden dahin giengen und seinem Werke daselbst treulich dienten.

Am 21ten August 1782 waren funfzig Jahre
seit dem Anfange der Mission auf diesen Inseln verflossen. Das Andenken davon ward an dem
nächstfolgenden Sonntage den 25ten in sämtlichen
Gemeinen feyerlich begangen. Die Neger fanden
sich so zahlreich dazu ein, daß an den meisten Orten die Kirchen kaum die Hälfte oder das Drittheil
fassen konnten. Alles ging jedoch in bester Ordnung. Das Theilnehmen sämtlicher Brüdergemeinen wurde ihnen durch einen zugeschickten Jil-
helpsalm und durch ein Schreiben der Aeltesten-
Conferenz der Unität bezeugt, welches ihnen die
besonderen Wohlthaten Gottes, die sie zeither genossen hatten, zu Gemüthe führte. In it dit
Herrnhut machten sich ein paar der Mission sehr
geneigte Herren das Vergnügen, der Jubelfeyer
beyzuwohnen, und der Negern eine ein Liebesmahl,
den Helfern und Dienern bey derselben aber noch
eine besondere Mahlzeit zu geben. JEsu gnädiges
Bekenntniß zu den festlichen Versammlungen dieses Tages war deutlich wahrzunehmen, und man
hörte hernach viele erfreuliche Zeugnisse von dem gesegneten Eindrucke, den die Anwesenden davon behalten haben.

In den ersten funfzig Jahren seit dem Anfange
der Mission sind auf den drey Inseln achttausend
achthundert und drey und dreyßig Erwachsene und
zweytausend neunhundert und vier und siebenzig Kinder durch die Brüder getauft oder in die Gemeine
aufgenommen worden, von welchen bereits zweytausend dreyhundert und ein und achtzig Erwachsene
und neunhundert und funf und siebenzig Kinder in
ebens

ebengedachter Zeit entschlafen sind. Von den Missionarien und deren Gehülfen nebst ihren Frauen und Kindern sind in den funfzig Jahren hundert und sieben und zwanzig auf diesen Inseln heimgegangen.

<h2>§. 91.</h2>

Im October 1780 ereignete sich ein heftiger Orkan, von welchem zwar in den Dänischen Westindischen Inseln, auch in Antigoa und St. Christoph, außer einigem Schaden, den die See verursachte, nicht viel empfunden ward, der aber in Jamaika und Barbados desto größere Verwüstung anrichtete. Auf ersterer Insel betraf es am allermeisten die Stadt Savannah la Mar und die umliegende Gegend, welche so hart mitgenommen wurde, daß in einer Strecke von zwanzig Englischen Meilen kaum ein Haus stehen blieb. Auf der Plantage Mesopotamia, die nur eine deutsche Meile von besagter Stadt liegt, stürzte nebst den meisten übrigen Gebäuden auch die Kapelle oder Kirche der Brüder samt der Wohnung des Missionärs ein; welche letztere mit seiner Frau und verschiedenen Negern, die zu ihnen geflüchtet waren, die schreckenvolle Nacht in einem kleinen Nebengebäude zubringen mußten, wo sie vor dem hereinströmenden Wasser nicht einmal trocken stehen konnten. Doch erhielten sie Leben und Gesundheit. Die andern Plätze, wo sich Brüder aufhielten, litten an den Gebäuden keinen erheblichen Schaden; die Feld- und Baumfrüchte aber gingen überall größtentheils zu Grunde.

In

... Fu Barbados wohnten die Brüder an zwey
verschiedenen Orten. ... Nader hatte eine gemiethete Wohnung ohnweit der Stadt Bridgetown in Mie-
re, und ein Ehepaar nebst noch einem Bruder bewohnten noch denselben im Kirchspiele St. Thomas gelegenen Platz, den die Brüder gleich beym
Anfang dieser Mission gekauft hatten. (s. den
extract M. Buch s. 29 c.) Der Bruder, welcher sich, wie im vorigen Abschnitte gemeldet worden ist, (s. 39.) in vorgedachter Stadt selbst aufgehalten hatte, ging nebst seiner Frau im Jahre
1780, noch ehe der Orkan erfolgte, nach England
zurück. Barbados hatte den ungeheuren Sturm,
der daselbst zweymal vier und zwanzig Stunden an-
hielt, am schrecklichsten zu empfinden. Felder und
Bäume wurden verderben, Kirchen und andere
Gebäude ohne Zahl in Steinhaufen verwandelt,
und etliche tausend Menschen getödtet. Auch den
Brüdern wurden an beyden Orten ihre Häuser mit
allen Nebengebäuden ganz über den Haufen geworfen. Vergebens suchten sie eine Zuflucht in
andern Wohnungen, die auch zusammenstürzten.
Mit vieler Noth, aber doch glücklich, entkamen sie
der Gefahr, unter den Ruinen begraben zu werden,
mußten aber endlich unter freyem Himmel, auf dem
Boden sitzend oder liegend, da sie sich stehend nicht
erhalten konnten, bey allem Winde und Regen
aushalten. Ein paar Kinder hatten diese harte Probe mit auszustehen, und erfuhren dabey eine besondere Bewahrung Gottes. Die Brüder bereiteten
sich aus den Trümmern ihrer eingefallenen Wohnungen an beyden Orten bald wieder ein Obdach,

das

daß sie nothdürftig vor Wind und Regen schützte, und was sie sich von dem ausgestandenen Elende erholen konnten. Allein ihr Vorrath an Lebensmitteln, und andere Hausseligkeiten waren größtentheils verdorben; und alles, was sie zu ihrer Nahrung und Wiederausbauung ihrer Wohnungen nöthig hatten, war in übermäßigem Preise und kaum zu bekommen. Dieses erschwerte sehr die Lage der in Barbados befindlichen wenigen Brüder, von welchen auch Johann Meder nebst Frau und Kind im Jahre 1781 nach England zurück reisete.

§. 93.

In Antigoa, wo das Werk des HErrn immer einen gesegneten Fortgang hatte, kauften die Brüder, bald nach der Abreise des Bruder Wacks, in der Stadt St. Johns ohnweit ihrer bisherigen Wohnung noch ein Stück Landes, davon sie einen Theil zum Begräbnißplatze für die getauften Neger bestimmten. Einige Nachbarn wollten nicht leiden, daß sie die Neger dahin begrüben, und brachten ihre Beschwerde desfalls bey der Obrigkeit an; allein nach gehöriger Untersuchung und Besichtigung des Platzes ward solche ungegründet befunden, und im Merz 1782 erfolgte der richterliche Ausspruch zum Vortheil der Brüder. Bey einem Brande in der Stadt im April 1782, welcher über hundert Häuser verzehrte, blieben der Brüder Gebäude unbeschädigt. Baileyhill, der andere Platz auf dieser Insel, der von Brüdern bewohnt und wo den Negern das Evangelium geprediget wurde, war wegen seiner Lage

Lage auf einem ziemlich steilen Berge sowol für die
da wohnenden Brüder, als insonderheit für die
Neger, die sich da versammlen sollten, zu unbequem. Man fand endlich im Jahre 1782 Gelegenheit, ein etwas besser gelegenes Stück Land
nicht weit davon käuflich zu erhalten, wohin das
Wohnhaus der Brüder von Baileyhill versetzt
wurde. An diesem neuen Orte, der den Namen
Gracehill bekam, wurde nicht nur, wie bisher in
Baileyhill, die öffentliche Predigt an die Neger
fortgesetzt, sondern auch der Anfang gemacht, die
Gläubigen aus denselben mit den heiligen Sacramenten zu bedienen, so daß hierdurch eine zweyte
Negergemeine auf dieser Insel errichtet wurde.
Am 2ten Juny gedachten Jahres hielt man hier
das erste Abendmahl, und bald darauf den ersten
Bettag. Man mußte auch gleich auf den Bau
einer geräumlichen Kirche denken, zu welcher am
18ten August der Grundstein gelegt wurde. Samuel Watson, der seit dem October 1781 sehr
krank war, und deswegen im December Baileyhill verließ, um sich in der milderen Stadtluft zu
erholen, begab sich im July 1782 nach Gracehill,
zur Bedienung dieser neuen Gemeine, und erhielt
einen Gehülfen.

Zu Ende des Jahres 1782 bestanden die beyden Negergemeinen in Antigoa aus zweytausend
und sechs und neunzig getauften Erwachsenen und
Kindern. Mit den Tauf-Candidaten belief sich
das Volk beynahe auf dreytausend Seelen; dazu
kamen noch viele neue Leute, die in nähere Pflege
genommen zu werden wünschten. Dieses ganze
Werk

Werk wurde jetzt von drey Ehepaaren und einem
unverheiratheten Bruder bedient.

Die äußeren Umstände auf dieser Insel waren noch immer schwer. Harte Arbeit, Krankheit, Hunger, Verlust durch Diebstahl, waren
abgemeine Uebel, die die getauften Neger, so
wie andere, betrafen. Auch die Furcht vor einem feindlichen Ueberfalle, darin man bis zu der
bekannten Schlacht am 12ten April 1782 sich
mehrmalen befand, und wogegen man alle Ver-
theidigungsanstalten machte, hatte auf die Neger einen nachtheiligen Einfluß. Außerdem hatten die getauften Neger theils von ihren heidnischen Mitsklaven, theils von übelgesinnten Herren oder Verwaltern manche harte Bedrückung
und Verfolgung auszustehen. Ueberhaupt waren die Beweise der Gnade an den getauften Negern in verschiedenen bedenklichen Lagen oft sehr
erfreulich. Von einigen, die nach der Insel
St. Vincent versetzt wurden, vernahm man,
wie sie der erlangten Erkenntniß treu zu bleiben
suchten, und sich, in Ermangelung des Unterrichts und der Zurechtweisung von ihren Lehrern, desto fester an den Heiland hielten. Ein
Neger, der seinem Herrn auf der See diente,
ward von den Franzosen gefangen, und nach
Guadaloupe in ein hartes Gefängniß gethan.
Sein christliches Betragen machte den Kerker-
meister aufmerksam, und da derselbe erfuhr, daß
der Neger getauft sey, gab er ihm mehrere Freyheit, und war ihm behülflich, bald wieder nach
Antigoa zu kommen.

In

In St. Christoph war am 14ten November 1779 die erste Taufe von zwo Negerinnen; zu gleicher Zeit wurden drey schon getaufte Negerinnen in die Gemeine aufgenommen. Unter mehreren Negern war eine Gnadenbewegung zu spüren, und es wurden von Zeit zu Zeit einige durch die heilige Taufe zur Gemeine hinzugethan, so daß am Ende dieses Zeitraumes die Anzahl der Gemeinglieder sich doch schon auf etlich und zwanzig belief. Bey dem Angriffe und der Eroberung der Insel durch die Franzosen im Januar und Februar 1782 widerfuhr den Brüdern kein Leid, sie blieben in ihrer Missions-Arbeit ungestört, und der Französische Befehlshaber versicherte sie seines Schutzes.

§. 93.

Ehe wir auf die übrigen Missionen und Kolonien in den andern Welttheilen kommen, sind noch einige die Brüder und deren Gemeinen in Europa betreffende Vorgänge zu erwehnen. Im Herbste 1779 reisete der Bischof Spangenberg zu einer Visitation nach Neuwied, woselbst er am 4ten October eintraf. Vier Tage vor seiner Ankunft hatte zu Koblenz sein Herr Bruder, der Kaiserliche geheime Rath, Freyherr von Spangenberg, ein alter, treuer und bewährter Freund der Brüdergemeine, seinen Lauf vollendet, im 85ten Jahre seines Alters. Der Gemeine zu Neuwied war der Besuch des Bischof Spangenbergs sehr erfreulich und gesegnet. Er hielt sowol öffentlich in der Gemeine als

als in den Chören mehrere gesalbte Vorträge;
zog von dem Zustande des Ganzen und der Theile genaue Kenntniß ein, besprach sich auch zu
dem Ende mit jedem Gemeingliede insonderheit,
und diente überall mit gutem Rathe. Nach voll-
endetem Auftrage raisete er im December nach
Barby zurück.

Von dem in den vorigen Jahren erlittenen
großen Verluste erholte sich die Gemeine zu Neuwied allmählich, durch die von andern Brüdergemeinen erhaltene Unterstützung, und den Segen,
welchen der HErr auf ihren Gewerben ruhen ließ.
Viele Durchreisende besahen die dasigen Anstalten der Brüder mit Vergnügen und gutem Eindrucke. Darunter waren verschiedene hohe Standespersonen, als: 1776 die verwitwete Churfürstin von Sachsen nebst dem Churfürsten von Trier
und der Prinzessin Kunigunde, seiner Schwester;
1779 der regirende Herzog von Würtemberg;
1781 die Landgräfin von Hessen-Darmstadt
nebst dero beyden Prinzessinnen Töchtern; der
regirende Landgraf von Hessen-Cassel; die Erz-
herzogin Statthalterin von den Oesterreichischen
Niederlanden mit ihrem Gemahl, dem Herzog
Albert von Sachsen-Teschen; der Prinz Xaver
von Sachsen u. m.

Bey dem allmählichen Anwachs der Gemeine
fing der Platz in dem nun völlig bebauten Quar-
re (§. 14.) an, zu enge zu werden, und es war
nöthig, wenn dasige Gemeine sich vergrößern
sollte, den Anbau eines neuen Quarrs zu unternehmen. Die Landesherrschaft, welche die Brü-

der

der als gute und treue Unterthanen schätzte, und
sehr gnädige Gesinnungen gegen dieselben hegte,
gab ihnen zu erkennen, daß es ihr angenehm seyn
würde, wenn sie sich zu einem neuen Anbau ent-
schlössen. Da sich nun wegen verschiedener
Punkte in der für dasige Gemeine im Jahre 1756
ertheilten landesherrlichen Concession einige Miß-
verständnisse hervorgethan hätten; so wünschte
man von Seiten der Brüder, daß dieselben erlediget, und der privilegirte Zustand der Gemeine
auf einen festeren Fuß gesetzt würde, ehe man
einen neuen Anbau unternähme. Man that deßfalls geziemende Vorstellungen, die ein geneigtes
Gehör fanden. Der Bruder Peter Conrad
Fries wurde zu Vermittelung dieser Angelegenheit im October 1780 nach Neuwied abgeordnet, und es hatte solches den erwünschten Erfolg,
daß ein landesherrliches Decret, zu näherer Er-
läuterung verschiedener Punkte der vorherigen
Concession und zur Erweiterung des dasigen Etablissement der Brüder, ihren Wünschen gemäß,
und in den gnädigsten Ausdrücken unter dem
19ten Februar 1781 ausgefertiget wurde. Man
machte dann noch in demselben Jahre den Anfang, das neue Quarré, welches dem von den
Brüdern bisher bewohnten gegenüber liegt, zu
bebauen; und in dem folgenden Jahre wurde unter andern der Bau eines neuen Chorhauses für
die ledigen Schwestern unternommen, und am
4ten May der Grundstein dazu gelegt.

Nachdem der Bruder Fries seinen erwehnten Auftrag in Neuwied erfüllt, auch sonst der

dasi-

dasigen Gemeine auf verschiedene Weise gedient
hatte: so reiste er am 20ten Februar 1781 nach
dem Elsaß und der Schweiz ab, zu einem Besuch dasiger Brüder und Freunde, und nahm
auf dem Rückwege in gleicher Absicht seinen Weg
durch das Würtembergische. Zu Montmirall
in der Schweiz traf er verschiedene Brüder und
Schwestern, welche die Freunde in diesem Lande
auf deren Verlangen besuchen, versammlet an,
und besprach sich mit ihnen über ihren Beruf; so
wie er auch in Absicht auf die vor mehreren Jahren an diesem Orte errichtete und noch bestehende
Erziehungsanstalt für Töchter, mit gutem Rathe
diente. Auf seiner weiteren Reise machte er
manche nützliche Bekanntschaft; und im Julii
kam er nach Barby zurück.

§. 94.

Die Gemeine zu Neudietendorf hatte sich der
fortwährenden Geneigtheit ihrer Landesherrschaft zu erfreuen, welche mehrmalen, so
wie auch der regirende Herzog zu Weimar und
dessen Gemahlin, mit Vergnügen daselbst besuchten. Das Chorhaus der ledigen Schwestern
wurde im Jahre 1776 durch einen neuen Anbau
erweitert, und 1780 kam der Bau eines neuen
Versammlungssaals, nebst Wohnung für die
Gemeinarbeiter zu Stande.

Im December 1777 besuchte der Bruder
Johann Christian Quandt in Auftrag der Aeltesten-Conferenz der Unität daselbst. Er bemü-
hete sich, eine gründliche Kenntniß von dem innern
und

und äußeren Gange der Gemeine und ihrer Chöre
zu erlangen, nahm sich insonderheit ihrer ökonomischen Angelegenheiten an, redete ausführlich mit
den angestellten Dienern über ihren Amts- und
Herzensgang, wohnte allen Conferenzen bey, besuchte sämtliche Einwohner in ihren Häusern, und
besprach sich mit verschiedenen besonders über ihre
Anliegen. Beym Abschiede mit der Gemeine ermunterte er deren Glieder zu dem Sinne, einander
von Herzen zu lieben, und in wahrer Herzensgemeinschaft sich durch die Gnade immer weiter bringen zu lassen; welches allen einen tiefen Eindruck
gab. Einen längeren Besuch machte eben daselbst
ein anderes Mitglied der Aeltesten-Conferenz der
Unität, Joachim Heinrich Andresen, vom Merz
bis in den Juny 1780. Zu seinem Visitations-
Geschäfte, wobey er auch mit allen und jeden Einwohnern einzeln sprach, bekannte sich der Heiland
in Gnaden, und seine Arbeit war gesegnet. Im
December desselben Jahres ging vorgedachter
Bruder Quandt abermals dahin, zu Berathung
einiger ökonomischen Angelegenheiten der Gemeine.

In Ebersdorf richtete man im Jahre 1776
Erziehungsanstalten für junge Knaben und Mägdchen. Der Erbprinz von Sachsen Saalfeld-
Coburg sahe sich im Jahre 1777 in dasiger Brüdergemeine mit Wohlgefallen um, da er zu seiner
Vermählung mit der ältesten Tochter des regirenden Grafen zu Ebersdorf sich daselbst aufhielt.
Der Verlust dieses ihres gnädigen Landesherrn,
Herrn Heinrich des 24sten Reuß, durch dessen
im May 1779 erfolgtes Ableben, war der Brü-
derge-

ihr zuweilen sehr empfindlich; sie hatte sich aber von
dessen Herrn Sohne und Nachfolger in der Regierung, Herrn Heinrich dem 11ten Reußig, gleich
gnädiger Gesinnung zu erfreuen.

Die Gemeinorte Niesky und Kleinwelke in
der Oberlausitz wurden in diesen Jahren mit einigen öffentlichen Gebäuden vermehrt. In Niesky
erbauete man 1778 ein Chorhaus für die Witwen, und 1779 ein Haus für die Knabenanstalt
der Unität; in Kleinwelke 1778 ebenfalls ein
Haus für eine Knabenanstalt, wie auch ein Haus
zum Aufenthalte der auswärtigen Freunde, die zuweilen in großer Anzahl dahin kamen, 1779 einen
Flügel an das Chorhaus der ledigen Schwestern,
und 1780 ein Haus für die vor ein paar Jahren
errichtete Mägdchenanstalt.

Christiansfeld nahm von Jahr zu Jahr an
Einwohnern und Gebäuden zu. 1780 wurde ein
Chorhaus für die Witwen und ein Flügel an das
Chorhaus der ledigen Schwestern, 1781 aber ein
Haus für die Knabenanstalt erbauet, und bezogen.
Nunmehr sollte diese Gemeine auch eine den übri-
gen Brüdergemeinen in allen Stücken gleiche Ver-
fassung bekommen, von deren Beschaffenheit der
Leser aus der 1789 zu Barby herausgekommenen
Schrift: Ratio disciplinae Unitatis Fratrum
A. C. oder Grund der Verfassung der Evan-
gelischen Brüder-Unität Augsburgischer Con-
fession, und sonderlich aus deren zehntem Ab-
schnitt, sich näher unterrichten kann. Zu diesem
Zwecke reisete der Bruder Ernst Wilhelm von
Wobeser aus dem Mittel der Aeltesten-Conferenz

der

der Unität im Jahre 1780 nach besagtem Orte, und hielt sich vom 2ten September bis zum 7ten December daselbst auf. Er erfüllte seinen Auftrag unter dem Segen des HErrn und zum Wohlgefallen der Gemeine. Der Bruder Johannes Prätorius, welcher diesem Gemeinorte seit seiner Entstehung treulich gedient hatte, (s. §. 15.) wurde auch jetzt als Prediger desselben bestätiget; er war jedoch, zunehmender Schwachheit halber, nicht mehr lange im Stande, seinen Dienst fortzusetzen, und endete schon im December 1782 seinen Lauf zum Schmerz seiner ihn sehr liebenden Gemeine. Sein Herr Vater, der Conferenz-Rath Prätorius, welcher den Anbau von Christiansfeld ihn befördert, (s §. 15.) und in seinem hohen Alter Urlaub erhalten hatte, seine letzten Tage daselbst zuzubringen, war demselben bereits das Jahr zuvor in die Ewigkeit vorangegangen.

§. 95.

Im October 1775 war zu Gnadenberg der Bischof der Schlesischen Gemeinen, Johann Georg Waiblinger, selig entschlafen. Er hatte gegen vierzig Jahre lang der Brüder-Unität treulich gedient, und seit 1750 obgedachtes Amt in Schlesien sehr würdiglich bekleidet. Zu seinem Nachfolger ernannte der Synodus den Bischof Paul Eugenius Layriz, der seinen Aufenthalt in Gnadenfrey nahm, jedoch von da aus in Gnadenberg und Neusalz fleissig besuchte.

Diese

Diese Gemeinen sowol, als die Böhmische Gemeine in Berlin und Rücksdorf, genossen unter dem Schutze Friedrichs des Zweyten eine erwünschte Ruhe, welche auch durch den im Jahre 1778 entstandenen, aber bald wieder beendigten Krieg keine Störung litt, wie schon oben bemerkt worden ist. Sowol der König als der Prinz von Preußen, jetzt regirender König, kamen in dieser Zeit verschiedene mal durch Gnadenfrey. Letzterer gab deutliche Merkmale seines gnädigen Wohlwollens, und wohnte zweymal der Predigt bey. Mehrere hohe Generale besahen den Ort mit Wohlgefallen.

In Berlin entschlief im October 1780 ein vieljähriger treuer Gehülfe bey der Böhmischen Gemeine, Johann Gilek, der um des Namens JEsu willen in seinem Vaterlande etliche Jahre in Ketten und Banden gesessen, und viel ausgestanden, auch bey seinem vieljährigen Krankseyn, viele Geduld bewiesen hatte, und treu blieb bis in den Tod.

Die Kolonie zu Neusalz hatte öfteren Besuch von Pohlnischen und andern vornehmen Herrschaften. Im November 1781 sahe sich der Minister von Hoymb daselbst mit Wohlgefallen um, bezeugte Zufriedenheit über die gute Arbeit, und wünschte der Kolonie Glück. Daselbst wurde im Jahre 1777 von den ledigen Schwestern ein neuerbautes Chorhaus bezogen.

Gnadenberg erhielt im Jahre 1781 einen neuen Gemeinsaal, der diesem Orte zu besonderer Zierde gereichte.

§. 96.

Aus D. Cranz N. B. H. §. 111. und 163. ist
zu ersehen, daß die Brüder, welche sich in
Oberschlesien zu Rösniz und in dasiger Gegend
befanden, bereits im Jahre 1743 eine Königliche
Concession zu einem Bethause und darauf einen
Prediger von der Brüdergemeine bekommen hatten, daß aber verschiedenen Schwierigkeiten wegen der Bau des Bethauses unterblieb, und der
dasige Prediger der Brüdergemeine im Jahre
1749 endlich gar vertrieben wurde. Die dortigen Brüder waren nun ziemlich verlassen, und
ihre Gemeinschaft mit den benachbarten Gemeinen wurde nur durch gegenseitige Besuche, die
von Zeit zu Zeit geschahen, unterhalten. Endlich entschloß sich der Herr von Seidliz, eben derjenige, dem die Brüdergemeinen in Schlesien
nächst GOtt vornemlich ihr Daseyn zu verdanken haben, (s. D. Cranz N. B. H. §. 277.)
das Gut Pawlowizky im Fürstenthum Oppeln
für seinen Sohn Christian Friedrich in der Absicht zu kaufen, um den erwehnten Oberschlesi-
schen Brüdern einen Zufluchtsort anzubieten, wo
sie sich erbauen, und mehrere Anfassung und
Pflege von der Brüdergemeine genießen könnten.
Der Ankauf des Gutes erfolgte im Jahre 1766,
kurz vor dem Ableben obgedachten Herrn von
Seidliz. Die Brüder in Rösniz und einigen
andern Orten nahmen das ihnen geschehene Anerbieten mit Dank an, und zogen nach und nach
größtentheils nach Pawlowizky; auch aus andern

dern Gegenden begaben sich einige zur Brüdergemeine gehörige Familien dahin.   Hier erbaueten
sie sich gemeinschaftlich in Privat-Versammlun-
gen, welche ein Lehrer hielt, der ihnen auf ihr
Ersuchen von der Brüdergemeine gegeben wurde,
und der zugleich die Seelenpflege besorgte. Viele Erweckte aus der Nachbarschaft im Preußischen und Oesterreichischen Schlesien, und selbst
in Mähren, nahmen Theil an der Gnade, die
unter diesem Gemeinlein waltete, und besuchten
daselbst zu ihrer Erbauung. Die Anzahl der da
wohnenden Gemeinglieder wuchs allmählich; sie
genossen und schätzten die brüderliche Gemeinschaft, und wünschten um so mehr, eine in allen
Stücken mit andern Brüdergemeinen übereinstimmende Einrichtung und Verfassung unter sich
zu bekommen. Hiezu aber fehlte ihnen eine Königliche Concession, und viele Jahre war nicht
der geringste Anschein einer Möglichkeit, solche
für diesen Ort zu erlangen. Endlich lenkte GOtt
das Herz König Friedrichs des Zweyten, daß
er mitten unter den wichtigsten Regierungssorgen,
die ihn beschäftigten, auf den Nutzen, welchen
die Brüdergemeinorte in Schlesien, nach ihrem
geringen Vermögen, durch Fleiß und gutes
Beyspiel stifteten, einen günstigen Blick warf,
der in ihm den Wunsch erregte, in seinem Antheil von Oberschlesien ein Brüder-Etablissement
zu sehen. Er ließ deß als der Direction der Evangelischen Brüder-Unität einen Antrag thun.
Letztere brachte darauf in Vorschlag, daß dem
Orte Pawlowizky im Oppelnschen Fürsten-
T 3   thum,

thum, allwo sich bekanntlich bereits eine Anzahl Brüder niedergelassen hätten, eine Königliche Concession, welche bisher noch daselbst gefehlt habe, und die zur Beförderung des Etablissement dienliche Freyheiten ertheilt werden möchten. Der König genehmigte solches, und unter dem 11ten Februar 1780 wurde eine Concession für die Evangelische Brüder-Unität ausgefertiget, wodurch derselben bewilliget ward, eine eigene Kirche zu Pawlowitzky zu erbauen, und den Gottesdienst nach ihrer Verfassung einzurichten. Der Bischof Layritz und der Vorsteher der Schlesischen Gemeinen, von Heitthausen, begaben sich nach Breslau, wo ihnen erwehnte Concession eingehändiget wurde, und thaten wegen der übrigen zu Beförderung des Etablissement dienlichen Freyheiten dem Minister von Hoymb die nöthigen Vorstellungen. Es erfolgte demnach unter dem 20ten April 1780 eine Königliche Special-Concession für das Etablissement der Evangelischen Brüder-Unität zu Pawlowitzky im Fürstenthum Oppeln in Oberschlesien. Nun wurde von den Brüdern sogleich Anstalt gemacht, auf bemeldetem Gute einen abgesonderten regelmäßigen Gemeinort anzulegen, der den Namen Gnadenfeld bekam. Es wurden bald einige Häuser erbauet; man versahe die Gemeine mit den nöthigen Arbeitern, und am ersten Merz 1781 legte man den Grundstein zu einem Kirchensaale, der am 12ten May 1782 eingeweihet wurde.

§. 97.

§. 97.

Folgende, in der Brüdergeschichte vorzüglich merkwürdige Personen, die in diesem Zeitraume vollendet worden sind, sollen hier noch genannt werden, da sich keine bequeme Gelegenheit fand, ihrer an andern Stellen zu erwähnen.

David Nitschmann, einer von den fünf Männern, die am 12ten May 1724 aus Mähren nach Herrnhut kamen, und Werkzeuge in GOttes Hand zur Erneuerung der Brüderkirche wurden, indem sie durch Erzehlung ihrer Väter und Großväter und durch die Lieder der alten Brüder für die Kirchenverfassung ihrer Vorfahren in Böhmen und Mähren eingenommen, auf Erneuerung der Zucht und Ordnung ihrer Väter drangen, (s. D. Cranz N. B. H. S. 9. 10. 11.) Er wurde bald in Gemeinnschaften gebraucht. 1738 ging er nach Ceylon, um dortigen heidnischen Einwohnern das Evangelium zu verkündigen, wurde jedoch nach einem kurzen Aufenthalte genöthiget, die Insel zu verlassen. (s. D. Cranz N. B. H. S. 80.) Nach seiner Rückkunft nach Europa befand er sich fast beständig im Gefolge des Grafen von Zinzendorf: wohnte den Synodis und den Conferenzen zu Berathung der Angelegenheiten der Brüder-Unität bey, und war also einer der nächsten G. hülfen des seligen Mannes GOttes. Er ward daher auch nach dessen Ableben zur Direction der Brüder-Unität mit angestellt, und blieb in diesem Geschäfte bis 1769. Die letzten Jahre seines Lebens verbrach-

te

tt er in Zeist, wo er das Archiv der Unität zu besorgen hatte. Er war ein Coepiscopus der Brüderkirche. Sein Heimgang erfolgte am 28sten Merz 1779.

Am 7ten September desselben Jahres entschlief in Herrnhut Jonas Paulus Weiß, ein ehrwürdiger Greis von vier und achtzig Jahren, und treuer Diener der Brüder-Unität, zu deren Dienst er sich, seitdem er sie kennen gelernt, ganz ohne Ausnahme gewidmet hatte. In seiner Art zu handeln und sich auszudrücken, war er ganz original; in allem aber leuchtete der Eifer hervor, die Sache GOttes zu befördern. Auch in seinem hohen Alter, da er seiner Schwachheit wegen mit besondern Aufträgen verschont wurde, behielt er das große von den Brüdern bediente Werk GOttes unter Christen und Heiden unablaßig im Gemüthe, empfahl es fleissig dem HErrn im Gebete, und diente demselben noch nach Vermögen durch hie und da mündlich und schriftlich angebrachten guten Rath.

Joachim Heinrich Andresen, der am 4ten Merz 1781 zu Barby verschied, hatte seit etlich und dreißig Jahren in den Brüdergemeinen und deren Chören im Segen gearbeitet. Seit dem Synodo 1775 war er ein Mitglied der Aeltesten Conferenz der Unität.

Melchior Zeisberger, der letztlebende von den vorhin erwehnten fünf Brüdern, die aus Mähren am 12ten May 1724 in Herrnhut ankamen, vollendete am 21sten November 1781 in einem Alter von ein und achtzig Jahren seinen

Lauf

Lauf an nurgedachtem Orte, wo er die letzte Zeit,
da er Witwer war, seinem Chore mit Gnade
und im Segen diente, nachdem er seit mehreren
Jahren in Holland, Norwegen, Hollstein rc. zur
Förderung des Werkes GOttes das seinige beygetragen hatte.

Ebenfalls in Herrnhut entschlief am 24sten
May 1782, in seinem 79sten Jahre, Karl Heinrich von Peistel, vormals in Königlich Preußischen Kriegsdiensten, welche er vor zwey und vierzig Jahren verließ, um sich zur Brüdergemeine
zu wenden; seitdem ein treuer Diener des HErrn
bey derselben; der sich theils durch den Eifer, womit er gegen alles anging, was ihm dem Sinne
JEsu nicht gemäß zu seyn schien, theils durch seine Bemühungen, die Einigkeit des Geistes unter
allen Kindern GOttes, der äußeren Verschiedenheit ihrer Verfassungen ohngeachtet, zu befördern, besonders auszeichnete. Er war ein Con-
senior civilis der Brüder-Unität.

Die Schwester Louise von Hayn verschied
zu Herrnhut am 27sten August 1782 während
des eben damals in der Nähe zu Berthelsdorf
versammleten Synodi. Eine Person von vielen
Gaben, womit sie dem Chore der ledigen Schwestern eine ganze Reihe von Jahren zu deren besonderem Wohlgefallen diente. Sie wohnte seit
1750 in Herrnhut, wo sie noch bey Lebzeiten des
seligen Ordinarii fratrum der damaligen stark
besetzten Erziehungsanstalt der Mägdchen vorstand, nachher aber die Pflege des ledigen
Schwesternchores übernahm. Die treue, ver-

T 5

ständi-

ſtändige und ſorgfältige Wahrnehmung ihres
Amtes erwarb ihr das gröſte Vertrauen ihrer
Chorverwandten in allen Gemeinen, die ſich in
vielen Fällen bey ihr Raths erholten. Eine natürliche Anlage zum dichten bewies ſie häufig
durch kunſtloſe Ergießungen ihres Herzens in
geiſtvollen Geſängen. Dieſe Lieder, von welchen
verſchiedene in das Geſangbuch der Brüdergemeine aufgenommen ſind, zeugen von Empfin-
dungen der zärtlichſten Liebe zu JEſu, welche ſich
auf das Gefühl des Bedürfniſſes eines Erlöſers
und die Dankbarkeit für das von Ihm erworbene unſchätzbare Heil gründet. Zwey Jahre vor
ihrem Ende, am 4ten May 1780, hatte ſie noch
das Vergnügen, das Jubelfeſt der erſten Verbindung der ledigen Schweſtern zu Herrnhut
(ſ. D. Cranz N. B. H. S. 21.) zu begehen, an
welchem dieſe Chöre in allen Brüdergemeinen,
weil ſie alle dieſem Bunde beygetreten ſind, und
deſſen geſegnete Folgen genießen, feyerlich Antheil nahmen.

§. 98.

Die Aufſicht über ſämtliche Miſſions-Anſtal-
ten der Brüder in Suriname übernahm,
an Frommelts Stelle, (ſ. §. 32.) Chriſtoph
Kerſten, der ſich bisher nebſt ſeiner Frau unter
den Freynegern in Bambey aufgehalten hatte,
von wo ſie im Januar 1776 nach Paramaribo
zogen.

In Saron und Hoop, wo die Brüder den
Arawacken das Evangelium verkündigten, und

kleine

kleine Gemeinen aus dieser Nation gesammlet
hatten, besuchte Kersten, seinem Auftrage gemäß, von Zeit zu Zeit. Im October 1776 begleitete er nach Saron den Bruder Christian
Ludwig Schumann, einen Sohn des ehemaligen unter den Arawacken sehr gesegneten und
bey ihnen noch unvergessenen Missionars. (s. D.
Cranz N. B. H. §. 228.) Dieser war erst
nebst einigen andern Brüdern aus Europa angekommen, und sollte vornemlich einen Versuch
machen, den in der Gegend von Saron wohnenden Karaiben das Evangelium zu verkündigen.
Kersten hatte Gelegenheit, ihn in dieser Absicht
einem Manne von besagter Nation vorzustellen,
der eben zum Besuch nach Saron kam. Er
sagte ihm, (in der Negersprache, die viele Karaiben gut verstehen,) daß der neue aus Europa
gekommene Lehrer die Absicht habe, bey den Karaiben zu wohnen, ihre Sprache zu lernen, und
ihnen GOtt bekannt zu machen; bekam aber
auf seine Frage, ob ihm das lieb sey, von dem
Karaiben ein gleichgültiges Nein zur Antwort.
Eben so beantwortete der Wilde die weiteren
Fragen — ob er denn GOtt nicht liebe? und ob
er Ihn nicht möge kennen lernen? Ja er erklärte ferner: sein Glaube sey, wenn der Mensch ster-
be, so sey es ganz aus mit ihm; denn er habe
noch niemals einen Menschen nach seinem Tode
wieder gesehen. Kersten belehrte ihn jedoch eines andern; sagte ihm, daß GOtt, der alle
Dinge gemacht habe, und Sonnenschein und
Regen gebe, daß wir Nahrung für unsern Leib
finden,

findet, dem Menschen eine unsterbliche Seele gegeben habe; und pries ihm darauf GOttes Liebe
zu den Menschen an, welche sich dadurch aufs
herrlichste offenbart habe, daß GOttes Sohn
ein Mensch geworden, und für uns gestorben sey,
um uns zu erlösen und selig zu machen. Nun
hörte der Wilde ganz begierig zu, und wiederholte mehrmals den Ausruf: Wahrlich, eine
große Geschichte! Es thut mir leid, hinzusetzen
zu müssen, daß die Hoffnung, welche man sich
hiernach in Absicht auf die Ausbreitung des Evangelii unter den Karaiben machen konnte, ohne
Erfolg geblieben ist. Schumann besuchte zwar
auch in der Folge noch gelegentlich einige Karaiben, wendete auch vielen Fleiß auf die Erlernung
ihrer Sprache; er fand es aber doch aus verschiedenen Ursachen nicht möglich, so wie es zu
seinem Zwecke nöthig gewesen wäre, mitten unter
ihnen zu wohnen. Inzwischen leistete er den bereits vorhandenen Missions-Anstalten unter andern Nationen bald hier, bald da, wo es eben
am nöthigsten war, treue Dienste.

§. 99.

Saron wurde im Jahre 1779 von den Brüdern ganz verlassen, weil ihr Aufenthalt
daselbst zu keinem Zwecke mehr diente. Die großen Ameisen hatten in dasiger Gegend so überhand genommen, daß die Indianer die Kassabi-
Wurzel, woraus sie ihr Brod verfertigen, daselbst nicht mehr bauen konnten. Außerdem
glaubten sie vor den im Busche sich aufhaltenden

entlaufenen Negern, so wie auch vor den Sara-
mackischen Freynegern, nicht sicher zu seyn.
Diese Umstände bewogen sie, größtentheils von
da wegzuziehen. Nun hatten die Brüder in Saron nichts mehr zu thun; und da sie ohne Hülfe
der Indianer die nöthige Provision von Paramaribo nicht herbey schaffen konnten, auch manchen unangenehmen Besuchen von Saramacki-
schen Negern ausgesetzt waren: so entschlossen sie
sich endlich, diesen Platz aufzugeben, nachdem
sie noch einige Zeit vergeblich abgewartet hatten,
ob sich die Umstände verändern möchten.

Der Verlust, welchen die Mission unter
den Arawacken hiedurch erlitt, wurde durch den
ganz erwünschten Fortgang der Missions-Arbeit
unter eben dieser Nation in Hoop ziemlich ersetzt.
Zwar konnte man es auch hier nicht dahin bringen, daß die Getauften an dem Missions-Platze
beysammen wohnten; welches die unangenehme
Folge hatte, daß manche von ihnen, aus Mangel täglicher Aufmunterung und Zurechtweisung,
die erfahrne Gnade vergaßen, gleichgültig dagegen wurden, und wol gar sich verleiten ließen,
zu ihrem alten heidnischen Wesen zurück zu kehren. Die Brüder thaten, was ihnen möglich
war, theils um dergleichen betrübte Vorfälle zu
verhüten, theils die abgewichenen wieder aufzusuchen und zurecht zu bringen; und hatten öfters
die Freude, zu sehen, daß nicht nur ihre Bemühungen nicht vergeblich waren, sondern auch, wo
solche nicht einmal hinreichten, daß JEsus selbst
nach seiner Hirtentreue unmittelbar die verirrten
und

und abgewichenen Seelen von neuem herbey rief
und aus ihrem Sündenschlafe erweckte. So lehrte
unter andern im Jahre 1776 ein vor vielen Jahren getaufter Indianer, der aber nachher untreu
geworden und so weit verfallen war, daß er sich
zu einem Bogajer oder Arawackischen Zauberer
in die Lehre begab, um seine Kunst zu erlernen,
reuig wieder um, erkannte seine schwere Verge-
hung, und faßte den Entschluß, sich JEsu aufs
neue zu ergeben. Ueberhaupt schien in dem erwehnten Jahre unter den Arawacken, die von
Hoop aus bedient wurden, eine neue Erweckung
anzugehen. Verschiedene baueten sich aufs neue
bey den Missionarien an, um sich längere Zeit
daselbst aufhalten, ihre Pflege genießen, und
durch fleißigere Anhörung des Wortes GOttes
ihren Glauben stärken zu können. Bey der öffentlichen Verkündigung des Evangelii und der
Bedienung der heiligen Sacramente bewies sich
die Gnade GOttes kräftig an den Herzen. Es
kamen auch von Zeit zu Zeit immer einige von
neuem herzu, theils solche, die ehedem von den
Brüdern getauft worden, aber seitdem auf Irr-
wege gerathen waren, theils auch aus den Heiden, die sich Christo ergaben, und durch die heilige Taufe zur Gemeine hinzugethan wurden.
Durch diesen allmähligen Zuwachs hat sich binnen diesem Zeitraume die Anzahl der Seelen, die
in Hoop mit dem Evangelio bedient wurden,
wirklich verdoppelt. Bey einem Besuche des
Bruder Kersten im Jahre 1781 traf man die
Einrichtung, die bey andern Missionen so nützlich

befun-

befunden worden, daß einige Brüder und Schwestern aus der Nation selbst als Helfer und Helferinnen, oder Gehülfen in der Arbeit an den
Seelen, angestellt wurden.

§. 100.

Jn Bambey wurden noch im September 1775
drey Freyneger getauft, so daß nun doch ein
Anfang zu einer kleinen Gemeine aus dieser Nation vorhanden war. Unter den Neugetauften
waren ein paar von den Schulkindern, welche
die Brüder, da sie zuerst unter die Freyneger kamen, in Unterricht genommen hatten, (s. D.
Cranz N. B. H. §. 291.) bey denen der damals
ausgestreuete Same des Evangelii nun aufgieng.

Der Bruder Rudolph Stoll, der seinen
lieben Reutsen im Januar 1776 ungern verlor,
jedoch im Juny desselben Jahres einen andern
Gehülfen bekam, war, so viel ihm leibliche
Schwachheit zuließ, unermüdet in seinem Berufe, den Negern das Evangelium zu verkündigen,
und denen, die solches annahmen, öffentlich und
in besonderen Unterredungen, weiteren Unterricht
in den Heilswahrheiten, mit Rücksicht auf die
jedesmalige Lage, darin sie sich befanden, zu ertheilen. Zu ihrem Gebrauch übersetzte er die Le-
bensgeschichte JEsu aus den vier Evangelisten in
die Negersprache. Mit Vergnügen sahe er, daß
der HErr seine Arbeit nicht ungesegnet seyn ließ,
daß die Getauften in der Gnade und Erkenntniß
wuchsen, und daß bey den Lehrlingen das Verlangen, der Seligkeit in Christo theilhaftig zu
werden,

werden, stärker wurde. Von den letzteren taufte er noch einen im November 1776. Dem Leibe nach ward er indeß immer kränker, und am
14ten Merz 1777 ging dieser treue Knecht, der
alles Gute lediglich der Gnade JEsu zuschrieb,
in seines HErrn Freude ein. Um seine Stelle
einstweilen zu ersetzen, begab sich Schumann
dahin, welcher zum Behuf der anzufangenden
Missions-Arbeit unter den Karaiben seit einiger
Zeit in Paramaribo die Negersprache erlernt
hatte. Er fand in Bambey ein paar Gehülfen,
von denen der eine im July nach Saron versetzt
wurde, der andere aber, nachdem er wenig über
zehn Monate da gewesen war, aus der Zeit ging.
Nun war er eine Zeit lang ganz allein, stand von
Krankheiten und andern Beschwerlichkeiten des
dortigen Aufenthalts viel aus, hatte jedoch Freude an dem wahrhaftig christlichen Wandel einiger getauften Neger, und suchte dieser Mission
so nützlich zu werden, als ihm möglich war, unter andern durch Verfertigung eines Wörter-
buchs über dortige Sprache.

In Europa hätte man kaum den Heimgang
des seligen Rudolph Stoll vernommen, als sich
ein Bruder in Herrnhut, Johannes Hans,
willig fand, sich der Mission unter den erwehnten Freynegern zu widmen und dazu berufen
ward. Nachdem er geheirathet hatte, reisete
er mit seiner Frau über Holland nach Suriname
ab. Sie trafen nach einer außerordentlich ge-
schwinden Reise im Januar 1778 in Paramaribo ein, machten sich nach Verlauf eines Monats

nats auf den Weg nach Bambey, und kamen
den 3ter Merz daselbst an, wo die Freyneger sie
mit vielen Freudensbezeugungen empfingen.
Doch dieses hoffnungsvolle Ehepaar vollendete
seinen Lauf in kurzer Zeit. Beyde wurden bald
nach ihrer Ankunft heftig krank; die Frau verschied nach Verlauf eines Monats am 3ten April,
und der Mann folgte ihr sechs Tage darauf.
Schumann war nun wieder ganz allein. Der
Besuch, welchen er bald darauf von dem Bruder Ludwig Haidt aus Paramaribo bekam,
gereichte ihm zum Troste; allein da dieser Bruder
nicht bey ihm bleiben konnte, und er selbst von
öfteren Krankheitszufällen sehr mitgenommen
war, so ging er im August zu seiner Erholung
nach der Stadt. Die getauften Freyneger, die
sich jetzt einige Zeit ganz verlassen sahen, baten
gar sehr, daß die Brüder sich wiederum ihrer
annehmen möchten. Ludwig Haidt entschloß
sich daher im Januar 1779, abermals zu ihnen
zu gehen, und bald darauf folgte ihm noch ein
Bruder, Namens Wietz. Ersterer ward krank,
und kehrte im Juny nach der Stadt zurück. Letzterer blieb in Bambey, und erwartete die Ankunft eines neuen dahin bestimmten Ehepaars
aus Europa, Johann Friedrich Mösers und
seiner Frau, welche im October dahin kamen.
Allein auch diese neue Besetzung war von keiner
Dauer. Möser wurde von der dort gewöhnlichen Krankheit befallen, und verschied am 20sten
November, nachdem er kurz zuvor einen Freyneger getauft hatte. Seine Witwe reisete in der
U   Folge

Folge nach Europa zurück. Wiez blieb nun in
Bambey, und bediente dasige Mission mit ein
paar Gehülfen.

Gleich nach Mösers Ableben wurde auf Anrathen der Freyneger und mit ihrer Hülfe das
Haus der Brüder auf den Gipfel des Berges
gebracht, an dessen Fuße es zuvor stand, etwa
zweyhundert Fuß höher hinauf. Die Luft war
hier merklich reiner, und die Brüder hatten nicht
mehr so viel von Krankheiten zu leiden, als vorher. Die dortige Bauart erleichterte die Ver-
setzung des Hauses sehr. Neun Pfosten werden
in die Erde gesteckt, und sodann die Wände und
Thüren von Murmur-Blättern, (einer Sorte
wilder Palmbäume,) geflochten und mit Buschtau *) gebunden; das Dach wird mit Tassi-
Blättern gedeckt: so daß ein solches Gebäude,
woran nicht ein einziger Nagel ist, in wenig Tagen von ein paar Leuten fertig gemacht wird.

§. 101.

Wiewol es immer noch nicht zu einer weit um
sich greiffenden Erweckung unter den Freynegern kam; so hatten doch die Brüder an verschiedenen von ihren Getauften Freude. Unter
diesen zeichnete sich vornemlich der Erstling Johannes Arabini aus, der auch keine Gelegenheit
ver-

---

*) Buschtau ist ein eignes Gewächs, welches an aller-
ley großen Bäumen, von unten hinauf und wieder
von oben herunter sich schlängelnd, wol 6 bis 10
Klafter lang wächst, und sich bis zur Feinheit eines
Zwirnsfadens spalten läßt.

verſäumte, ſeinen Landsleuten die Wahrheit des
Evangelii, nach der davon an ſeinem Herzen gemachten Erfahrung, mit Nachdruck zu bezeugen.
In einem Briefe nach Europa, welchen er dem
Bruder Schumann in die Feder dictirte, drückte
er ſich über ſeine Bekehrung folgendermaßen aus.
"Die große Geſchichte, die vom Himmel
auf die Erde gekommen iſt, hat der Bruder Rudolph zuerſt zu uns gebracht. Als ich die Geſchichte hörte, und endlich drauf merkte, bis ich
ſie recht gefaßt hatte, ſo machte ſie, daß mir die
Welt mit ihrem ganzen Weſen nicht mehr gefiel,
ob ich gleich ſehr viel Vergnügen mit der Welt zu
genießen glaubte. Aber nun ſehe ich, daß ich ſel-
ber mir kein vergnügtes Leben ſchaffen kann, und
daß ich es auch bey der Welt nicht mehr finde;
ſondern mein ſehnliches Verlangen gehet dahin,
beſtändig auf dem guten Wege JEſu Chriſti zu
bleiben."
Das Zeugniß dieſes Freynegers von der Wirkung des Evangelii an ſeinem Herzen, und die
Beweiſe, welche man davon an ſeinem Wandel
ſahe, waren den Brüdern um ſo wichtiger, wenn
ſie dagegen den natürlichen Zuſtand dieſes Volks
in Betrachtung zogen, welches bey einer ganz
unbändigen Freyheit dem albernſten Götzen- oder
Fetiſchen-Dienſte (wovon man aus D. Cranz
N. B. H. §. 291. und Oldendorps Geſchichte
der Miſſion auf St. Thomas, S. 322. u. f.
ſich einen Begriff machen kann,) eifrig ergeben
und in den tiefſten Aberglauben verſunken iſt, der
ſie zugleich öfters zu abſcheulichen Grauſamkeiten

ver-

verleitet. Nicht leicht stirbt jemand unter ihnen,
ohne daß sie glauben, er sey durch Gift oder eine
Art von Zauberey getödtet. Es wird daher, sonderlich wenn ein Kind aus einer großen Familie,
oder wenn mehrere Kinder bald nach einander
sterben, eine Untersuchung angestellt, wer der
vermeynte Mörder sey. Insgemein fällt der
Verdacht auf einen armen Neger, der keine
Verwandte hat, die sich seiner annehmen. Dieser wird durch eine sehr peinliche Tortur zum
Geständniß gezwungen, und alsdann mit den
schrecklichsten Martern hingerichtet. Mehrere
Vorfälle dieser Art erlebten die Brüder an dem
Orte, wo sie sich aufhielten.

David Cranz hat bereits am angeführten
Orte der vorgeblich von ihren Götzen Besessenen
erwehnt, deren Aussprüche für göttlich gehalten
werden. Dergleichen Leute, sonderlich Weiber,
traten öfters auf, und waren eine hauptsächliche
Hinderniß der Mission, da sie gewöhnlich dem
Evangelio sich aus aller Macht widersetzten. Inzwischen fiel es einmal (zu Anfang des Monats
May 1779) einem solchen Gado-Mann, oder
von seinem Gado oder Gott vorgeblich Besessenen, ein, durch das ganze Land ausrufen zu lassen: es sey nun Zeit, zum großen GOtt zu beten,
weil er sonst kommen und sie alle umbringen würde. Sogleich kamen alle Einwohner des Dorfs,
alte und junge, zu den Brüdern in die Predigt;
und der Bruder, der eben im Fieber lag, stand
auf, um die Gelegenheit nicht zu versäumen, ihnen das Evangelium zu verkündigen. Ihr Eifer
hielt

hielt jedoch nicht lange an. Denn als bald darauf ein alter Neger, der die Versammlungen fleissig besucht hatte und angefaßt worden war, in eine Krankheit verfiel, sagten ihm einige Götzendiener: das hast du in der Kirche bekommen, und mußt nun davon sterben. Und dieser Ausspruch machte, daß er und die meisten andern seitdem wegblieben.

Nur einige wenige wurden in den folgenden Jahren durch die heilige Taufe zur Gemeine der Gläubigen hinzugethan. Darunter war im Jahre 1780 die erste vom weiblichen Geschlechte, die Frau des Erstlings, Johannes Arabini, welche nebst ihrem Kinde getauft wurde. Zu Ende des Jahres 1781 machte Kersten einen Besuch in Bambey.

§. 102.

Die größte Freude erlebte man in Suriname jetzt an den über Erwarten gesegneten Folgen der Mühe, welche sich die Brüder in Paramaribo, neben ihrem bisherigen Berufe, durch das Verdienst von ihrer Hände Arbeit die Mission in diesem Lande zu unterstützen, ganz in der Stille gegeben hatten, einige Negersklaven, die ihnen zur Arbeit vermiethet waren, in der Lehre JEsu zu unterrichten. Das Evangelium fand endlich Eingang in die Herzen verschiedener dieser armen Neger; andere wurden auch gereizt, solches zu hören, und fanden Geschmack daran. Am July 1776 empfing der Erstling von denselben die heilige Taufe, und in eben dem Jahre

U 3 wur-

wurden noch acht dieser Gnade theilhaftig. Die
Brüder fanden in ihrem Unternehmen keine Hin-
derung; vielmehr bezeigten einige angesehene
Personen viel Wohlgefallen darüber, und äußerten den Wunsch, daß sich alle Neger bekehrten
möchten. So dachten auch manche Herren der
Neger, obgleich einige andere ihre Sklaven,
wenn sie der Brüder Predigten besuchten, jäm-
merlich mißhandelten. Die armen Neger aber,
die Geschmack am Evangelio fanden, ließen sich
dadurch nicht abhalten. In den folgenden Jahren hatte die Sache einen erwünschten Fortgang;
und da die Anzahl der Zuhörer wuchs, so baueten
die Brüder im Jahre 1778 in ihrem Garten eine
Kirche oder Versammlungshaus, welches sie im
nächstfolgenden Jahre ansehnlich vergrößerten.
Bald nach Erbauung der Kirche erkundigte sich
ein Herr von der Regirung bey den Brüdern genau nach ihren Bemühungen zum Unterrichte der
Neger im Christenthume und zu ihrer Bekehrung; er kam auch selbst mit einem ziemlichen
Gefolge in die Predigt, und bezeugte nachher
seine Zufriedenheit. Um den allzugroßen Zulauf
von den weißen Einwohnern der Stadt zu verhüten, verlegten die Brüder ihre Predigt auf eine
andere Zeit; sie hatten aber dennoch öfters weiße
Leute, und darunter auch Juden, zu stillen und
andächtigen Zuhörern. Der Beyfall, welchen
die Bemühungen der Brüder zur Bekehrung der
Neger fanden, bewies sich auch durch eine freywillige Subscription verschiedener Herren in Paramaribo zu den Kosten der Erweiterung ihrer
Kirche.

Kirche. Auch wurde von der Regirung den Brüdern im Jahre 1779 nicht nur die Erlaubniß ertheilt, einen Begräbnißplaß für die getauften
Neger anzulegen, sondern auch selbst das Land
dazu angewiesen.

Die aus den Negern gesammlete Gemeine
wuchs in der Gnade; die Glieder derselben gelangten nach und nach zum heiligen Abendmahle,
und ihr Wandel war größtentheils dem Evangelio zur Ehre. Zu Ende des Jahres 1781 bestand
die Gemeine aus hundert und acht und zwanzig
Communicanten, fünf und achtzig Getauften,
und vier und sechzig Tauf-Candidaten. Außerdem waren sechzig fleißige Zuhörer der Predigt
des Evangelii, die Hoffnung zu ihrer baldigen
Bekehrung gaben.

§. 103.

Der Segen des Evangelii hatte sich auch unter
den Negern auf einigen Plantagen außer
der Stadt verbreitet, von denen verschiedene gläubig und getauft wurden. Die Brüder besuchten
sie von Paramaribo aus von Zeit zu Zeit; da sie
solches aber nicht hinlänglich fanden, um ihre dasigen Kirchkinder gehörig zu pflegen; so wünschten sie in der Nachbarschaft dieser entfernteren
Plantagen einen Plaß zu bekommen, wo sich einige Brüder zu gedachtem Zwecke aufhalten könnten.
Ein Herr von der Regirung gab ihnen selbst einen
schicklichen Vorschlag dazu an die Hand, und
empfahl diese Angelegenheit den in Holland befindlichen Directeurs der Surinamischen Kolonie.

U 4 Letztere

Letztere bewilligten auch im July 1780, auf die
von Seiten der Brüder an sie gelangte Bitte,
die Ueberlassung eines Stücks Landes am Flusse
Kottika, zum Behuf eines Missions-Etablisse-
ments für die Brüder, und ertheilten hierüber
den nöthigen Befehl an die Regirung in Paramaribo.

Der im Frühjahre 1781 zwischen Holland
und England ausgebrochene Krieg verursachte in
Surinam große Verwirrung. Viele Herren
flüchteten mit ihren Negern auf das Land, so daß
auch mehr als die Hälfte der Negergemeine zerstreut wurde. Auch entstand eine ungewöhnliche
Theurung aller Lebensmittel, welche jedoch nach
Jahr und Tag durch die Ankunft vieler Schiffe
gänzlich gehoben ward. Das schmerzlichste für
die Brüder war, daß die Correspondenz mit den
Europäischen Gemeinen geraume Zeit unterbrochen wurde, daher sie vieles, das ihnen sonst zu
neuer Anfassung und Ermunterung diente, lange
entbehren mußten. Von den schweren Umständen,
welche einige nach Surinam und von daher zurück reisende Geschwister des Krieges wegen erfahren haben, ist bereits an einem andern Orte
Erwehnung geschehen.

Seit dem May 1780 hatte der Bruder Kersten verschiedene schwere Krankheiten durchzuste-
hen; so daß er endlich im July 1782, da er nicht
hoffen konnte, wiederum so weit hergestellt zu werden, daß er seinem Berufe gehörig nachkommen
könnte, sich genöthiget sahe, um seine Ablösung
zu bitten, welche auch nach einiger Zeit erfolgte.

§. 104.

§. 104.

Bey der Mission unter den Eskimos in Terra Labrador zeigten sich nun nach und nach Früchte von der Predigt des Evangelii an den Herzen dieser armen Heiden; wiewol die Freude darüber noch öfters durch Kummer und Schmerz unterbrochen wurde, wenn man sahe, wie der Feind des menschlichen Geschlechts alles anwendete, diejenigen, die kaum seinen Banden entgangen waren, sich aufs neue unterwürfig zu machen, und wie ihm dieses, leider! bey mancher armen Seele wenigstens für eine Zeit gelang. Die Brüder in Nain sahen sich, wie gewöhnlich, im November 1775 von allen Eskimos verlaßen, die auf ihre Winterplätze zogen; wurden aber von Weihnachten an, da die nun völlig zugefrorne See mit Schlitten befahren werden konnte, häufig von ihnen besucht. Sie benutzten diese Gelegenheit, ihnen das Evangelium zu verkündigen, und der Arbeit des heiligen Geistes an ihren Herzen fleißig nachzuspüren. Bey einem gewesenen Angekok, Kingminguse, bemerkte man insonderheit eine durch das Wort GOttes bewirkte Veränderung seiner Gesinnung, so daß man seine völlige Bekehrung mit Grunde hoffen konnte. Er wurde dem zufolge am 19ten Februar 1776 als der Erstling von seiner Nation getauft, und erhielt den Namen Petrus. Tages zuvor hatte er sich auf Befragen freymüthig erklärt, daß er Jesu allein anhangen und an Ihn glauben, Ihn mehr kennen lernen und seinen

Geb-

Geboten folgen, auch bey der Gemeine der Gläubigen bleiben und seinen Lehrern gehorchen wolle. Dieser Vorgang wurde, theils durch den Neugetauften selbst, der schöne Zeugnisse von der erfahrnen Gnade ablegte, theils durch einige andere Eskimos, die bey seiner Taufe zugegen gewesen waren, bald unter ihrer Nation weiter bekannt, und machte bey vielen einen guten Eindruck. Sie wurden begierig nach dem Worte GOttes, und fragten, was sie zu thun hätten, damit sie auch getauft werden könnten. Das gab Gelegenheit, ihnen manches gute Wort ans Herz zu bringen. Dieses geschahe insonderheit durch ein paar Brüder, die sich auf einer Insel, wo ein todter Wallfisch gefunden worden war, einige Wochen lang zum Besuch aufhielten, und den bey diesem Fund, wie gewöhnlich, in großer Anzahl versammleten Eskimos, die immer mehr von JEsu zu hören verlangten, täglich das Evangelium verkündigten. Einige wurden als Tauf-Candidaten in nähere Pflege genommen. Die im Frühjahre unterbrochenen Besuche der Eskimos wurden wieder häufig, da zu Anfang July das Eis wegging, und sie die See mit ihren Booten befahren konnten. Eine geraume Zeit im Sommer hielten sich gegen dreyhundert Seelen in sieben und dreyßig Zelten bey Nain auf; täglich wurde ihnen geprediget; sie kamen fleissig, so daß der neue Saal die Menge oft nicht fassen konnte; sie hörten gern zu, und versicherten, es sey ihr Ernst, an den Heiland zu glauben.

§. 105.

§. 105.

Die Brüder waren dieses Jahr hindurch sehr geschäftig gewesen, zu einem Wohnhause für den neuen Missions-Platz in Okkak das nöthige Holz in den benachbarten Wäldern zu fällen, herbey zu schaffen und zu zimmern; damit solches mit dem aus England zu erwartenden Schiffe nach dem Orte seiner Bestimmung gebracht werden könnte. Dieses Schiff kam zu Ende August glücklich in Nain an, und brachte einen Wundarzt, Namens Jakob Walblinger, mit, der bis zu seinem ein paar Jahre hernach erfolgten Ende verschiedene glückliche Curen unter den Eskimos verrichtete. Am 8ten September reisete Jens Haven mit seiner Familie und noch drey Brüdern, die für den neuen Missions-Platz in Okkak bestimmt waren, mit gedachtem Schiffe dahin ab. Fünf Brüder begleiteten sie, um bey Errichtung des mitgenommenen Hauses behülflich zu seyn. Am 3ten October konnte das Haus auf diesem neuen Platze bezogen werden. Es liegt derselbe in 58° und etliche Minuten nördlicher Breite. Drey Meilen umher nach Süden und Norden zu wohnen beständig bey dritthalbhundert Eskimos. Der Platz soll für sie einer der besten in Labrador seyn. Auch ist er zur Mission sehr bequem. Er hat einen guten Hafen für Schiffe und Boote; einen Vorrath von Holz in der Nähe; frisches Wasser im Sommer und mehrentheils auch des Winters; viel Fische, sonderlich kleine Dorsche, auch

Wall-

Wallfische. Nur an Seehunden ist einiger
Mangel; daher die Eskimos genöthiget sind,
bisweilen auf einige Zeit in eine andere Gegend
zu ziehen, um die Felle zu Zelten und Kleidung
zu bekommen. Von Rennthieren ist wenig, und
von Vögeln und Eyern fast gar nichts zu haben;
welches für Europäer unangenehm ist. Das
Haus der Brüder liegt an einem hohen Berge,
der zum Schutz vor der Kälte dient.

Die Eskimos in dasiger Gegend empfingen
die Brüder mit großer Freude, halfen selbst beym
Bau des Hauses, und bezeigten viele Neigung,
das Evangelium zu hören. Im July 1778 nahm
man einige, an denen die Arbeit der Gnade
wahrgenommen wurde, als Candidaten zur heiligen Taufe in näheren Unterricht. Bald darauf
äußerten verschiedene Eskimos aus der Nachbarschaft eine neue Begierde, das Wort GOttes zu hören, und kamen fleissig zu diesem Zwecke
nach Okkak. Am 2ysten August gedachten Jahres war hier die erste Taufe von sechs erwachsenen Personen. In eben dem Jahre wurden noch
ein Ehepaar, und in den folgenden Jahren mehrere Personen gleicher Gnade theilhaftig. Diese
Getauften hatten mehrentheils ihre Winterwoh-
nungen bey dem Missions-Platze, wo ihnen täglich Versammlung gehalten und weiterer Unterricht ertheilt wurde; welches ganz besonders bey
be, jenigen geschahe, die in der Folge zum heiligen Abendmahle gelangten. Da es hier bey der
Menge der in der Nähe wohnenden Eskimos
nicht an Gelegenheit fehlte, ihnen das Evange-

lium

Kum zu verkündigen; so erbauete man im Jahre 1779 zu diesem Zwecke einen geräumlichen Versammlungssaal.

§. 106.

In Nain wohnten bis 1779 keine Eskimos den Winter über ganz nahe beym Missions-Platze. Es hatte solches allerdings Einfluß auf den Gang der Mission. Durch die Entfernung von ihren Lehrern, sich selbst überlassen, und der Verführung von ihren heidnischen Landsleuten mehr ausgesetzt, verloren diejenigen, die durch Anhörung des Wortes GOttes erweckt worden, oftmals die erhaltenen guten Eindrücke. So gar an dem Erstling Petrus zeigten sich die betrübten Folgen davon. Auch konnten in diesen Jahren nur drey Personen getauft werden. Doch endlich entschlossen sich etlich und dreyßig Eskimos in dem Winter von 1779 bis 1780 bey Nain zu wohnen; und man sahe aus der Erfahrung, daß sie auch da ihre Nahrung finden konnten, woran bis dahin gezweifelt worden war. In den beyden nächsten Jahren vermehrte sich die Anzahl der daselbst überwinternden Eskimos bis auf etlich und siebenzig und achtzig. Nun konnten sie den ganzen Winter hindurch mit dem Evangelio bedient, auch diejenigen, bey denen eine Gnadenarbeit an ihren Herzen zu spüren war, sorgfältiger gepflegt werden; und nun hatte man auch Freudigkeit, mehrere von ihnen zu taufen. Da es dieser Nation eigen ist, ihre Wohnplätze öfters zu verändern; so zogen auch von den in Ok-

kak

tak getauften viele in der Folge nach Nain, ſo
daß zu Ende dieſes Zeitraums, an beyden Orten
ſich kleine aus den Eskimos geſammlete Gemeinen befanden, die der Anzahl nach einander
ziemlich gleich waren; an jedem Orte etlich und
zwanzig erwachſene Getaufte, nebſt einigen getauften Kindern und Katechumenen oder Tauf-
Candidaten.

In Nain wurde die Miſſions-Arbeit auf
folgende Weiſe beſorgt; und in Okkak hielt man
es ohngefehr eben ſo. In täglichen Verſamm-
lungen verkündigte man das Evangelium ſowol
den da wohnenden, als den beſuchenden Eskimos. Des Winters beſuchte man gelegentlich
diejenigen, die etwas entfernt wohnten. Die
Kinder hatten gewöhnlich Sonntags eine eigene
Verſammlung, und in den letzten Jahren wurde
den Winter über ſämtlichen da wohnenden Kindern der Getauften und Ungetauften täglich eine
Schule gehalten. Den Getauften und Tauf-
Candidaten gab man wöchentlich zweymal einen
ſchriftmäßigen Unterricht, und hielt außerdem
einmal in der Woche eine Lehrrede an ſie. Alle
vierzehn Tage wurde den Getauften in einer be-
ſonderen Verſammlung ein Begriff vom heiligen
Abendmahle gemacht, und der nöthige Unterricht davon ertheilt.

Folgendes ſind die Umſtände, welche theils
der Bekehrung der Eskimos, theils ihrem
Wachsthum in der Gnade und Erkenntniß, vornemlich in den Weg treten.

Die

Die abergläubischen Gewohnheiten hängen ihnen sehr an, und sie verfallen sehr oft wieder darauf; obgleich die Brüder sie in Sanftmuth zurecht weisen, und ihnen fleissig bezeugen, daß nichts als das gläubige Aufsehen auf JEsum ihnen in Krankheiten, wie in allen Umständen, helfen könne. Die Neigung, ihr schlechtes geheim zu halten, und die Menschenfurcht, die sie hindert, solches von andern zu offenbaren, macht, daß ein entstehendes Uebel nicht so leicht entdeckt und gehoben werden kann. Die Gewohnheit, im Sommer umher zu ziehen, hat die üble Folge, daß Kinder und Erwachsene das, was sie den Winter über gefaßt haben, wiederum vergessen. Sonderlich gibt die Rennthierjagd zu Zerstreuung und Seelenschaden Anlaß. Denn wenn die Wilden viele Thiere erlegt haben, so wird erst unmäßig geschmauset, darauf werden Spiele angestellt, und mit Weibertausch und andern sündlichen Dingen wird der Beschluß gemacht; wobey die gläubig gewordenen Eskimos, deren Herzen aber noch nicht durch Gnade fest sind, nur zu leicht hingerissen werden. Daß die Brüder ihre Getauften und Lehrlinge auf die Rennthierjagd begleiten sollten, findet unübersteigliche Schwierigkeiten; und daß sie mit ihnen auf ihre Sommerwohnplätze zögen, ist schon darum unmöglich, weil die Eskimos sich an sehr viele Orte zerstreuen.

Im Jahre 1782 fingen die Eskimos auch wiederum an, die südlich gelegenen Englischen Etablissemens zu besuchen. Hier wurden ihnen

man-

manche Frevelthat ausübten, welche die Brüder,
die unter ihnen wohnten, ihnen nicht erlauben
konnten; auch sahen sie manche schlechte Beyspiele, die nachtheiligen Einfluß auf sie hatten.
Es waren daher erwehnte Besuche in verschiede-
nem Betrachte der Mission zum Schaden.

§. 107.

Schon seit geraumer Zeit ward auf die Errichtung eines dritten Missions-Platzes südwärts von Nain, angetragen. Drey Brüder,
Johann Schneider, Lister, und Stephan
Jensen, reiseten im Sommer 1777 nach der dazu
zu bestimmten Gegend, die bey den Eskimos
Arvertok heißt, kauften das zum Behau ausersehene Land den Eskimos förmlich ab, und besetzten es mit Grenzsteinen. Der wirkliche Anbau erfolgte erst im Jahre 1782. Im Merz dieses Jahres besuchten ein paar Brüder daselbst,
und fanden die Eskimos in freudiger Erwartung, daß doch bald Brüder dort wohnen machten. Das Holzwerk zu dem Gebäude wurde
eben so wie bey Okkak geschehen war, von den
Brüdern in Nain herbey geschafft, und gezim-
mert, und durch das aus England gekommene
Fahrzeug, nach dem Orte seiner Bestimmung geführt. Jens Haven, der zu der Mission in diesem Lande überhaupt und zu den beyden bisherigen Missions-Plätzen den Anfang gemacht hatte,
war nun auch unter den ersten Bewohnern dieses
dritten Platzes. Außer ihm und Johann
Schneider, nebst ihren beyden Frauen, gingen
noch

noch ein paar Brüder zum bleiben und mehrere
zur Hülfe beym Bau mit dahin. Sie fuhren
am 24sten August von Nain ab, kamen aber wegen widrigen Windes nicht eher als am 2ten September in Arberrok an. Das Haus wurde
aufgesetzt, und am 21ten waren ein paar Stuben
so weit in Ordnung gebracht, daß sie bezogen
werden konnten. Das Schiff, dessen Kapitain
und übrige Mannschaft bey dem Bau gute Dienste geleistet hatte, eilte gleich darauf wieder nach
Nain, um von da nach Europa zurück zu kehren.
Der neue Missions-Platz erhielt den Namen
Hoffenthal, welchen bereits das im Jahre 1752
von einigen Brüdern in dieser Gegend erbaute
Wohnhaus gehabt hatte. (S. P. Cranz N. B.
S. §. 76.) Wie wir schon oben erwähnt haben, so war es mit Verglich mein ...
... der Jahre ...

§. 108.

Unter den Brüdern und Schwestern, die der
Mission im innern und äußern dienten, fiel-
len einige Veränderungen oder verschiedene Familien, die neue in dieses Land aus Europa, ein
paar Brüder kehrten dahin zurück. Jens Haven reisete im Jahre 1777 mit seiner Frau nach
Europa, um ihre Kinder dahin zu bringen. Auf
einer von den Schertländischen Inseln, wo das
Schiff einlief, hielt er, auf Begehren des franken Pfarrers, eine Predigt, und sein Evangelisches Zeugniß war den Zuhörern sehr angenehm,
so daß er auch auf seiner Rückreise im folgenden
Jahre, da er wieder dahin kam, auf ihr Ersu-

X   chen

chen noch ein paar öffentliche Vorträge an sie
thun mußte.

Außer dem Bruder Waiblinger vollendete
nur noch einer seinen Lauf, und zwar der alte
Drachart, ehemaliger Dänischer Missionär in
Grönland, welcher der Mission in Labrador seit
ihren ersten Anfängen mit vieler Treue gedient,
und den Eskimos unermüdet bis an sein Ende
das Wort des Lebens verkündiget hat. Der
Heimgang dieser beyden Brüder erfolgte in ein
paar Tagen nach einander, im September 1778.

Der Anbau der neuen Missions-Plätze, die
Ausbesserung und Unterhaltung der alten Gebäude, und die Anschaffung verschiedener Bedürfnisse für die Haushaltung, gaben den Brüdern
viele Beschäftigung. Außerdem fuhren sie fort,
den Eskimos mit Bootbau und Verfertigung
verschiedener Geräthschaften zu dienen, und dadurch zugleich etwas zur Erleichterung ihres Unterhalts beyzutragen. Einige unter ihnen besorgten den Handel mit den Eskimos in Auftrag der
Gesellschaft, die das Schiff ausgerüstet hatte,
deren Schadloshaltung ihnen sehr anliegen mußte, weil das Bestehen der Mission unmöglich geworden wäre, sobald jene Gesellschaft die jährli-
che Sendung eines Schiffes dahin hätte aufgeben müssen.

Während des Krieges zwischen England und
Amerika war zu besorgen, theils daß ein feindliches Schiff den Wohnplätzen der Brüder in Labrador einen unangenehmen Besuch abstatten
möchte, theils, daß das jährlich aus England
dahin

dahin gehende Fahrzeug weggenommen werden
könnte. Allein durch GOttes mächtigen Schutz
blieb die Mission vor allem Unfall bewahrt; indem auch die oben erwehnte Wegnahme des
Schiffes auf der Rückreise für die Brüder in Labrador keine nachtheilige Folgen hatte, da vielmehr durch die nach diesem Vorfalle gesuchten
und erlangten Pässe die Fahrt dahin völlig gesichert wurde.

§. 109.

Auf den Reisen im Lande zum Besuch der Eskimos, und zwischen Nain und Okkak,
waren die Brüder oft großen Beschwerlichkeiten
und Gefahren ausgesetzt. Die Unterhaltung der
Gemeinschaft zwischen beyden erwehnten Missions-Plätzen, die den Brüdern sehr anlag, war
mit vieler Schwierigkeit verknüpft. Zu Lande
kann man nicht anders als mit Schlitten, die von
Hunden gezogen werden, reisen, und es ist ein
beschwerlicher Weg über viele steile Felsen. Die
Reise über die zugefrorne See ist darum sehr gefährlich, weil das Eis, wo es nicht von Inseln
eingeschlossen ist, bey verändertem Winde und
Wetter öfters schnell aufbricht. Im Sommer,
da die Seereise am besten unternommen werden
konnte, fehlte es oft an Fahrzeugen, an der nöthigen Begleitung, oder an andern Umständen.
Die Brüder thaten indeß, was möglich war;
und sonderlich machte der Bruder Samuel Liebisch, der dem ganzen Missions-Werke vorstand,
seinen gewöhnlichen Aufenthalt aber in Nain hat-

X 2 te,

te, verschiedene Besuchreisen nach Okkak. Im
Merz 1782, da er eben eine solche Reise vorhat-
te, gerieth er nebst seinem Gefährten, William
Turner, in die äußerste Lebensgefahr. Sie
fuhren auf dem mit Hunden bespannten Schlitten eines Eskimo über die mit Eise bedeckte offenbare See. Als sie nicht völlig den halben
Weg nach Okkak zurückgelegt hatten, überfiel
sie ein heftiger Sturm, der durch die erregten
Meereswellen das Eis in die stärkste Bewegung
setzte, so daß es in Stücken zu brechen anfing.
In größter Eile flohen sie nach dem nächsten Ufer,
wo sie, nach der Eskimos Weise, ein Schneehaus baueten, darein sie sich verbargen. Kaum
waren sie am Lande, so brach das ganze Eis
auf, und sie hatten die freye wüthende See vor
sich. Nach Mitternacht bey eintretender Fluth
erreichte das Wasser ihr Nachtlager. Sie begaben sich daher auf einen nahgelegenen Felsen,
und kaum waren sie oben, so ward ihr eben ver-
lassenes Schneehaus durch eine Schwingwelle in
die See geführt. So waren sie dem nahen Tode zweymal glücklich entgangen, mußten aber
noch vier Tage und vier Nächte in einem Schnee-
loche zubringen, wo sie große Kälte und Hunger
ausstanden, so daß die in ihrer Gesellschaft befindlichen Eskimos sogar endlich einen alten
Sack von Fischhaut und andere Felle verzehrten,
um nur ihre Magen zu befriedigen. Es war unmöglich, über Land fortzukommen, da die Gegend, wo sie sich befanden, wegen der hohen un-
ersteiglichen Felsen ganz unwegsam ist. Zu ih-

rem

rem Glück änderte sich der Wind, so daß das
zerbrochene Eis nach dem Lande zu getrieben und
so dicht zusammen geschoben wurde, daß sie es
wagen konnten, über dasselbe nach Nain zurük
zu fahren; welches ihnen auch gelang.

Vorgedachter William Turner reisete im
Jahre 1780 zweymal in Gesellschaft einiger Eskimos nach der Gegend, wohin sie auf die Rennthierjagd zu gehen pflegen; erst im Februar, und
dann im August und September. Die Reise
ging über einen großen von Bergen eingeschlosse-
nen Landsee, der gegen funfzig Englische Meilen
lang und eine solche Meile breit ist. Von da an
wurde der Weg zu Fuß über Land fortgesetzt. Man
trifft verschiedene Landseen oder Teiche an, in
welche die in ganzen Heerden stehende Rennthie-
re von den Eskimos hinein gejagt werden, worauf sie in ihren Kajaken denselben nacheilen und
sie erstechen. Turner stand sonderlich auf der
Winterreise bey der großen Kälte und heftigem
Schneegestöber, wie auch aus Mangel an war-
mer Speise und gewohnten Lebensmitteln, viel
Noth und Gefahr aus; und man überzeugte sich
durch diese Versuche, daß es zu viel gewagt seyn
würde, wenn man den getauften Eskimos auf
ihren Reisen zur Rennthierjagd Brüder zur Begleitung mitgeben wollte.

§. 110.

In Grönland waren die beyden Gemeinen zu
Neuherrnhut und Lichtenfels in einem seligen Gnadengange, und der Wachsthum im in-

nern

uern merklich zu spüren. Es zeigte sich bald bey
dieser, bald bey jener Seele eine ernstliche Begierde, zu einem ungestörteren Genuß des von
Christo erworbenen Heils zu gelangen, und zur
Dankbarkeit für seine unendliche Liebe Ihm in
allen Stücken mehr zur Freude zu werden. Eine
solche neue Erweckung, die man als eine Wirkung der Arbeit des Geistes GOttes an den Herzen erkennen mußte, wurde sonderlich zu Anfang
des Jahres 1776 in Neuherrnhut fast allgemein; und die gesegneten Folgen davon, fleissi-
gere Wahrnehmung der Gelegenheiten, GOttes
Wort zu hören und sich gemeinschaftlich zu erbauen, mehrere Achtsamkeit auf die Bestrafungen
des heiligen Geistes und die Warnungen ihrer
Lehrer, treuere Befolgung der erkannten Wahrheit, blieben nicht aus. Der Anzahl nach nahmen
diese Gemeinen nicht sonderlich zu; doch bekehrten sich alle Jahre einige aus den Heiden, und
wurden durch die heilige Taufe der Schaar der
Gläubigen einverleibt.

Im Jahre 1782 brach aufs neue eine an-
steckende Krankheit unter der Grönländischen Nation aus, welche vermuthlich durch einen in
Godhaab überwinternden Wallfischfänger,
worauf sich viele Kranke befanden, dahin gebracht worden ist. In Neuherrnhut, wo diese
Seuche bald überhand nahm, war die Noth
sehr groß. Oft waren nicht gesunde genug, die
Todten zu begraben; der Tod der besten Erwer-
ber setzte zahlreiche Familien in jammervolle Umstände; mit den Säuglingen, denen die Mütter
ent-

entriſſen wurden, war man äußerſt verlegen. Die
Gemeine zerſtreuete ſich, um der Anſteckung, ſo
viel möglich, zu entgehen, litt aber dadurch auch
einigermaßen in ihrem inneren Gange. Inzwiſchen ſahe man alle, die bey dieſer Gelegenheit
aufgelöſet wurden, ihrem Tode freudig entgegen
gehen. Der Entſchlafenen waren vom April bis
in den Auguſt gedachten Jahres hundert und fünf
und zwanzig, und es folgten ihnen hernach noch
mehrere. Darunter waren verſchiedene Helfer
und Helferinnen, von welchen der in D. Crantz
N. B. H. §. 169. erwehnte Johanan Angu-
ſina beſonders zu bemerken iſt, der ſowol in Europa als in Penſylvanien beſucht, und zu Herrn-
haag die heilige Taufe empfangen hat. In
Lichtenfels brach dieſelbe Krankheit erſt im Junn
aus, war aber eben ſo tödtlich, und mit nicht
weniger ſchmerzlichen Umſtänden verknüpft.

Auch verloren beyde Gemeinen im Jahre
1777 ihre erſten Lehrer Johann Beck und Michael Ballenhorſt. Letzterer hatte dieſer Miſſion ſeit dreyßig Jahren gedient. Erſterer war
einer von den fünf Brüdern, die 1733 und 1734
zuerſt nach Grönland gingen, um daſigen Heiden das Evangelium zu verkündigen, und der
einzige von ihnen, der ſich jetzt noch in dieſem
Lande befand. Er hat demnach unter allen
Schwierigkeiten, welche ſich anfangs ihrem
Vorhaben entgegen ſtellten, treulich und getroſt
ausgehalten; und da der Heiland es endlich gelingen ließ, Gemeinen aus den Grönländern zu
ſammlen, ſo hat er denſelben bis an ſein Ende,

und

und zwar zuletzt der Gemeine in Lichtenfels,
mit vieler Angelegenheit ſeines Herzens und im
Segen gedient. Die Sprache hatte er, als einer, der nicht ſtudirt hatte, mit vieler Mühe
und Geduld, unter Gebet und Flehen zum
HErrn, gut gelernt, und das ganze neue Teſta-
ment, einige Stücke aus dem alten Teſtamente,
viele Lieder, Reden und andere erbauliche
Schriften, zum Beſten der Nation in ihre
Sprache überſetzt. Noch ein Jahr vor ſeinem
Ende half er dem Bruder Königſeer bey der
Reviſion der Ueberſetzung einer Harmonie der
vier Evangeliſten, die hernach zum Gebrauch
der Grönländiſchen Gemeinen gedruckt worden iſt.

§. III.

Im Jahre 1776 wurden von der Direction der
Grönländiſchen Compagnie zu Beförderung
des Handlungs-Intereſſe neue Anordnungen gemacht, die zum Theil den Grönländern in Abſicht auf ihr äußeres Beſtehen ſehr vortheilhaft
waren, indem der Seehundſpeck, welchen ſie an
die Kaufleute überlaſſen, mit Europäiſchen Waaren von da an viel reichlicher, als zuvor, bezahlt
wurde. Der Befehl aber, welcher zu gleicher
Zeit ergina, daß dieſelben nicht mehr in ſo großer
Anzahl, als bisher, beyſammen überwintern,
ſondern ſich an mehrere Orte vertheilen ſollten,
weil ſolches, wie man glaubte, ihrer Erwerbung
vortheilhafter ſeyn würde, machte den Brüdern
in Abſicht auf die Bedienung der von ihnen ge-
ſammleten Gemeinen viele Schwierigkeit, und

Be-

Bekümmerniß. Im Jahre 1779 zog dem zufolge zum ersten male ein Theil der bisherigen
Einwohner von Neuherrnhut nach Kellingar-
suk, den Kokörnen und Kangek, welche Orte
von ersterem vier, drey und zwo Meilen entfernt
sind. Eben so wurde ein Theil der Einwohner
von Lichtenfels nach der Gräberkorre, Imuke-
suk, und der Loge, in einer Entfernung von
vier, anderthalb, und einer halben Meile, versetzt. An jeden der auswärtigen Orte gab man
ein paar Helfer aus der Nation mit. Die Missionarien besuchten von Zeit zu Zeit, wenn es
möglich war, diese entfernt wohnenden Gemeinglieder; und letztere kamen dagegen wiederum
nach Neuherrnhut und Lichtenfels, wo sie mit
der Predigt des Evangelii und den heiligen Sacramenten bedient wurden. Auf diese Weise,
nach welcher man auch in den folgenden Jahren
verfuhr, suchte man die auswärts wohnenden
Gemeinglieder in der Gemeinschaft der Gläubigen zu erhalten, und sie vor allem Schaden, den
sie in Ansehung ihres inneren Gnadenganges
durch ihre Entfernung leiden konnten, bestmög-
lichst zu verwahren. Es war aber schwer, diese
Absicht gehörig zu erreichen, da öfters die rauhe
Witterung die gegenseitigen Besuche auf geraume
me Zeit unmöglich machte; und es ist nicht zu
leugnen, daß nach und nach von der Vertheilung
der Grönländischen Gemeinen sich manche betrübte Folgen zeigten; worüber die Brüder, die
solche zu bedienen hatten, um so bekümmerter
waren; weil sie sich außer Stande sahen, durch

X 5   zeitige

zeitige Warnung und Zurechtweisung dem entste-
henden Uebel abzuhelfen. Sie konnten dabei
nichts weiter thun, als diese ihrer Pflege befohl-
nen Seelen dem HErrn, dem sie angehören,
desto angelegentlicher zur Bewahrung zu empfehlen; und bey allen unausbleiblichen Mängeln war
doch auch die Treue, womit Er seine Hand über
ihnen hielt, und seine unter ihnen waltende Gnade unverkennbar.

§. 112.

Auf dem neuen Missions-Platze in Süden,
welcher Lichtenau genannt wurde, bekannte sich der HErr in Gnaden zu der Arbeit der
Brüder, und sammlete sich hier eine neue Gemeine aus der Grönländischen Nation. Schon im
Winter 1775 wohnten gegen zweyhundert Grönländer bey den Brüdern, um täglich das Evangelium zu hören, und noch mehrere besuchten öfters daselbst und wurden besucht, denen man bey
der Gelegenheit GOttes Wort verkündigte. Von
Zeit zu Zeit fanden sich mehrere bewogen, nach
Lichtenau zu ziehen, mit dem Vorsatze, sich zu
Christo zu bekehren. Nach und nach ward eine
gute Anzahl derselben durch die heilige Taufe der
Kirche Christi einverleibt, und die Gnade GOttes bewies sich kräftig unter dieser neuen Gemeine, die von den Brüdern treulich gepflegt, und
mit Wort und Sacrament bedient wurde. Zu
Ende des Jahres 1781 bestand dieselbe aus zweyhundert und fünf Getauften, und außerdem waren

ren noch über hundert Personen, die der Predigt
des Evangelii fleißig beywohneten.

Nachdem die zum Dienste auf diesem Missions-Platze angestellten Brüder und Schwestern
verschiedene Jahre in einem nach Grönländischer
Art von Erde erbaueten Hause sich beholfen hatten; so konnten sie endlich im November 1779 ein
nach Europäischer Art von ihnen erbauetes Haus
b ziehen, wozu sie die nöthigen Baumaterialien
mit den Dänischen Schiffen erhalten hatten.
Noch fehlte ihnen ein Haus zu den gottesdienstlichen Versammlungen, daher sie zuweilen wegen
der Menge der Zuhörer solche unter freyem Himmel halten mußten. Inzwischen baueten sie im
Jahre 1782 ein Haus nach Grönländischer Art
zu diesem Zwecke. Auch in Lichtenau wurde im
Jahre 1779 auf hohen Befehl der Anfang gemacht, eine Anzahl Familien ihre Winterwoh-
nung an auswärtigen Plätzen nehmen zu lassen.

Im October 1777 hatten die dasigen Brüder
das Vergnügen, etlich und funfzig verunglückten
Europäern in ihrer äußersten Noth zu Hülfe zu
kommen, und ihr Leben zu erhalten. Gegen dreyßig
auf Wallfischfang ausgegangene Schiffe waren
bey Spitzbergen vom Eise eingeschlossen worden,
und sind vermuthlich alle verloren gegangen. Von
vierzehn derselben, welche das Eis nach und nach
zertrümmerte, begab sich die Mannschaft auf
das Eis. Manche starben auf demselben, und
andere auf unbewohnten Inseln, an die sie getrieben wurden, vor Hunger und Kälte. Von
einigen, die sich bald ans Land zu retten suchten,

weiß

weiß man nicht, wo sie geblieben sind. Zwanzig
Mann kamen auf zwo Schaluppen bis in die
Gegend von Kap Farwell. Hier nöthigte sie der
Hunger, ihre Boote zu verlassen, und sie begaben sich über das Eis ans Land. Dieses waren
die ersten, die zu den Brüdern kamen. Mehrere, die auf dem schwimmenden Eise an verschiedenen Orten in dieser Gegend gelandet waren,
wurden von den Brüdern aufgesucht, und nach
Lichtenau gebracht. Zwölf derselben fand ein
getaufter Grönländer auf einer wüsten Insel mehr
todt als lebendig, und schaffte sie auch herbey.
Alle versorgte man mit Lebensmitteln und noth-
dürftiger Kleidung, und beförderte sie dann weiter auf die Kolonien. Die Brüder setzten sich
durch ihre Wohlthätigkeit der Gefahr aus, selbst
Noth zu leiden, ihr Vorrath an Lebensmitteln
reichte nur bis in den July künftigen Jahres, und
es war sehr zweifelhaft, ob sie bis dahin die neue
Zufuhr aus Europa erhalten würden, die sie
selbst mit vieler Beschwerlichkeit auf Booten von
Lichtenfels oder Neuherrnhut abholen mußten.
Dennoch waren sie ganz getrost im Vertrauen
auf die Fürsorge des Vaters im Himmel. Etlich und zwanzig andere von jenen verunglückten
Europäern kamen nach Neuherrnhut, wo die
Brüder ihnen mit Nahrung und Kleidung
dienten.

Im July 1780 reiste Königseer nebst seiner
Frau und Kinde, die sich bisher abwechselnd in
Neuherrnhut und Lichtenfels aufgehalten hat-
ten, von letzterem Orte zum ersten male nach

Lich-

Lichtenau. Sörensen war von daher mit einem
Boote gekommen, um sie abzuholen. Vieler
Nebel, Regen und Eis machte die Fahrt beschwerlich und gefahrvoll. Königseer verbrachte den Winter in Lichtenau voll Freude und
Dankbarkeit über das Werk des HErrn an diesem Orte. Im Frühjahre 1781 ging er mit
Frau und Kind nach Lichtenfels und Neuherrnhut zurück, und reisete sodann nach Europa, wo
er in dem darauf folgenden Jahre dem Synodo
der Brüder-Unität beywohnte, und von der seiner Aufsicht anvertraueten Mission genauen Bericht ertheilte.

Mehrere Veränderungen, die unter den Mitarbeitern bey dieser Mission vorgefallen sind, indem einige abgerufen und dagegen verschiedene
aufs neue angestellt wurden, will ich nicht umständlich anführen. Am 19ten Januar 1779,
da seit dem Anfange der Mission in Grönland
sechs und vierzig Jahre verflossen waren, hat
man angemerkt, daß bis dahin überhaupt zwey
und sechzig Brüder und Schwestern zum Dienst
dieser Mission angestellt worden waren, vier und
zwanzig sich noch darinnen befanden; sechs während ihres dasigen Dienstes, einer auf der Reise
zur See, und dreyzehn nach ihrem Abrufe in andern Gemeinen, ihren Lauf vollendet hatten; die
übrigen aber, so viel bekannt war, noch damals
in andern Gemeinen lebten.

§. 113.

§. 113.

Von dem in Asien unter Russischer Hoheit gelegenen Bruder-Etablissement Sarepta ist außer dem, was bereits oben gemeldet worden ist, hier noch folgendes anzuführen.

Auch in den Jahren 1779 bis 1782 gingen kleine Gesellschaften von Brüdern und von Schwestern dahin, um diese entfernte Kolonie zu verstärken. Im Jahre 1779 wurden sowol von den ledigen Brüdern als von den ledigen Schwestern neu erbaute Chorhäuser bezogen. Viele Fremde, deren Besuch wegen des neu entdeckten Gesundbrunnens noch zahlreicher als ehedem war, bekamen einen guten Eindruck von dem, was sie in Sarepta hörten und sahen. Zum Gebrauche des erwähnten Brunnens hatten sich im Jahre 1780 acht und siebenzig Herren und drey und dreßig Damen von Stande, und mit der Bedienung gegen neunhundert Personen eingefunden. Durch eine neue Eintheilung des Russischen Reichs kam Sarepta unter die Saratoffsche Statthalterschaft. Der neue Statthalter General Poliwanof besuchte daselbst zum erstenmale im July 1782, und bezeigte sich sehr gnädig.

Die Erweckung unter den deutschen Kolonisten in Sewastianofka und andern von ihnen erbaueten Dörfern an der Wolga hatte einen gesegneten Fortgang. Den um ihr Heil bekümmerten Seelen war der Zuspruch und die Anfassung von Brüdern aus Sarepta, welche von

Zeit

Zeit zu Zeit dort besuchten, lieb und werth. Sie
fanden aus der Erfahrung die gemeinschaftliche
Erbauung mit gleichgesinnten zur Beförderung
ihres Gnadenganges sehr dienlich; und im Jahre 1779 kam eine nähere Verbindung zu diesem
Zwecke unter ihnen zu Stande.

Die Kalmuckische Nation war immer ein
besonderer Gegenstand der angelegentlichsten Fürbitte der Sareptischen Gemeine, welche sehnlich
wünschte, diese arme Heiden zu ihrem ewigen
Heil mit dem Evangelio bekannt machen zu können. Vier Brüder widmeten sich dieser Sach-
ganz vorzüglich, gaben sich Mühe, die Sprache
zu erkennen, und ließen keine Gelegenheit vorbey,
wo sie den guten Samen des Wortes GOttes
ausstreuen konnten. Wiewol sich nun noch keine
Hoffnung zeigte, einige Frucht davon zu sehen;
so hatte man doch die Freude, daß ein blindes
Mägdchen von dieser Nation, welches den Brüdern überlassen und in Sarepta erzogen wurde,
sich zum HErrn bekehrte, und am 20sten December 1780
die heilige Taufe empfing. Ihr Kalmuckischer
Name war Polmisch oder Bolgusch, und in
der Taufe wurde sie Maria Magdalena genannt. Nach etlichen Jahren verschied sie selig
in gläubigem Vertrauen auf das Verdienst JE-
su Christi.

§. 114.

Auch unter den Tatarischen Völkern im Kaukasischen Gebirge wollte man gern, wo möglich, das Evangelium ausbreiten. Der Bruder
Gott-

Gottfried Grabsch, welcher sich zu verschiedenen Malen in Astrakan unter den Tatarn aufhielt, um ihre Sprache zu erlernen, entschloß sich endlich, eine Reise ins Gebirge zu machen, um zu sehen, ob sich einige Gelegenheit finde, vorgedachten Zweck zu erreichen. Insonderheit wollte er die Tschetschen aufsuchen, von welchen man die Vermuthung gehabt hatte, daß sie Nachkommen der alten Böhmischen Brüder wären. Und da die Brüder in Sarepta verschiedene Einladungen erhalten hatten, sich in Georgien oder Grusinien niederzulassen, so gedachte er auch dahin zu reisen, um die Umstände des Landes näher kennen zu lernen. Er kam von Sarepta mit seinem Gefährten Georg Grubel in der Mitte des Novembers 178 . nach Astrachan. Der Gouverneur gab ihnen sogleich den verlangten Paß zu einer Reise unter die Tatarischen Nationen im Kaukasischen Gebirge. Zu Anfang December setzten sie ihre Reise nach Kislar fort. Hier mußten sie eine schickliche Gelegenheit zu ihrem weitern Fortkommen abwarten, daher sie diese Stadt nicht eher als am 28sten Februar 1780 verließen. Ihr Sinn war, zuförderst nach Rubaschia, dem Sitze der Tschetschen, zu gehen. Sie kamen durch verschiedene Tatarische Orte, und erreichten am 7ten Merz das Dorf Berejee, eben dasselbe, wo Professor Gmelin gefangen gewesen und gestorben ist. Ohne ihren Begleiter, einen Tatarn, hätten sie keine Herberge gefunden, da sich alle Einwohner als eifrige Muhammedaner weigerten, Ketzer einzunehmen, bis endlich einer,

ihrem

ihrem Begleiter zu gefallen, sie aufnahm. Sie
meldeten sich bald bey Usmei-Chan, dem Tatarischen Beherrscher dasiger Gegend, der sich gerade an diesem Orte befand, und dem sie von
Kislar aus zur ferneren Begleitung bestens empfohlen wären, da sie ohne solche nicht nach Ku-
buscha kommen könnten. Einige Tage hindurch
wurden ihnen viele Schwierigkeiten gemacht.
Usmei-Chan gab sich alle Mühe, sie auszufor-
schen, da er das, was ihm Grabsch von seiner
Person und dem Zwecke seiner Reise sagte, nicht
glaubte, und auf Anstisten anderer argwohnte,
daß er reich, und ein Arzt oder sonst ein Gelehr-
ter sey. Ganz im Ernst sagte ein Tatarisches
Fürst zu Grabsch: er habe gehört, wenn einem
Menschen der Leib aufgeschnitten sey, so könne er
ihn in sehr kurzer Zeit wieder zuheilen. Endlich
ward Usmei-Chan beruhigt, und nahm die beyden Brüder in seiner Gesellschaft, worin sich
mehrere Mursen oder Tatarische Fürsten befanden, am 1ten Merz mit nach seiner eigentlichen
Residenz Baschlui, von wo er sie Tages darauf
nach Kubascha abfertigte. Er gab ihnen einen
Begleiter mit, der sie bey seinem dasigen Kunak
oder Gastfreund, Namens Mahmud, einquar-
tiren, und hernach in seine Hände zurückliefern
sollte. Auf sehr steilen und engen Wegen, wo
sie mehrentheils zu einer Seite hohe Berge und
zur andern unermeßliche Abgründe hätten, erreichten sie noch denselben Tag Kubascha.

§. 115.

Gleich beym Eintritt hörten sie mit Betrübniß die Mollas auf ihren Meschetten zum Gottesdienst rufen, zum offenbaren Beweise, daß die Einwohner Muhammedaner sind. Mahmud, dem sie empfohlen waren, nahm sie ganz freundlich auf, und brachte sie oben in das fünfte Stockwerk seines Hauses. Grabsch erkundigte sich genau nach der Herkunft und Religion, auch der Sprache und den Büchern der Einwohner, besuchte in allen Häusern und Winkeln, wo es nur möglich war, um noch Spuren des ehemaligen Christenthums zu entdecken. Er fand Ueberbleibsel von drey Kirchen, und an der einen über den Thürpfosten eine in Stein gehauene Schrift, welche er so wenig als die Einwohner lesen konnte, außer daß er mitten in derselben die Zahl 1215 in unsern gewöhnlichen, sogenannten Arabischen Ziffern erkannte. Nicht weit davon war eine noch ganz stehende sehr hohe Kirche von schönen Quadersteinen, mit vieler Bildhauerarbeit geziert, die aber nun zu Wohnungen eingerichtet ist und fünf Stockwerke hat. Man führte ihn oben hinauf, und zeigte ihm einige in Stein gehauene Schriften, an welchen er aber nicht die geringste Aehnlichkeit mit irgend einer ihm bekannten Schrift fand. Die Einwohner haben keine Bücher mehr von ihrer eigenen alten Schrift; sie bedienen sich jetzt der Arabischen, womit sie nicht nur das Türkische und Tatarische, sondern auch ihre eigene Sprache schreiben. Sie

verst

versichern, daß sie schon seit dreyhundert und
fünf und zwanzig Jahren dem Muhammedanischen Glauben zugethan sind, in welchem sie sich
nun auch recht eifrig beweisen.

Nach manchen vorläufigen Erkundigungen
suchte Grabsch dem Zwecke seiner Reise näher
zu kommen, und zu erfahren, ob die Einwohner,
wie man vermuthet hatte, Nachkommen der alten Böhmischen Brüder wären, ob sie etwa noch
einige christliche Bücher unter sich hätten, und ob
noch einige Neigung zum christlichen Glauben
bey ihnen Statt fände. Er legte denn als etwa
zehn Männern, die sich versammlet hatten, verschiedene Fragen vor; erhielt aber von seinem
Wirthe, als dem vornehmsten unter ihnen, zur
Antwort: Ihre Vorfahren wären zwar Christen
gewesen; sie wären aber schon seit mehr als dreyhundert Jahren Muselmänner, und dankten
GOtt, der sie auf den rechten Weg gebracht habe; sie wollten vom christlichen Glauben nichts
mehr hören, und ihn dann erst für ihren Bruder
erkennen, wenn es ein Muselmann würde; seine
Absicht werde doch nicht seyn, sie zu reformiren.
Grabsch erklärte darauf, es sey weder seine Absicht, noch in seinem Vermögen, sie auf andere
Meynung zu bringen, wenn sie ihrer Sache so
gewiß zu seyn glaubten; da die Brüder nur denjenigen, die in ihrem Gewissen unruhig geworden, den wahren und rechten Weg zur Seligkeit
durch JEsu Verdienst anzupreisen suchten. Einige wurden doch durch diese Unterredung aufmerksam, und bezeigten Zuneigung gegen

Grabsch,

Grabsch. Beym Abschiede waren sie alle sehr
freundschaftlich, und Mahmud, bey welchem
Grabsch eingekehrt war, erklärte, daß er ihn
nun, so oft er kommen wollte, als seinen Bruder
ansehen würde, wobey er von seiner vorherigen
Aeußerung, daß er erst ein Mahammedaner werden müßte, um ihr Bruder zu seyn, nichts wissen wollte.

Kubascha liegt in einem engen, unfruchtbaren, mit drey sehr steilen und kahlen Bergen umge-
gebenen Thale, und besteht aus etwa fünfhundert Häusern, die meist an der südlichen Seite
des nördlichen Berges so gebauet sind, daß sie
sich über einander stehen; daher auch keine ordentliche Straßen darin sind. In einiger Entfernung haben sie Vorwerke, wo sie etliche tausend Schafe unterhalten, aus deren Wolle die
Weiber Zeuge machen. Die Männer sind fast
alle Gewehrarbeiter. Der Ort stehet gewisser-
maßen unter Uzmei Chan, wird aber von einem
Rathe regirt, in welchem vier Männer die oberste Würde haben, womit alljährlich umgewech-
selt wird, so daß alle Hauswirthe nach der Reihe dazu gelangen.

§. 116.

Am 17ten Merz kamen die Brüder, in Begleitung eines Knechts von ihrem Wirthe in
Kubascha, nachdem Grabsch auf dem sehr gefährlichen Wege beynahe zu Schaden gekommen
wäre, glücklich wieder nach Baschlu, von wo
sie Uzmei Chan noch denselben Tag nach Derbent

dent bringen ließ. Hier wurden sie von einem
Armenier, an welchen sie von Kislar aus empfohlen worden, wohl aufgenommen. Sie wollten den 10ten früh ihre Reise über Schamachie
nach Tiflis fortsetzen, waren auch dazu mit einem
Passe von dem Befehlshaber des abwesenden
Chans versehen. Allein Haschi Bek, ein Mann,
der an Reichthum dem Chan überlegen war und
daher viel Gewalt besaß, ließ sie im Thore anhalten, und kündigte ihnen Arrest an, mit dem
Bedeuten, daß er sie nicht los lassen würde, bis
ihm seine im Russischen Gebiete confiscirte Sei-
zurück gegeben worden wäre. Grabsch meldete
diesen unangenehmen Vorfall durch seinen bisherigen nach Kislar zurückkehrenden Tatarischen Begleiter einem dortigen Freunde; der es auch durch
treue Bemühung dahin brachte, daß die Brüder
endlich am 18ten April die Freyheit erhielten, sich
von Derbent zu entfernen, in welcher Stadt sie
übrigens bis dahin ganz frey umher gehen konnten. Erst am 22ten fanden sie Gelegenheit, mit
einer Karawane von Ochsenwagen weiter zu reisen. Da ihre Fuhrleute sowol als die Einwohner der Orte, durch welche sie kamen, Muhammedaner waren, konnten sie als Christen, an einigen Orten kaum einen Trunk Wasser und kein
Geschirr dazu bekommen. Den 24ten ging es
über den breiten, schnellen, steinichten Fluß Sa-
mur, hernach zwischen der Kaspischen See und
einem Schneegebirge fast immer nach Südost.
Den aus dem Kriege zurückkommenden Lesgiern, die überall plünderten, wichen sie, so viel

Y 3 möglich,

möglich, aus. Den 2ten May lenkte sich ihr
Weg von der See ab nach Süden zu, und den
3ten früh erreichten sie Baku, wo sie bey einem
Armenier herbergten, der ihnen einen Begleiter
nach Schamachie (Persisch Schirwane) gab,
wohin sie Tages darauf abreiseten. Ihr Weg
ging über Berge und Thäler, die zum Theile unfruchtbar waren; und am 7ten erreichten sie be-
nannte in einer recht fruchtbaren Ebene gelegene
Stadt. Auch hier nahm sich ein Armenier ihrer
an. Sie hörten daselbst von einem drey Tagereisen entfernten Dorfe Warratschin, wo Christen wohnen sollen, die von Ausländern herstäm-
men, und, ohngeachtet der Chan der Scheckt,
welchem sie unterworfen sind, sie mit Strafen
zu dem Muhammedanischen Glauben zu bewegen sucht, über der christlichen Religion festhal-
ten. Sie fanden aber keine Gelegenheit, wie sie
gern wollten, dahin zu kommen, weil selten jemand dahin reiset. Doch bekam Grabsch einen
Mann von Warratschin zu sprechen, von dem
er erfuhr, daß dortige Einwohner von Grusinien
herstammten, und sich halb zur Grusinischen,
halb zur Armenischen Kirche hielten. Grabsch
wurde öfters als ein Arzt zu Rathe gezogen, so
sehr er sich auch dessen weigerte. Er hatte Gelegenheit, manchen Armeniern, auch einigen Per-
sern, etwas von Jesu zu sagen, welches nicht
ungern gehört wurde.

§. 117.

§. 117.

Nicht eher als den 8ten Juny konnten sie mit einer Karawane von neun, mit Ochsen be-spannten Frachtwagen weiter nach Tiflis reisen. Sie waren auf ihrem Wege immer in Furcht vor Ueberfällen von den Lesgiern. Vom 17ten bis 20sten blieb die Karawane ohnweit der Stadt Känsche liegen, deren Herrn, den Fürsten Chey Kusru, Grabsch besuchen wollte, da er in Sa-repta, wo derselbe vier Wochen krank gelegen, seine Bekanntschaft gemacht hatte. Er traf ihn nicht zu Hause, wurde aber in seinem von schö-nem Marmor erbaueten ansehnlichen Schlosse wohl bewirthet. Die Stadt war die schönste unter allen, die sie auf der Reise sahen, und hat treffliche Obstgärten von Europäischen und Asia-tischen Früchten. Da die fernere Reise sehr lang-sam ging, und sie am 26sten hörten, daß sie in einem halben Tage nach Tiflis kommen könnten; so wagten sie es, mit einem reitenden Armenier zu Fuße dahin zu gehen. Sie fanden aber den Weg länger, als sie geglaubt hatten, und sehr beschwerlich, über Berg und Thal; dabey war die Hitze sehr groß, und kein Tropfen Wasser zu haben. Um Mittag begegneten sie dem Fürsten Chey Kusru, der unter Bedeckung von vierzig Mann von Tiflis nach Känsche zurückkehrte. Grabsch grüßte ihn von Sarepta. Etwa zwo Meilen von Tiflis verließ sie der reitende Arme-nier, der nach seiner Heimath ging. Sie er-reichten die Stadt nicht eher, als da es schon

dun-

dunkel war. In ihrer Verlegenheit, wo sie jetzt
sehr müde und entkräftet, da sie sechs deutsche
Meilen ohne Nahrung in der Hitze gegangen
waren, als Fremde, ohne Begleiter und Empfehlungsschreiben, (weil es nemlich zu spät
war, diejenigen aufzusuchen, an die sie empfohlen waren,) eine Herberge finden würden, be-
gegnete ihnen vor dem Thore ein Knabe, mit dem
sie sich in ein Gespräch einließen. Sie sagten ihm,
daß sie Deutsche wären, und er antwortete ihnen
auf Befragen, daß er noch Eltern habe, daß sein
Vater ein guter Mann sey und ihnen sehr gern
eine Nachtherberge geben würde. Er brachte sie
auch einen weiten Weg in seines Vaters Haus
in der Vorstadt; es war ein alter armer Mann,
der aber nebst seiner Frau sie sehr freundschaftlich aufnahm, sich darauf bereitet zu haben
schien, und sagte: GOtt hätte ihm diese Gäste
zugeschickt.

Grabsch suchte Tages darauf einen Armenier auf, an den er empfohlen war. Er hatte ein
Empfehlungsschreiben von dem Commandanten
in Kislar an den Zar Heraklius, der aber gerade nicht in der Stadt war. Inzwischen wurde
er und sein Gefährte auf Befehl des Prinzen
Georg gut beherberget und auf Kosten des Zars
bewirthet. Der Commandant Gabriel Paw-
lowitsch Galebof und der Fürst Paul Andros-
nikof erwiesen ihm viel Freundschaft, und überhaupt ward den beyden Brüdern viel Ehre und
und Gefälligkeit erzeigt.

§. 118.

Am 30sten ging Grabsch in Begleitung des Commandanten auf Befehl des Zars nach dessen Sommerplatze, anderthalb Meilen von der Stadt, wo er nebst seinem Gefolge in Zelten wohnte. Grabsch bekam ein eignes Zelt, und zwo Stunden nach seiner Ankunft erhielt er Audienz beym Zar, der ihn in Türkischer Sprache höflich bewillkommte, ihn neben sich sitzen und mit Kaffee und Thee bedienen ließ, seinen Paß und Empfehlungsschreiben durchlas, und nach einer kurzen Unterredung ihn für dasmal entließ. Grabsch mußte bis zum 6ten July bey dem Hoflager bleiben, weil der Zar gern noch mit ihm besonders sprechen wollte; welches aber anderer Geschäfte wegen immer verschoben wurde. Inzwischen wurde er aufs beste gehalten und ihm viel Ehre erwiesen; wie denn der Zar einst von drey Kästchen schöner Abrikosen, welche er von dem Fürsten Chey Koseru bekam, eines ihm zuschickte, da er die beyden andern für sich und seine Gemahlin behielt. Oberwehnte beyde Herren und mehrere unterhielten sich öfters mit Grabsch über die Verfassung der Brüdergemeine, und äußerten den Wunsch, daß sich Brüder im Gebiete des Zars niederlassen möchten.

Am 6ten July begab sich der Zar nach der Stadt, um das warme Bad zu gebrauchen, und ließ Grabsch ersuchen, ihm dahin zu folgen. Um Mitternacht bestellte er ihn zu sich, und besprach sich mit ihm in Beyseyn vorgedachter bey-

Y 5. der

der Herre. Da in seinem Passe und Empfehlungsschreiben nichts weiter stand, als daß er auf
seiner Reise ins Gebirge, um die Nachkommen
der alten Brüder aufzusuchen, in Tiflis ausru-
hen wollte, und daß der Zar ersucht würde, ihm
seinen Schutz biebey zu gönnen und zur weiteren
Reise beförderlich zu seyn: so gab ihm nun der
Zar seine Vermuthung zu erkennen, daß er wol
noch einen geheimen Auftrag von seinen Brüdern
haben möchte. Die beyden anwesenden Herren
stellten ihm die Vortheile vor, welche die Brüder
von einer Niederlassung in diesem Lande haben
könnten, und suchten ihm auf alle Weise darauf
zu deuten, daß der Zar erwarte, er werde im
Namen der Brüder darum ansuchen, daß sie in
seinem Lande sich niederlassen dürften. Grabsch
blieb aber immer dabey, daß er, außer obge-
dachtem, keinen Auftrag habe. Indeß erbot er
sich endlich, wenn der Zar ihm etwa schriftlich
oder mündlich einen Auftrag an die Direction
der Brüder-Unität mitgeben wollte, solchen aufs
genaueste und treueste auszurichten. Darauf
stand der Zar auf, trat zu ihm, und sagte: "Fe-
dor Iwanitsch," (so wurde Grabsch von den
Russen genannt;) "ich habe gehört, daß die
Brüder ein aufrichtiges und geschicktes Volk
sind; und wenn ich könnte fünf, zehn, hundert,
ja tausend Brüder von euch in mein Land bekommen, so würde ich es GOtt danken; ja das wäre auf meine alten Tage eine Krone auf mein
Haupt." Er erklärte dann weiter, daß er an
die Direction der Brüder-Unität deßfalls schreiben

ben wollte, und ersuchte Grabsch, ihm darin zu rathen, versprach auch, den Brüdern alles, was sie nur wollten, zuzugestehen, und, wenn es ihnen da nicht gefallen sollte, sie auf seine Kosten zurückzuschaffen. Bey einer abermaligen Audienz erkundigte sich der Zar näher nach der Direction der Brüder-Unität und ihrem Aufenthalte, und wollte, um desto eher Antwort auf sein Gesuch zu erhalten, den Bruder Grabsch den geraden Weg über Konstantinopel nach Deutschland auf seine Kosten und unter Begleitung schicken; welches aber Grabsch verbat.

§. 119.

Die beyden Brüder waren über einen Monat lang in Tiflis, da sie die Stadt und Gegend ziemlich kennen zu lernen Gelegenheit hatten.

Die Stadt liegt wie in einem Kessel, ganz mit Bergen umgeben; daher im Sommer die Hitze sehr groß ist. Der Fluß Kur fließt durch dieselbe. Innerhalb der Mauren ist sie anderthalb Werste lang, und nicht ganz eine Werst breit. Sie hat Vorstädte, und außerhalb dieser sind noch steinerne Festungswerke. Man rechnet die Einwohner auf zwölftausend Familien, und die Familien sind hier gewöhnlich ziemlich stark. Die Gassen sind sehr krumm und so eng, daß meistens kein Wagen darin fahren kann. Die Häuser sind gemauert, mit Erde flach gedeckt, und mehrentheils zweystöckig. Außer dem Schlosse des Zars nimmt sich kein Gebäude be-

sonders

sonders aus. Ueber die Hälfte der Einwohner
sind Armenier, und etwa hundert Familien Muhammedaner. Bey den Grusiniern, welche die
eigentlichen Landeseinwohner und Griechischer
Religion sind, werden die Lutheraner wohl geachtet; die Katholiken aber sind durch das Pros-
elytenmachen verhaßt worden. Es sind in der
Stadt sieben Armenische und fünf Grusinische
Kirchen, auch drey Moscheen. Auch sind daselbst zwölf schöne und wohl eingerichtete Bäder.
Den Kur-Fluß hinab liegen viele Obst- und
Weingärten. Der fruchtbarste Theil des Landes ist nahe an den Gebirgen, an der Gränze der
Lesgier.

Der Zar, welcher vier und sechzig Jahr alt
war, trug einen schwarzen Bart, und hatte ein
ehrwürdiges und dabey leutseliges Ansehen. Er
war eben so sehr ein Menschenfreund als ein Krie-
gesheld, in welcher letzteren Eigenschaft er sich
bekannt genug gemacht hat. Er beobachtete eine
pünktliche Lebensordnung, widmete die meiste
Zeit den Geschäften und der Andacht, und schlief
nur wenige Stunden. Er hatte sechs Söhne
und sieben Töchter am Leben, wovon erstere alle
sehr umgänglich waren.

Grabsch fand Gelegenheit, von Tiflis aus
mit einer nach Kairo gehenden Karawane an die
dort sich aufhaltenden Brüder zu schreiben. Von
seinem Hauswirthe, einem sehr bereiseten und
vieler Asiatischen und Europäischen Sprachen
kundigen Manne, der unter andern die meisten
westlichen Länder in Europa besucht hatte, ver-

nahm

nahm er zu seiner Verwunderung, daß derselbe
die in Ostindien sowol bey Trankebar, als auf
der Nikobarischen Insel Nancauvery sich aufs
haltenden Brüder gesehen hatte.

§. 120.

Das Vorhaben, von hier aus über die Gebirge
zu den Tschegemzi, oder dem am Flusse
Tschegem wohnenden Volke zu reisen, mußten
die beyden Brüder aufgeben, da man ihnen die
Unmöglichkeit davon vorstellte, und daß sie eher
von Wosdok aus dahin kommen könnten. Auch
von diesem Volke hatte man wegen der Aehnlichkeit des Namens mit demjenigen, welchen die
Böhmen in ihrer Sprache haben, (Czechen,)
die Vermuthung gehabt, daß solches vielleicht
Nachkommen derjenigen Böhmischen Brüder
seyn möchten, die ehemals in diese Gegend geflüchtet seyn sollen. Grabsch sprach inzwischen,
in Tiflis selbst einige Männer aus der Gegend
am Flusse Tschegem, welche die Nogaische
Sprache redeten, und ihn versicherten, daß ihre
Vorfahren Tatarn aus der Gegend von Astrakan gewesen, und vermuthlich vor den Russen
ins Gebirge geflüchtet wären; die Ueberbleibsel
christlicher Kirchen aber, müßten wol von einem
andern Volke herrühren. Eben dieses bestätigten andere, die diese Gegend bereiset haben; und
wahrscheinlich rühren die Spuren des Christenthums in dieser und mehreren Gegenden des Ge-
birges von den Kolonien der Genueser her, die
ehedem hier gewohnt haben.

Nach-

Nachdem Grabsch das Schreiben vom Zar empfangen, welches in Türkischer Sprache geschrieben war, in welcher er auch mit ihm gesprochen hatte: so verließen die beyden Brüder Tiflis am 2ten August, und reiseten nach Mosdok ab. Der Zar gab ihnen eine Begleitung mit, und sorgte für ihr weiteres sicheres Fortkommen. Da die Brücken über den Terek auf dem Wege, den sie zu machen hatten, von den in dasiger Gegend wohnenden Osseten weggenommen waren, so mußten sie mit erstaunlicher Mühe und Gefahr über sehr hohe und steile Felsen klettern. Ein Ossetischer Fürst, Dudarukwa, hatte sie in Schutz genommen, und für ihre sichere Ankunft in sein Dorf Achmer gesorgt, wo sie den 6ten Abends eintrafen, und von ihm bewirthet wurden. Hier aber foderte er von ihnen einen übermäßigen Zoll von baumwollenem Zeuge; womit hier alles bezahlt, und nach Hemden, wovon eines sieben und einen halben Arschin beträgt, gerechnet wird. Da sie solchen nicht bezahlen konnten, hielt er sie verschiedene Tage auf. Erst am 12ten konnten sie ihre Reise fortsetzen, und Tages darauf erreichten sie Mosdok. Verschiedene Ursachen bewogen sie, die annoch vorgehabte Reise zu den Tschegemzi aufzugeben; daher sie am 17ten über Kislar und Astrakan nach Sarepta zurückkehrten, wo sie am 16ten September wohlbehalten eintrafen.

§. 121.

§. 121.

Zu Anfang July 1776 kamen die vier Brüder, welche das Jahr vorher nach Ostindien abgefertiget worden waren, (s. §. 56.) in dem Brüdergarten bey Trankebar an. Man freute sich daselbst nicht nur über diese Verstärkung, sondern auch vornemlich über die erwünschten Nachrichten von dem im vorhergehenden Jahre versammleten Synodo, und von dem herzlichen Theilnehmen, womit derselbe auf die Unterstützung der zwar noch unfruchtbaren Missions-Anstalten in Ostindien Bedacht genommen hatte. Der Heimgang verschiedener Brüder im Brüdergarten und in Nikobar, und die Rückkehr einiger anderer nach Europa, wodurch Lücken entstanden, die wieder ausgefüllt werden mußten, nicht weniger der Versuch, ein neues Missions-Etablissement in Bengalen zu errichten, (§. 56.) machte die wiederholte Absendung mehrerer Brüder nach dieser entfernten Welt in den folgenden Jahren nothwendig. So wurden die dortigen Etablissemens 1778 mit zween, 1780 mit vier, und 1781 mit sechs Brüdern aus Europa verstärkt. Unter der letzten Gesellschaft befand sich der älteste Sohn des Bischofs Johannes von Watteville, Johann Ludwig, welcher die Predigt des Evangelii im Brüdergarten besorgen, und sich insonderheit der Missions-Arbeit unter den Malabaren widmen sollte. Noch andere fünf Brüder wurden 1781 nach Ostindien abgefertiget, konnten aber erst zu Ende May des folgenden Jahrs

dahin

dahin unter Segel gehen. Der zeitherige Vorsteher der Kolonie, Joachim Wolteredorf, (§. 54.)
wurde abgerufen, fand jedoch nicht Gelegenheit,
mit seiner Familie nach Europa zurück zu reisen.
An seine Stelle trat der Bruder Isaak Kärch,
welchem etliche Brüder zugeordnet wurden, mit
denen er alles gemeinschaftlich überlegte.

Die Hoffnung, welche man im Brüdergarten gefaßt hatte, mit dem Evangelio unter den
heidnischen Malabaren Eingang zu finden, (§. 4.)
verschwand, leider! gar bald wieder, indem die
Zuhörer, welche die Brüder in ihrer Portugiesischen und Malabarischen Predigt eine Zeit lang
hatten, sich nach und nach ganz verloren. Selbst
ihr einiges Geschwister machte ihnen nicht viel Freude. Der Eifer, die schwere Malabarische, oder eigentlich Tamulische Sprache zu erlernen, wurde
dadurch sehr geschwächt. Brittel, (f. D. Cranz
N. B. H. S. 239.) der es am weitesten darin gebracht hatte, entschlief im Jahre 1777. Da nun
auch auf den andern Plätzen, die von hier aus besorgt wurden, die Aussicht, Nutzen zu schaffen,
sich immer mehr verlor, und überdieß wegen des
äußeren Bestehens sich mehrere Schwierigkeit zeigte: so hatte die Geduld der Brüder in Ostindien
schwere Proben auszuhalten. Ins ganze nahm
unter diesen Umständen eine gewisse Muthlosigkeit
überhand, und manche ließen sich dadurch in ihrem
seligen Gnadengange stören; ein Erfolg, der gewiß
bey allen, die die menschliche Schwachheit kennen,
mehr Mitleiden erwecken, als strenges Urtheil veranlassen wird.

Bey

Bey den in diesem Zeitraume entstandenen
Kriegesunruhen auf der Küste Koromandel wur=
de das unter Königlich Dänischer Hoheit stehende
Gebiet von Trankebar mehrentheils als neutral
angesehen und behandelt. Jedoch, da im Februar
1781 einige tausend Mann von des Hyder Ali
Truppen durch das Dänische Gebiet zogen, ver=
übten sie manchen Unfug, und plünderten an ver=
schiedenen Orten. Dieses Unglück betraf auch den
Brüdergarten. Den daselbst binnen zwo Stun=
den verursachten Schaden schätzte man auf viertau=
send Reichsthaler. Sämtliche Einwohner waren
nach der Stadt geflüchtet; sie konnten aber bald
darauf zurückkehren. Im April 1782 hatten sie
wiederum einen ähnlichen Ueberfall zu befürchten,
daher sie abermals, doch nur auf kurze Zeit, in die
Stadt flüchteten. Sie hatten in erwähntem Jah=
re einen Besuch von den Officiers der Französi=
schen und Englischen Kriegsflotten, welche auf die
Rhede von Trankebar kamen; unter andern von
dem Französischen Admiral Suffren, der viele
Achtung und Gewogenheit für die Brüder bezeigte.
Da Hyder Ali die Kanäle im Tanschaurischen
hatte verwüsten lassen, so entstand hierdurch auch im
Gebiete von Trankebar, wo man alles zum Reis=
bau unentbehrliche Wasser durch besagte Kanäle
erhielt, eine große Theurung.

§. 122.

Auf den von Seiten der Dänischen Ostindischen
Compagnie erhaltenen Antrag (§. 56.) bega=
ben sich die Brüder Johannes Graßmann und

Karl Friedrich Schmid im Jahre 1777 nach
Serampore oder Friedrichs-Nagur, einer
Dänischen Handels-Loge in Bengalen. Sie
gingen, in Gesellschaft des dahin reisenden Directeurs der Loge, Herrn Bie, am 27sten August in
Trankebar zu Schiffe. Auf der Rhede von Ballasar hatten sie neun Tage lang einen gefährlichen
Sturm auszuhalten, bis sie endlich einen Lootsen
bekamen, der sie glücklich in den Ganges brachte.
Den 25sten September erreichten sie Friedrichs-
Nagur. Anfangs wohnten sie daselbst. Da sie
aber bald mit Herrn Livius in Kalkutta, welcher
sich daselbst in Diensten der Englischen Compagnie
befand, in Bekanntschaft kamen, so zogen sie noch
im December gedachten Jahres auf einige Zeit zu
diesem Freunde, der über die Ankunft einiger Brüder in dasiger Gegend sehr erfreut war, ihnen zu
ihrer Einrichtung alle mögliche Hülfe leistete, und
nichts mehr wünschte, als daß unter Englischem
Schutze eine Mission von den Brüdern errichtet
werden möchte, um das Evangelium unter der großen Menge dasiger Heiden auszubreiten. Mehrere Englische Herren äußerten gleiche Gesinnungen. Indessen war für die Zeit daran nicht zu
denken. Die beyden Brüder, welche ihrer Bestimmung zufolge auf Königlich Dänischem Gebiete bleiben mußten, kauften zu ihrem Aufenthalte
einen Garten ohnweit Serampore. Es befanden
sich in demselben drey Häuser, deren Wände aus
dünngeschnittenem Bambusholze geflochtene und
an Pfählen befestigte Matten waren. Eines derselben diente den Brüdern zur Wohnung. Dieser

Platz

Platz lag dicht am Ganges, welches um so beque-
mer war, da man zum trinken und anderm Gebrauch dort kein anderes, als das sehr gute Wasser
aus diesem Flusse hat. Auch ist die Luft am Wasser gesünder, als weiter im Lande. Zu Ende April
1777 zogen die beyden Brüder dahin. Sie gaben
sich viele Mühe, unter Anleitung eines Sprach-
meisters die Bengalische Sprache zu lernen, und
machten darin gute Fortschritte. Zu ihrem äußern
Bestehen war die ziemlich ansehnliche Praxis, welche Schmidt als ein geschickter Arzt bald bekam,
sehr beförderlich. Ihren eigentlichen Zweck aber,
den heidnischen Einwohnern des Landes das Evangelium zu verkündigen, konnten sie noch nicht erreichen. Im September 1781 wurden sie von den
Brüdern Jürgen Stoal und Blaschke aus dem
Brüdergarten bey Trankebar besucht, die ihnen
auch einen neuen Gehülfen, den Bruder James
La Trobe, mitbrachten. Man hatte noch immer
einige Hoffnung gehabt, in Bengalen unter Englischem Schutze eine Mission errichten zu können;
verschiedene Herren im Lande munterten, wie schon
erwehnt, die Brüder dazu auf, und meynten, es
würde solches gar wol angehen; allein die Direction der Ostindischen Compagnie in England, ohne
deren Genehmigung so etwas nicht unternommen
werden konnte, schien das Vorhaben nicht zu be-
günstigen. Inzwischen schenkte Herr Livius den
Brüdern einen Garten zu Geringa, eine halbe
Stunde von Kalkutta, darin sich ein paar Häuser befanden; und sie zogen im Jahre 1782 dahin.
In eben diesem Jahre machte der Bruder Schmidt

auf

auf erhaltene Veranlassung einen Besuch in Patna, und der Chef der dasigen Dänischen Loge, Herr Berner, wünschte, daß sich einige Brüder dahin begeben möchten.

§. 123.

Wir haben im vorigen Abschnitte (§. 55.) gesehen, daß im Jahre 1773 zum letzten male von Seiten der Dänischen Ostindischen Compagnie ein Schiff von Trankebar nach den Nikobarischen Inseln geschickt wurde. Im Brüdergarten suchte man nun andere Mittel, mit den sonst ganz verlassenen Brüdern auf Nancauwery die Gemeinschaft zu unterhalten, und ihnen die nöthige Unterstützung zu verschaffen. Die Versuche, mit verschiedenen nach der Ostküste segelnden Schiffen Briefe und die nöthigen Bedürfnisse dahin zu schicken, waren mehrentheils vergeblich. Man mußte daher endlich selbst ein Fahrzeug zu diesem Zwecke anschaffen. Ein in Trankebar wohnhafter Engländer, Herr Holford, war darin sehr behülflich. In Gemeinschaft mit den Brüdern ließ er ein kleines Schiff von Bengalen aus nach Nikobar gehen, welches gegen Ende Februar 1775 daselbst ankam, die nöthige Provision für die dasigen Brüder und Briefe an dieselbe brachte, daselbst einige Ladung an Landes-Producten einnahm und nach Trankebar zurückkehrte. Obgleich die Kosten der Ausrüstung nicht vergütet wurden, so gab erwehnter Freund doch den Muth nicht auf. Er nahm vielmehr den dermaligen Verlust auf sich, und erbot sich zu fernerer Unterstützung

tzung der Brüder bey Absendung eines Schiffes
nach Nikobar, wobey seine einzige Absicht die
Beförderung der dortigen Missions-Anstalt sey.
Er hatte die Hoffnung, daß mit Geduld und
Standhaftigkeit das Vorhaben gelingen werde.
Inzwischen fanden sich viele Schwierigkeiten. Ein
etwas größeres Schiff, mit welchem gegen dreyßig-
tausend Mauersteine, ein paar Maurer, und etliche gemiethete Tagelöhner zu Beförderung des un-
ternommenen Hausbaues nach Nikobar gebracht
werden sollten, konnte mancher Hindernisse wegen
nicht eher als am 4ten Merz 1776 von Trankebar
absegeln. Die beyden Brüder Dorschmidt und
Johann Nirschmann wollten mit nach Nikobar gehen, ersterer nur zum Besuch. In Madras aber, wo sie unterweges einliefen, ward letzterer von einer hitzigen Krankheit befallen, und
vollendete bey der Gelegenheit seinen Lauf am ten
April. Er ward von dem Hallischen Missionär,
Herrn Fabricius, auf dem Gottesacker der Mission in Wspery bey Madras beerdigt. Dorfschmidt setzte inzwischen, wiewol kränklich, seine
Reise fort. Allein das Schiff verfehlte den Eingang in die Nikobarischen Inseln, der wegen der
Winde und Ströme oft schwer zu treffen ist; und
mußte daher seinen Weg nach der Ostküste fortsetzen, wo es bey der Insel Junksalon oder Jungceylon vor Anker ging. Die nach Nikobar bestimmten Sachen wurden hier ausgeladen, und die
Reise nach dem festen Lande über Malacca nach
Queda fortgesetzt, woselbst Dorschmidt Gelegenheit nach Nikobar oder Trankebar zu finden

hoffte.

hoffte. Von letzterem Orte war inzwischen, da
man vermuthen konnte, daß das Schiff, womit
Dorfschmidt abgegangen war, nicht so bald in
Nikobar eintreffen würde, zu Anfang Septembers, als der bequemsten Jahreszeit, das kleinere
Schiff wiederum dahin abgefertiget worden. Allein
auch dieses verfehlte seinen Weg und kam ebenfalls
nach Queda. Für Dorfschmidt war solches sehr
gelegen; er begab sich darauf, holte mit demselben
die in Jungceylon zurückgelassenen Sachen ab,
und traf endlich am 26ten November glücklich in
Nancauwery ein, von wo er nach einigem Aufenthalte gegen Ende Januars 1777 zurück kam.
Die ausgestandenen vielen Beschwerden zogen ihm
eine Krankheit zu, die sein Ende beförderte, welches
im Merz erfolgte. Aehnliche Schwierigkeiten äußerten sich bey wiederholter Absendung eines Schiffes nach Nikobar; doch kam solches von da an alljährlich einmal richtig dahin, so daß die Gemeinschaft mit diesem entfernten Posten nothdürftig unterhalten werden konnte.

§. 124.

Nancauwery, diejenige unter den zehn Nikobarischen oder Friedrichs-Inseln, auf
welcher die Brüder wohnten, ist zwo Meilen lang
und fast anderthalb Meilen breit. Das Land ist bergicht, fast durchgängig leimichter Boden, mit wenigen harten Steinen vermengt. Am Seestrande
finden sich hin und wieder Felsensteine. Die ganze Insel ist mit Bäumen, Gesträuchen und Ran-
ken dicht bewachsen; es kann daher die warme und
feuchte

feuchte Luft durch den Wind nicht gehörig gereini-
get werden, und dieses ist ohne Zweifel die Ursache
der Krankheiten, die jeden dahin kommenden Ausländer befallen, und in Fieber, Beulen und Aus-
schlag bestehen. Der Boden ist sehr fruchtbar,
und es könnte daselbst, nach einigen Versuchen im
kleinen zu urtheilen, Reis, Zucker, Kaffee und
Kakao mit Nutzen gebauet werden. Die Nikobaren kochen aus dem ausgepreßten Saft einer gewissen Baumfrucht einen dicken Brey, den sie
Melori heissen, und der ihnen statt des Brodes
dient. Auch verfertigen sie Kuchen, Diewile genannt, aus einer Art Nüssen mit feingeriebenen
Kokoskernen vermengt. Kokos und Arek-Nüs-
se wachsen häufig daselbst, so daß sie zum Handel
ausgeführt werden. Nams und Harschiat oder
Harsiak, sind zwo Arten eßbarer Wurzelgewäch-
se, deren sich die Brüder sowol als die Eingebornen bedienten. Das gewöhnliche Gemüse der erstern war die Pisang-Frucht. Sie pflanzten auch
Goyavas-Bäume, welche reichlich Früchte trugen. Fische gibt es in Ueberfluß, und an Hüh-
nern und Schweinen ist auch kein Mangel. Einige Ziegen, welche die Brüder vom festen Lande
bekommen hatten, gediehen sehr wohl. Außer dem
Wasser bedienen sich die Nikobaren des Saftes
aus dem Kokos-Baum, welcher Sure genannt
wird.

Die Nikobaren wohnen in Dörfern, die am
Seeufer erbauet sind. Ihre Häuser sind von Holz,
und die Wände und Dächer von Baumblättern
geflochten. Sie haben, gleich andern Wilden,

keine

keine bürgerliche Verfaſſung und Geſetze. Jeder
handelt nach ſeinem Gutdünken. Wenn einer den
andern beſtiehlt oder ſonſt beleidigt, ſo fodert der
Beleidigte den Thäter heraus, und ſie ſchlagen ſich
öffentlich mit langen Stöcken herum. Wenn die
Brüder beſtohlen wurden; ſo konnten ſie nirgends
ihre Klage anbringen, noch hoffen, daß ihnen zu
ihrem Rechte verholfen würde; vielmehr thaten ſie
am beſten, wenn ſie auch den Thäter wußten, ſolches zu verſchweigen, um mehreren Unfug zu verhüten. Es herrſcht viele Uneinigkeit zwiſchen verſchiedenen Dörfern, und zwiſchen deren Einwohnern unter ſich. Wenn ſie Feſte und Saufgelage
anſtellen, ſo endigt es insgemein mit einer Schlä-
gerey. Die Brüder erlebten auch mehrere Bey-
ſpiele von Mordthaten unter den Eingebornen. In
jedem Dorfe iſt zwar einer, der ſich Kapitain
nennt, und bey den Ausländern ein Anſehen gibt.
Allein er hat keine Gewalt, und kann von ſeinen
Landsleuten weiter keine Folgſamkeit erwarten, als
in ſo fern er ſich durch ſeinen Verſtand und guten
Rath bey ihnen in Anſehen geſetzt hat. Ein Kapitain des Dor…, in deſſen Nähe die Brüder wohnten, thut ihnen in vielen Fällen gute Dienſte, und
bewies ſich immer freundſchaftlich. Doch war ſeine Freundſchaft nicht ohne Abſichten; er hielt ſich
dadurch für berechtigt, deſto öfter bey den Brüdern um Tabak zu betteln. Ueberhaupt wiſſen ſie
von keiner andern Freundſchaft mit Ausländern,
als daß ſie fleiſſig Geſchenke von ihnen erwarten,
welche ſie auch ganz dreiſt fodern, ohne je an eine
Erwiederung zu denken.

§. 125.

§. 125.

Von GOtt und göttlichen Dingen haben die Nikobaren kaum einigen Begriff, obgleich das Portugiesische Wort Deos (GOtt) ihnen nicht unbekannt ist, welches sie von zween Portugiesischen Missionarien, die sich auf Nancauwery, vierzig bis funfzig Jahre vor Ankunft der Brüder daselbst, aufhielten, oder auch sonst von dahin kommenden Schiffen gelernt haben mögen, da bekanntlich die Portugiesische Sprache in den Ostindischen Häfen (so wie in der Levante die lingua franca) die allgemeine Sprache ist, deren sich alle Nationen zum Verkehr unter einander bedienen. Keine Art eines eigentlichen Götzendienstes findet unter den Nikobaren Statt. Nur mit einem mächtigen bösen Geiste, den sie auch Portugiesisch Diabo, das ist Teufel, nennen, haben sie viel zu schaffen. Sie sagen: sie stehen unter ihm; er sey bey ihnen auf ihrem Lande; sie müßten sich vor ihm fürchten, und sich hüten, ihn zu erzürnen, weil er sonst über sie komme, ihnen alles Herzeleid anthue, sie krank mache und gar tödte. Einer der angesehensten Nikobaren äußerte sich darüber gegen die Brüder folgendermaßen. Es gäbe zweyerley Iwi, (Geister,) gute und böse; die guten (das sey der Europäer Deos) wohnten im Monde; von ihnen wären die Menschen, Thiere, Bäume, und alles, gemacht. Sie sähen vom Monde herunter auf die Erde, und wüßten alles, was darauf vorginge. Die bösen (Portugiesisch, Diabo,) wohnten viel niedriger, schwebten in der

Z 5   Luft,

Luft, und wären sonderlich hier auf den Gipfeln
der höchsten Bäume, wohin auch die Seelen der
verstorbenen bösen Leute kämen, sonderlich die Zauberer, von denen sie glauben, daß sie andere so be-
zaubern, daß sie sterben müssen, und auch ihre
Priester sie nicht gesund machen können.

Diese Priester, oder eigentlich Gaukler und
Hexenmeister, von der Art, wie sie sich bey andern
Wilden befinden, sind die Urheber und Beförderer
von einer Menge abergläubischer Meynungen und
Handlungen. Man gibt ihnen den Portugiesischen
Namen, padres, Väter. Es ist dieses nicht etwa ein erbliches oder von andern übertragenes
Amt; sondern es verordnet sich, wer da will und
in diesem Gaukelspiele glücklich ist, selbst dazu; gerade so wie bey andern Wilden. Diese Leute geben eine besondere Bekanntschaft mit dem Teufel
vor, wollen ihn bald hier bald da gesehen, und von
ihm vernommen haben, daß er dieses oder jenes
verlange oder nicht leiden könne. Auch den Brüdern haben sie unter solchem Vorwande wehren
wollen, Steine zu ihrem Hause zu fahren, Bäume zu fällen, Zäune zu machen, und dergleichen.
Denn ob sie wohl sahen, daß diese von ihrem Aberglauben nichts hielten, und daher sagten — euch
kann der Teufel nichts thun; ihr steht nicht unter
ihm, ihr habt es mit GOtt zu thun: so setzten sie
doch hinzu — weil er euch nichts thun kann; so
fügt er statt dessen uns böses zu, wenn ihr thut,
was ihm nicht gefällt: Unter ihren Landsleuten
setzen sie sich durch ihre Curen in Ansehen, indem
sie die Stelle der Aerzte vertreten. Alle Krankhei-

ten

ten rühren, ihrer Meynung nach, vom Teufel
her; wird dieser vertrieben, so bekommt der Kran-
ko seine Gesundheit wieder. Wann daher der Pa-
dre zu einem Kranken kommt, so thut er weiter
nichts, als daß er, nach einigen Gaukeleyen, den
Leib des Kranken mit halbverschlossenen Händen zu
wiederholtenmalen streicht, und solche darauf hinter sich auf die Erde oder auf eine Handvoll grüne
Blätter, die hernach weggeschmissen oder vergraben werden, bedächtlich abschüttelt. Das abge-
schüttelte soll der Teufel seyn. Doch machen sie
auch ihren Patienten weiß, daß sie allerhand fremde Körper, als Topfscherben und dergleichen, die
in ihrem Leibe gesteckt und die Krankheit verursacht
hätten, und welche sie ihnen vorzeigen, durch ihre
Kunst wegschaffen. Die Cur wird auf beschriebene Weise, so lange es nöthig ist, täglich fortgesetzt.
Oefters sind die Padres bemüht, den Teufel bey
den Häusern oder im Busche aufzusuchen, wo sie
ihn zuweilen mit dem bloßen Säbel verfolgen; endlich fangen sie ihn, wie sie glauben, mit einer
Handvoll Laub, und vergraben ihn oder werfen
ihn in die See. Manchmal wird ein hölzernes
Gerüst am Ufer gemacht, und dann der Teufel auf
dasselbe gejagt und so in die offne See geführt und
den Wellen Preis gegeben. Sie glauben, daß
nach dem Tode die Seelen der guten Menschen an
einen guten Ort, der bösen hingegen, wie schon
oben erwehnt ist, auf die Gipfel der höchsten Bäume kommen, wo der Teufel seinen Wohnsitz hat,
und wo sie viel Ungemach leiden.

§. 126.

§. 126.

Die Brüder wurden von den Nikobaren, die sonst gegen Ausländer sehr mißtrauisch sind, immer mehr als redliche und glaubwürdige Leute erkannt; kamen in Handel und Wandel mehrentheils gut mit ihnen zurecht; und wurden, obgleich ihr Haus fast den ganzen Tag Zuspruch von den Eingebornen hatte, selten in ihren Versammlungen gestört. Doch erfuhren sie auch zu Zeiten, wie unbeständig und unzuverläßig die gute Gesinnung solcher Wilden ist.

Im December 1774 trafen sie ein Abkommen mit den Kapitains und übrigen Einwohnern des Dorfs Malacca, in dessen Bezirk sie sich niedergelassen hatten, wodurch ihnen das Eigenthum des von ihnen in Besitz genommenen Landes zugesichert wurde. Sie erhielten solches gegen ganz mäßige Geschenke. Es wurde eine Schrift darüber aufgesetzt, und deren Inhalt den beyden Kapitains zu wiederholten malen erklärt, bis sie solchen wohl gefaßt hatten; worauf sie ihre mit Bleystift darunter geschriebene Namen selbst mit Tinte überzogen. Auch den Einwohnern eines andern nahegelegenen Dorfs wurde zu Bezeugung nachbarlicher Freundschaft ein Geschenk gemacht. Von da an sahe man die Brüder als Jnländer an, und nannte sie nicht mehr Kaleng (Ausländer), sondern Haju Tripiet, Einwohner von Tripiet. Letzteres ist der Name eines Dorfs gewesen, welches ehedem daselbst gestanden hat.

Der

Der vor mehreren Jahren unternommene Bau eines steinernen Hauses (§. 55.) kam nach vielen Schwierigkeiten endlich glücklich zu stande, so daß solches am 10ten Juny 1776 bezogen werden konnte. Da der Bau schon weit fortgerückt war, und die Nikobaren sahen, daß es Ernst damit wurde; so erwachte bey ihnen das Mißvergnügen darüber aufs neue; und es ging so weit, daß die Brüder die Verwüstung ihrer mühsamen Arbeit, und andere Beleidigungen von ihnen erwarten muß. Einmal erfuhren sie bey einbrechender Nacht, daß man sie mit einem Ueberfalle bedrohe, und hielten daher die Wache. Sie empfahlen sich übrigens Gottes Schutz, da sie von aller menschlichen Hülfe entblößt waren. Er behütete sie auch, und endlich besannen sich die Eingebornen, so daß die Brüder ihr neues Haus ungestört beziehen konnten.

Die Sprache der Nikobaren konnten sie immer noch nicht genugsam erlernen. Es wurde ihnen um so schwerer, weil sie, außer Geschäften, fast keinen Umgang mit den Nikobaren haben konnten, die gemeiniglich nur um Tabak bettelten, und, wenn man ihnen nicht zu Willen war, das Gespräch bald abbrachen, auch überhaupt nicht geneigt schienen, sie in ihrer Sprache zu unterrichten. Dazu kam der fortdaurende kränkliche Zustand der Brüder, der ihr Gedächtniß schwächte, und die Menge der häuslichen Verrichtungen, wobey jeder, da ihrer so wenige waren, zugreifen mußte, welches zum Sprachlernen wenig Zeit übrig ließ. Auch bemerkte man eine solche Mangelhaftigkeit der Sprache, die es sehr schwer machen

chen

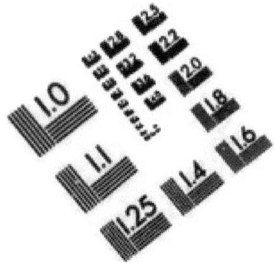

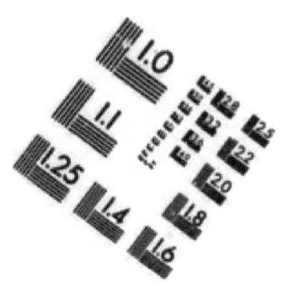

IMAGE EVALUATION
TEST TARGET (MT-3)

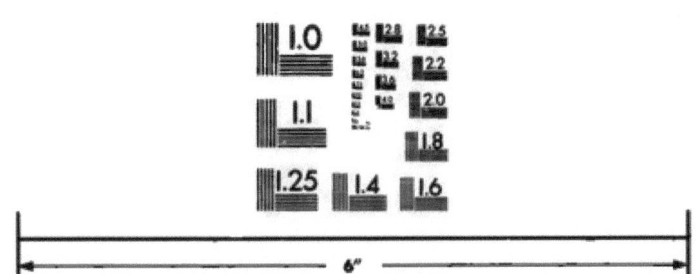

6"

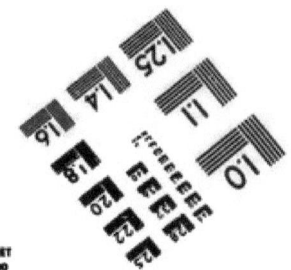

Photographic
Sciences
Corporation

23 WEST MAIN STREET
WEBSTER, N.Y. 14580
(716) 872-4503

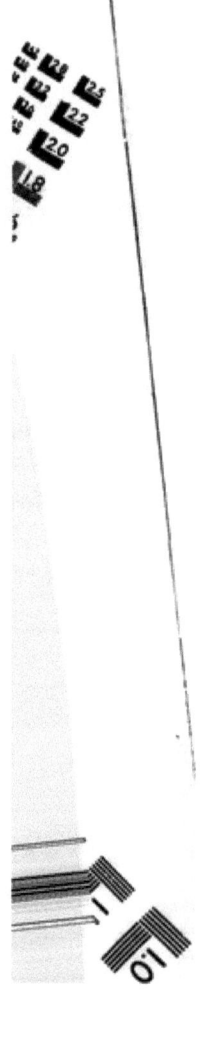

then wurde, eine zusammenhängende Rede ohne
Zweydeutigkeit auszudrücken. Indeß versuchten
doch einige Brüder, so gut sie konnten, den armen
heidnischen Einwohnern ihren Schöpfer und Erlöser bekannt zu machen; sie fanden aber wenig Eingang damit.

Der Bruder Völker, (D. Cranz Völk. H.
S. 239.) welcher dasiger Missions-Anstalt seit ihrem Anfange vorgestanden hatte, entschlief am
13ten September 1770, und das Jahr darauf
folgten ihm die Brüder Lützen H. und
Hardingen. Letzterer hatte vorzüglich einen häufigen Umgang mit den Eingebornen unterhalten.
Einer derselben schien wirklich einen Eindruck vom
Evangelio bekommen zu haben, und man faßte jetzt
mehr als jemals Hoffnung, daß die Erweckung
de zur Bekehrung einiger Nikobaren nahe seyn
möchte. Der gute Anschein verschwand aber gar
bald wieder.

§. 127.

Ehe die noch übrigen drey Brüder eine Nachricht
von Tranquebar bekommen hatten, ereignete sich die ganz unerwartete Erscheinung der
Römisch Kaiserlichen Fregatte Joseph und The-
resia, in dem Hafen bey Nancauwery, welche
den 6ten Juny 1778 daselbst ankam, und am 1 2ten
July im Namen des Kaisers Josephs von sämmt-
lichen Nikobarischen Inseln Besitz nahm, auch
auf einer derselben, Sombreiro, von den Nikobaren Kantaga genannt, die zunächst an Nancauwery liegt, eine Kolonie zurück ließ. Den
Brü-

Brüdern begegneten die Officiers der Fregatte mit
aller Bescheidenheit. Der Kapitain wollte gern
einen von den Brüdern nach der Malabarischen
Küste mitnehmen, woselbst, seiner Versicherung
zufolge, ein Platz, Namens Pakampūrarti,
ohnweit Goa, im Namen des Römischen Kaisers
in Besitz genommen worden, indem der dort zu-
rückgebliebene Anführer dieser Unternehmung, der
Obristlieutenant von Bolts, wegen der auf den
Nikobarischen Inseln zu errichtenden Niederlassung selbst mit einem der dasigen Brüder zu reden
wünschte. Die Brüder aber lehnten diesen Antrag, der mit ansehnlichen Versprechungen begleitet wurde, gänzlich ab.

Wenige Tage nach der Abfahrt der Kaiserlichen Fregatte, die zu Anfang Septembers erfolgte, trafen ein paar Brüder von Trankebar in
Nancauwery ein, welchen in den nächsten Jahren mehrere folgten. Dem ohngeachtet war die
Anzahl der Brüder auf dieser Insel fast immer sehr
gering, da einige derselben aus der Zeit gingen,
andere aber sich wieder hinweg begaben.

Auf Befehl und im Namen der Regierung in
Trankebar gaben die Brüder im November 1779
bey den auf Sombreiro befindlichen Kaiserlichen,
welche eben eine Verstärkung erhalten hatten, gegen deren Besitznehmung der Nikobarischen Inseln eine Protestation ein, versammleten auch die
Kapitains der nächsten Nikobarischen Dörfer, und
zeigten ihnen an, daß der König von Dännemark
alle Nikobaren unter seinen Schutz nehme, wo-
für letztere durch ein, in ihrem Namen aufgesetz-
und

und von ihnen selbst unterzeichnetes Schreiben ihre
Dankbarkeit bezeugten. Man konnte aber dadurch
nicht verhindern, daß kurz darauf die Nikobarischen Einwohner von den Kaiserlichen gemißhandelt
wurden. In der Folge nahm auf Ersuchen der
Regirung einer von den Brüdern den Charakter
eines Königlich Dänischen Residenten auf Nikobar an.

§. 128.

Da das Schiff, dessen sich die Brüder in Trankebar bisher zur Fahrt nach Nikobar bedient hatten, unbrauchbar wurde; so schafften sie
ein größeres an, welches die Schnau Nikobar
hieß, und 1780 zum ersten male glücklich in Nancauwery ankam. Als solches aber im nächstfolgenden Jahre wiederum ein paar Brüder dahin
bringen sollte; so fiel es auf der Rhede von Junksalon oder Jungceylon, nachdem der Schiffer
aus Unkunde oder aus Absichten die Einfahrt von
Nancauwery verfehlt hatte, einem Französischen
Käper in die Hände, welcher, aller Vorstellungen
ohngeachtet, solches unter dem ungegründeten
Vorwande, daß Englisches Eigenthum darauf sey,
wegnahm, und mit der ganzen Ladung nach Isle
de France oder St. Mauritius aufbrachte. Die
Brüder wurden nebst dem Kapitain und Steuermann in Junksalon an Land gesetzt. Hier mußten sie beynahe fünf Monate lang bleiben und viele
Beschwerlichkeiten ausstehen. Mit Mühe erhielten sie ein kleines Maleytsches Fahrzeug, mit welchem sie am 28sten Februar 1782 die Insel verließen,

fen, und am 8ten Merz Tranenbar erreichen. Der eine Bruder, der nun zur Begleitung
wie vorhin war, setzte in einem dem Fahrzeuge
seine Reise nach Tranenbar fort, woselbst er
nach vieler Gefahr am 17ten April eintraf.

Die bisherigen Bemühungen der Brüder
zur Unterhaltung der Gemeinschaft mit Nikobar
hatten bereits ihre Kräfte überstiegen; und
der Verlust, welchen sie durch die Wegnahme
ihres Schiffes litten, machte es ihnen vollends
unmöglich, hinfüro etwas in dieser Absicht zu
thun. Sie wurden daher, auf die Nachricht von
dieser Begebenheit, im December 1782 bey dem
Königlich Dänischen Hofe in Kopenhagen, eine
unterthänigste Vorstellung der zu Besorgung der
Missionen der Brüder Unität verordneten De-
putation eingeben, daß es den Brüdern zu
schwerem falle, sich länger in Nikobar zu halten,
wenn nicht diese Colonie aufs neue in Besitz genommen und von Königlichen Schiffen, so daß
worinnen sich, daß auf letzteren zugleich das zum
nothwendigen der Mission erfoderliche an Provision und andern Effecten nebst hin und her
kommen, und die unterhaltliche Communication
beständig offen gehalten werden könnte. Diese
Bitte wurde ausführet, und im Weg
aus bey dem Königlichen General-Land-Oeco-
nomie und Commerz Collegio nachdrückliche Versicherung erhielt, daß desfalls bereits an die Regierung zu Tranenbar der erfoderliche Befehl ergangen sey. Auch erfolgte mit großer Bereit-
willigkeit die erbetene Vermittelung bey der

A a Fran-

Französischen Hofe wegen Zurückgabe des, mit
Unrecht weggenommenen Schiffes samt dessen
Ladung; die von so gutem Erfolge war, daß von
dem Prisen-Gerichte zu Paris der Evangelischen
Brüder-Mission in Trankebar die Wiedererstat-
tung von Schiff und Gut zuerkannt wurde. Da
man jedoch voraus sahe, daß solche nicht so bald
erfolgen konnte; (wie denn der Eigenthümer des
Kapers die Ausführung vorgedachten Urtheils
durch mancherley Ausflüchte noch bis jetzt auf zu
halten gewußt hat;) so wurde aus besonderer
Königlicher Gnade die Reinigung zu Trankebar
angewiesen, dasigen Brüdern mit einem Vor-
schuß zu Statten zu kommen.

§. 129.

Unterdessen befanden sich die wenigen Brüder
in Nankauwery in einer sehr mißlichen Lage. Die Eingebornen sahen sie als verlassene
Leute an, da sie von Trankebar so schlecht unterstützt wurden, und fingen daher an, ihnen un-
freundlicher, als sonst, zu begegnen. Die Kaiserlichen, die sich ganz nahe bey ihnen niedergelassen hatten, suchten, wiewol vergeblich, sie
dahin zu bewegen, daß sie dem Schutze des Kaisers sich unterwerfen sollten. Endlich wurden,
vom Jahre 1781 an, die Nikobarischen Inseln
von den Maleyen stärker, als sonst, befahren.
Vom Februar bis in die Mitte May gedachten
Jahres hielten sich sieben stark bemannte Schiffe
von dieser Nation daselbst auf; und es schien, als
wollte der Maleyische König von Queda auf der
Ost-

Ostküste eine Niederlassung auf diesen Inseln errichten; wozu ihn die Menge der dort befindlichen
Ostindischen Vogelnester und Seewürmer anrei-
zen konnte. Beydes sind sehr gangbare Handelswaaren, da letztere von den Chinesern, so wie
erstere auch von den Europäern stark gesucht und
theuer bezahlt werden. Vorgedachte Maleyische
Schiffe sollen während ihres Aufenthalts in
Nikobar wenigstens zweytausend Pfund von besagten Vogelnestern erhalten haben. Den Brüdern verursachten diese Malayen viele Noth und
Schrecken; zumal da sie selbst von einigen gutgesinnten unter denselben erfuhren, daß man damit
umgehe, sie zu überfallen, zu plündern, vielleicht gar zu ermorden, oder gefangen nach Queda zu führen. Man kann sich vorstellen, wie
den Brüdern zu Muthe gewesen seyn muß, da sie
von diesen Leuten, welche überhaupt, wie man
ihnen nachsagt, einen Mord ohne Bedenken begehen, wenn sie nur einen Plaster dadurch zu gewinnen hoffen, mehrmals mitten in der Nacht
Besuche erhielten. Vom 20sten Juny 1781 an,
da einer von den Brüdern aus der Zeit ging, waren nur noch zwey übrig, bis im Merz des folgenden Jahres obgedachtermaßen ihre Anzahl
verdoppelt wurde. Auch ihren Koch und ihren
Zimmermann hatten sie durch den Tod verloren.
Sie selbst waren meist abwechselnd krank, und
in diesem verlassenen Zustande der Willkühr der
Eingebornen und der wieder dahin kommenden
Malayen Preis gegeben. Doch GOtt beschützte
sie, daß ihnen kein Leid wiederfuhr.

Im

Im May 1780 schickte man aus dem Brüdergarten einen Vorrath von allerhand Bedürfnissen für die Brüder in Nancauwery mit einem Schiffe, welches auf Befehl der Regierung zu Trankebar bey seiner Reise nach der Ostküste diese Insel berühren sollte. Aber letzteres geschahe nicht; die Waaren wurden in Atschin auf Sumatra ausgeladen, und blieben da liegen; so daß den Brüdern auf Nikobar nicht geholfen wurde, und der zu diesem Zwecke gemachte Aufwand verloren ging.

§. 130.

In Egypten setzte Winiger seine Besuche unter den Kopten auf dem Lande von Knaur aus fleissig fort. Er wiederholte solche des Jahrs zwey bis dreymal, und brachte jedesmal etliche Monate damit zu. Ein paarmal ging der Bruder Roller mit ihm nach Behnesse, und hielt sich dort eine Zeit lang auf, um in der Arabischen Sprache so viel Fertigkeit zu erlangen, als er zu seiner medicinischen Praxis nöthig hatte. Allein dieser geschickte Arzt endete bereits im August 1778 seinen Lauf.

In Behnessa, wo Winiger seinen gewöhnlichen Aufenthalt hatte, und von wo aus er in einigen andern Dörfern besuchte, wurde auf Michael Baschara's (S. 58.) Veranstaltung und auf dessen Grund und Boden, im November 1775 eine kleine Wohnung zum Gebrauch der dort bestehenden Brüder erbauet. Nur erwehnter Kopte war noch immer derjenige, bey wel-

welchem das Zeugniß des Evangelii den tiefsten
Eindruck gemacht zu haben schien; seine Aeußerungen über die von JEsu erfahrne Gnade, und
über sein Verlangen, darin fortzugehen und weiter zu kommen, waren so beschaffen, daß man
nicht zweifeln konnte, sie gingen ihm von Herzen.
Vier andere besuchten Winigern alle Abend, da
er ihnen theils aus der heiligen Schrift, theils
aus einigen erbaulichen Reden, welche der Bruder Hocker ins Arabische übersetzt hatte, vorlas,
und sich über ihren Herzenszustand mit ihnen besprach; und er konnte Hoffnung fassen, daß solches nicht ungesegnet seyn werde. Auch mehrere
fanden sich zuweilen zu diesen Abendversammlun-
gen ein. Außerdem hatte er öfteren Besuch von
Kopten, und besuchte sie wiederum in ihren Häusern. Viele schienen seinem Evangelischen Zeugnisse nicht nur mit dem Munde Beyfall zu geben,
sondern auch davon im Herzen gerührt zu seyn,
bey verschiedenen aber zeigte der Erfolg, daß es
entweder Heucheley, oder doch der Eindruck, den
sie bekommen hatten, nicht dauerhaft gewesen
sey. So hörte z. E. ein Oberpriester aus Fäsch,
bey einem Besuche in Behnesse dasjenige, was
ihm Winiger von dem alleinigen Grunde unserer
Seligkeit sagte, mit großer Rührung an, und
bat sehr um einen Besuch in seinem Dorfe. Als
aber Winiger bald darauf, dieser Einladung
zufolge, dahin kam; so fand er diesen Mann so
ganz geändert und kaltsinnig, daß er ihm nicht
einmal eine Herberge verschaffen wollte.

Bey

Bey manchen Gelegenheiten zeigte sich, wie eifrig die Kopten ihren abergläubischen Gebräuchen und Ideen ergeben sind.

Roller rieth einem jungen Menschen, wegen seines bösen Halses sich mit Milch zu gurgeln. "Behüte GOtt," sagte einer der Anwesenden, "das thue doch ja nicht! wie leicht könntest du von der Milch etwas verschlucken; und wie würdest du das verantworten können, da jetzt die großen Fasten sind."

Ein Mann fand Winigers Zeugniß von JEsu sehr lieblich und tröstlich; daß aber letzterer, wie er gehört hätte, an das Licht, welches im heiligen Grabe zu Jerusalem alljährlich am Abend vor Ostern erscheine, nicht glaube, das befremdete ihn sehr.

Noch ein Beyspiel, wie wenig die meisten Kopten das zu Herzen nähmen, was sie vom Evangelio hörten. Salib Ibrahim, bey welchem der selige Danke vier Monate lang im Hause gewohnt und täglich vom Glauben an JEsum Christum und der Vergebung unsrer Sünden in seinem Blute geredet hätte, war so wenig dadurch in seiner Erkenntniß gebessert, daß, als Winiger ihm einst vorstellte, er würde nie zu einem seligen Zustande gelangen, wenn er nicht alle seine eigene Gerechtigkeit JEsu zu Füßen legen und allein um Seines Verdienstes willen um Gnade und Barmherzigkeit flehen und auf dieselbe hoffen wollte, er voller Unwillen ausrief: Also soll alles das, was man den Armen gibt und an die Kirche und Priester wendet, einem nichts nützen?
- Und

Und als Winiger ihn durch verschiedene Schrift-
stellen zu überzeugen suchte, ging er ganz ver-
drießlich von ihm, mit den Worten: Du lehrest
ganz fremde Dinge. Dieser Mann widerstand
auch in der Folge Winigern sehr heftig, und
warnte andere Kopten vor ihm als einem Irr-
lehrer.

§. 131.

Da die Evangelische Lehre, welche Winiger
vortrug, der Werkheiligkeit, die bey den
Kopten so sehr geachtet wird, gerade widerspricht;
so mochten freylich mehrere ihn als einen Verfüh-
rer betrachten und anfeinden, ob sie gleich äußerlich ihm schmeichelten, und ihre wahre Gesinnung nur selten zum Vorschein kam. Einst sagte
ihm iedoch ein freundschaftlich gesinnter Priester
zu Behnesse, sie hätten einen Brief von Kairo
bekommen, darin es hieß: sie sollten sich hüten
vor denen, die in Schafskleidern zu ihnen kämen,
inwendig aber reißende Wölfe wären, nemlich
von denen von der Englischen *) Brüdergemeine,
die schon viele Jahre bey ihnen aus- und eingin-
gen und sie zu verführen suchten. Wenn sie solche nicht von sich hinaus ließen; so wollte man es
dem Patriarchen anzeigen, welches den Kopten
in Behnesse zu großem Schaden gereichen würde. Die Sache hatte indeß keine weitere Folgen.
Uebrigens erwiesen die Koptischen Geistlichen
dem Bruder Winiger eben so viele Achtung, als
A a 4 ver-

*) Im vorigen Abschnitte ist bereits bemerkt, daß die
Brüder in Kairo als Engländer angesehen wurden.

vormals dem seligen Danke. Im Februar 1777
machte Winiger dem Bischofe, der nach Behnesse gekommen war, seine Aufwartung. Der
Bischof ließ ihn neben sich sitzen, und unterhielt
sich mit ihm über den Zustand von Abyssinien,
über die Verfassung der Brüdergemeine, und
dergleichen. Die anwesenden Priester gaben
Winigern das Zeugniß, daß er alle Kopten von
Herzen liebe und ihnen den rechten Weg zur Seligkeit zeige; worauf der Bischof erwiderte: Fol-
get demnach seinen Worten, und habt ihn wiederum lieb. Des Bischofs Bruder gab Winigern einen Gegenbesuch, und als er von letzterem
den Zweck seines Aufenthalts an diesem Orte vernahm, so rief er aus: Wo ist wol jemand zu finden, der um Christi willen Kälte und Hitze, Hunger und Durst aussteht, wie dieser unser Bruder Georgius? GOtt wird deine Arbeit nicht
vergeblich seyn lassen.

Im November 1781 hatte Winiger in Behnesse Gelegenheit, mit einem auf der Wallfahrt
nach Jerusalem durchreisenden Abyssinier zu reden. Die Frage, ob es ihm lieb seyn würde,
wenn ein paar Brüder in sein Land kämen, be-
jahte er, mit dem Beyfügen: wenn es Uhrmacher wären, so wollte er sie selbst zum Könige
bringen, und sie würden große Ehre genießen.
Als Winiger erwiderte, daß dieses die Absicht
der Brüder nicht sey, sondern daß sie nur wünschten, ihnen den HErrn JEsum verkündigen zu
können, so sagte jener darauf: den HErrn JE-
sum kennen die Abyssinier besser als andre Christen;

stenz, und außerdem würden die Brüder nichts
von Religionssachen reden dürfen; denn die Priester würden es sogleich bey der Obrigkeit anzeigen; und dann müßten die Brüder das Land
räumen, oder würden gar getödtet werden. Der
Priester wären so viele, daß man kaum mit jemand reden könne, ohne daß einer von ihnen dabey wäre. In einem Dorfe von der Größe, wie
Behnesse, wären wenigstens sechzig bis siebenzig
Priester. Jedermann bestrebe sich, Priester zu
werden, weil er alsdann nicht mehr dem Könige
den Zehnten geben dürfe.

§. 132.

Der Aufenthalt unter den Kopten und sonderlich die Reisen waren mit mancherley Beschwerden und Gefahr verknüpft. Oefters war
Winiger bey der Schiffahrt auf dem Nil von
lauter Muhammedanern umgeben, welche die
Christen äußerst verachten und anfeinden, und
auch ungestraft sie mißhandeln können. GOtt
schenkte ihm Gnade, sich so weislich gegen sie zu
betragen, daß er sich ihre Achtung erwarb.

Einmal fiel ihm eine Gesellschaft von Arabern, mit denen er reisete, mit ihren spöttischen
und unzüchtigen Reden sehr beschwerlich. Er erklärte ihnen ernstlich: er habe keinen Gefallen an
der Sünde; wer Sünde thue, sey vom Teufel,
und werde nicht ungestraft bleiben; denn der
Tod sey der Sünden Sold. Hierauf verstumm-
ten sie; und ließen ihn von da an in Ruhe.

Ein

Ein andermal befand er sich sechs Tage lang unter mehr als dreyßig Personen, meist Muhammedanischen Geistlichen, die nach dem Grabe eines Heiligen wallfahrteten. Tag und Nacht verbrachten sie mit tanzen, singen und pfeifen, wobey sie in ihren Gesängen alle Christen bis in die unterste Hölle verdammten. Er mußte solches geduldig anhören; denn man darf nichts gegen ihre Religionslehren einwenden; sonst können sie einen auf der Stelle todtschlagen. Sie waren dabey gegen ihn sehr freundlich, und sagten immer: "O Meister, es ist Schade, daß du kein Moslem bist; du würdest ein recht braver Schech (Geistlicher) werden; denn es gehet kein böses Wort aus deinem Munde, und du bist doch ein Christ; das ist ein Wunder." Er erwiderte: "Das kommt aus meinem Glauben her, den ich im Herzen habe. "Glaubst du denn auch," fragten sie dann, "daß JEsus Christus GOtt ist?" Antwort: "Das glaube ich von ganzem Herzen, daß Er mein GOtt und Heiland ist, der mich erlöset hat, und kann mich vor allem Bösen bewahren." "Das glauben wir nicht," sagten sie darauf, "daß Er GOtt sey." "Das weiß ich wohl," erwiderte Winiger, "daß ihr das nicht glaubet; darum seyd ihr Moslems, und ich bin ein Christ."

In Behnesse selbst war Winiger mehrmals ein Zeuge von der traurigen Lage der Einwohner in Egypten unter der grausamen und ungerechten Oberherrschaft der Türken.

Im

Im May 1778 kam ein Kaschef oder Befehlshaber mit dreyhundert Mann von Kairo dahin, um diesen Ort nebst vier andern Dörfern durch Plünderung zu züchtigen, weil die Einwohner eines andern Dorfs, das sich gegen einen Kaschef aufgelehnt hatte, dahin geflüchtet seyn sollten. Die Sache wurde jedoch durch Zahlung einer Summe Geldes vermittelt.

Im September 1780 war Behnesse der Plünderung von einiger Kriegsmannschaft des Murad Bey ausgesetzt, welche sich einen Tag daselbst aufhielt. Winiger verriegelte seine Stubenthür; alle Wohnungen um ihn herum wurden erbrochen, die seinige aber verschont, vermuthlich, weil ihr schlechtes Ansehen die gierigen Krieger nicht reizte. Die Loosung des Tages war ihm dabey anmerklich; sie hieß: Du hältst Deine Hand über mir.

Der öfters erwähnte Michael Baschara war als Schreiber oder Einnehmer von verschiedenen Dörfern der üblen Behandlung seiner türkischen Herren besonders ausgesetzt. Im Jahre 1779 gab ihn der Kaschef von Behnesse fälschlich an, als hätte er Gelder untergeschlagen, die er doch richtig an ihn abgeliefert hatte. Zum Glück konnte er seine Unschuld durch die von dem Kaschef selbst empfangene Handschrift darthun, mußte aber dennoch die Rache seines beschämten Verläumders fürchten. Eine neue Gefahr drohete ihm im Juny 1782, da ein Kaschef ihn in Ketten und Banden legen ließ, weil etwas an der Summe fehlte, die er zu entrichten hatte, und dabey

dabey schwur, ihn noch denselben Tag umzubringen, wofern er das Geld nicht schaffte. Durch Vermittelung eines andern Türken erhielt er jedoch seine Freyheit wieder. Von einem andern Kaschef wurde im July desselben Jahres Behnesse abermals gebrandschatzt.

Noch ein Umstand, der Winigers Aufenthalt unter den Kopten gefährlich machte, war die unter den Muhammedanischen Einwohnern in Egypten herrschende Meynung, daß die Europäer, welche sich dahin ins Land begeben, keine andere Absicht haben, als die vor alten Zeiten vergrabenen Schätze zu suchen. Man sagte von Winiger, er sey ein Nachkomme der alten Römer oder Griechen, und habe Documente von seinen Vorfahren, worin die Orte angegeben wären, die die Schätze enthielten, welche er holen wollte. Mehr als ein Muhammedaner sagte ihm dieses ins Gesicht, mit dem Beyfugen, er sollte sie nicht für so einfältig halten, daß sie sein Vorgeben glaubten, er sey gekommen, um den Kopten den Weg zur Seligkeit zu weisen.

§. 133.

Nachdem, außer Roller, noch keiner von den Brüdern in Kairo im Jahre 1778 seinen Lauf vollendet hatte; so begaben sich aufs neue drey Brüder dahin. Sie gingen im October 1779 von Rotterdam nach Livorno mit einem Holländischen Schiffe ab, welches aber im November in der Straße von Gibraltar durch ein paar Spanische Fregatten angehalten und nach

Alge-

Algesiras aufgebracht wurde. Da man hoffte,
daß selbiges bald würde freygegeben werden; so
wollten die Brüder solches abwarten. Es verzog
sich jedoch damit allzulange; daher sie im Februar 1780 mit einem Schwedischen Schiffe
nach Neapel, und sodann von da nach Livorno
reiseten. Hier fanden sie bald Gelegenheit, nach
Alexandria, von wo sie den 25sten Juny glücklich
in Kairo ankamen.

Von Ostern bis zu Johannis 1781 verschlos-
sen sich die dasigen Brüder, gleich andern Franken, wegen der Pest, die gegen funfzigtausend
Menschen in Kairo und der ohnweit davon gelegenen Stadt Bulak wegraffte.

Die Bey's oder Herren in Egypten lagen
fast beständig im Streite mit einander, und es
behielt bald diese, bald jene Parthey die Oberhand. Diese häufigen Veränderungen in der
Regirung waren Ursache, daß Recht und Gerechtigkeit schlechter als sonst gehandhabt wurden,
und die Großen sich immer mehr Gewaltthätigkeiten, nicht nur gegen die Landeseinwohner, sondern
auch gegen die Franken, erlaubten. Aus dieser
Ursache entfernte sich 1777 der Französische, und
im nächstfolgenden Jahre der Venetianische Consul von Kairo, so daß die Europäer, die sich
noch daselbst aufhielten, von da an keinen Consul
mehr hatten, der sie beschützte. Bey verschiedenen Gelegenheiten wurden ihnen große Summen
Golds abgefodert, und sie waren endlich den
Mißhandlungen der Türken so ausgesetzt, daß
sich niemand von ihnen gern aus dem Hause wag-
te.

te. Auch die Brüder machten unangenehme
Erfahrungen davon. Insonderheit hatte Johann Antes im November 1779 das Unglück,
einem Bey in die Hände zu fallen, welcher, um
Geld von ihm zu erpressen, ihn mit Schlägen
auf die Fußsohlen sehr mißhandeln ließ, endlich
aber, da er sahe, daß er seinen Zweck nicht erreichte, ihn doch wieder frey gab. Daß auch
Winigers Aufenthalt unter den Kopten immer
unsicherer wurde, ist aus dem vorhergehenden §.
zu ersehen.

Alle diese Umstände machten die Brüder in
Egypten bedenklich, ob sie ihren Aufenthalt in
diesem Lande verlängern sollten. Vorgedachter
Johann Antes, welcher im Jahre 1782 nach
Deutschland kam, um dem Synodo beyzuwohnen, legte demselben diese Angelegenheit zur Berathung vor. Der Schluß des Synodi fiel,
nach reifer Ueberlegung, dahin aus, daß die
Brüder aus Egypten abgerufen, und für die Zeit
keine wieder dahin geschickt werden sollten, weil
ihre Lage daselbst dem Anscheine nach immer ge-
fährlicher werden, und wol nicht möglich seyn
würde, die angefangenen Versuche unter den
Kopten ferner fortzusetzen. Aus dem Erfolge
war die weise Leitung des HErrn hiebey aufs
deutlichste wahrzunehmen. Hocker, der seit dem
Jahre 1768 sich in Kairo eigentlich in der Absicht aufgehalten hatte, um eine Gelegenheit zu erwarten, daß er oder andere Brüder nach Abyssinien kommen und dort Frucht schaffen könnten,
(wozu jedoch, nach allen Nachrichten, die man

von

von diesem Lande erhielt, die Hoffnung gänzlich
verschwand,) vollendete selten Lauf im August
1782, noch ehe die Brüder in Kairo ihren Abruf erhielten, und beschloß also diesen Plan, zu
dem er die eigentliche Veranlassung gewesen war.
Erst zu Ende Februar 1789 ersahen die Brüder,
welche noch in Kairo übrig waren, aus den erhaltenen Briefen ihren Abruf; und eben um diese Zeit wurde der Aufenthalt daselbst immer ge-
fährlicher. Man redete sogar von einer bevor-
stehenden Plünderung in Kairo, die sonderlich
die Franken betreffen sollte. Die Brüder waren
indeß so glücklich, ihre Sachen bald in Ordnung
zu bringen; und nachdem Winiger noch mit seinen Bekannten unter den Kopten schriftlichen Abschied gemacht hatte, begaben sie sich am 24ten
May von Bulak zu Schiffe nach Rossette, und
von weiter nach Alexandrien, von wo aus sie
ihre Reise über Livorno nach Deutschland fortsetzten.

§. 134.

Der Synodus wurde diesesmal in dem herr-
schaftlichen Hause zu Berthelsdorf, ohnweit Herrnhut, gehalten, welches in der Geschichte der erneuerten Brüder-Unität, wozu hier
gleichsam der Grund gelegt wurde, (s. D. Cranz
N. B. H. S. 203.) so merkwürdig ist. Die
Versammlung bestand aus ein und achtzig Personen. Aus Amerika konnte diesesmal niemand
kommen; die dasigen Gemeinen hatten aber den

Bischof

Bischof Reichel, der erst daselbst gewesen und mit allen ihren Umständen genau bekannt war, (§. 78.) zu ihrem Deputirten ernannt. Am 2ten August 1789 wurde der Synodus unter einem durchdringenden Beweise der Gnadengegenwart Gottes eröffnet. Man wendete sich im Gebet zum HErrn, flehte Ihn um seinen Segen zu den Ueberlegungen seiner Diener, um seln Wandeln in ihrer Mitte, und um den treuen Beystand seines heiligen Geistes herzlich an, und konnte die Erhörung dieser Bitten gläubig hoffen. In dieser Zuversicht schritt man zu den Synodal-Geschäften und Ueberlegungen. Man erwog, nach Anleitung der vorhergehenden Synodal-Verlasse, und seit dem letzten Synodo die Angelegenheiten der Brüder-Unität überhaupt besorgt, und wie die einzelnen Gemeinen und deren verschiedene Abtheilungen, die Missionen und andere Anstalten bedient worden, verglich alles mit den Vorschriften, die theils in der heiligen Schrift zu finden sind, theils aber, nach der bisherigen Führung des HErrn mit seinem Brüdervolke und nach vieljähriger Erfahrung, auf den vorigen Synodis gemacht worden waren, und suchte, wo es nöthig war, noch zweckmäßigere und der Absicht GOttes mit den Brüdergemeinen beförderlichere Einrichtungen zu treffen. Ins ganze fand man viel Ursache zum Lobe GOttes für die Gnade, die sich auch diese Zeit hindurch so vielfältig an der Brüder-Unität bewiesen hatte, aber auch viel Ursache, sich zu schämen, daß man noch so viele Mangelhaftigkeiten wahrnahm,

nahm, wodurch der Ruhm an Christo geschmälert wurde.

Unter andern erinnerte man sich dankbarlich des Segens, der durch die Herausgabe der Idea fidei fratrum und des neuen Brüdergesangbuchs in und außer den Brüdergemeinen geschaffet worden ist. Erstgedachte Schrift hatte insonderheit viel dazu beygetragen, daß mehrere treue Bekenner des Evangelii in den protestantischen Religionen die Brüdergemeine, von deren richtigem Lehrgrunde sie sich nun vollkommen überzeugten, als eine heilsame Anstalt zur Ausbreitung der Erkenntniß Christi auf dem Erdboden gehörig schätzten, und sie mit ihrem Segen begleiteten. Nachstehende schriftliche Aeußerung eines angesehenen Lehrers der Evangelischen Kirche vernahm der Synodus mit vielem Vergnügen. „Fest wollen wir uns an einander anschließen, uns auf den Fels des Heils, JEsum und seine blutige Versöhnungsgnade immer tiefer zu gründen, in täglicher Erfahrung des Lebens im Glauben des Sohnes GOttes, der uns geliebet und sich selbst für uns dargegeben hat, mit Ihm immer inniger und vertrauter zu werden, Ihn immer brünstiger zu lieben, und aus Liebe zu Ihm uns Ihm ganz mit Seele, Leib und Leben, und allem, was wir sind und haben, zum Opfer hinzugeben; Ihn aber auch, weil wir von Herzen glauben, getrost zu bekennen. Das sey der Bund zwischen mir und Ihnen, und zwischen allen denen in ihrer lieben Gemeine, die auf einem und demselben Grunde stehen. Ich bete in der Stille den

Bb
den

den großen Heiland an, der mitten unter seinen
Feinden herrschet, und eine lebendige Gemeine
sich gesammlet, erhalten und beschützet hat, auch
erhalten und beschützen wird, bis zum Tage seiner
Zukunft, worin das Wort vom Kreuz das ewige Depositum, und eine Beylage ist, die keine
Macht der Finsterniß ihr rauben kann und darf."

Je mehr die redlichen Absichten der Brüder
von rechtschaffnen Lehrern der protestantischen
Kirche erkannt wurden, desto angenehmer war
es letzteren auch, wenn die erweckten Seelen unter ihren Kirchkindern zu Beförderung der Geistesgemeinschaft und der Anfassung unter einander in Bekanntschaft mit den Brüdergemeinen
kamen und Besuche aus denselben erhielten. Der
Synodus nahm daher mit Vergnügen wahr,
daß der Fälle, da treue Zeugen des Evangelii ihre
erweckten Zuhörer von der Gemeinschaft mit den
Brüdern zurückhielten, immer weniger wurden.
Desto angelegentlicher war dessen Wunsch, daß
alle, die in den Brüdergemeinen besuchen, an
dem Wandel der Gemeinglieder wahre Erbauung im Glauben und in der Liebe Christi durchgängig finden und sehen möchten.

Die Erziehung der Kinder in den Brüdergemeinen, die Schulen und Anstalten zu diesem
Behuf, waren ein wichtiger Gegenstand der
Ueberlegungen des Synodi. Man fand, daß es
an hinlänglicher Entwickelung und deutlicher und
vollständiger Darlegung der Grundsätze einer dem
Sinne Christi gemäßen und zur Beförderung des
künftigen Wohlstandes der Gemeinen unum-

gänglich

gänglich nöthigen Kinderzucht nicht fehle. Dagegen bemerkte man hie und da einen Mangel an der treuen und gewissenhaften Ausübung der daraus hergeleiteten Vorschriften, und verband sich von neuem vor dem Angesichte JEsu, in dieser so wichtigen Angelegenheit, möglichste Treue zu beweisen.

Verschiedene auswärtige, zum Theil nur in entfernterer Verbindung mit der Brüdergemeine stehende Freunde, hatten öfters gewünscht, ihre Söhne den Brüdern zur Erziehung geben zu können, weil sie glaubten, auf die Weise am besten für sie zu sorgen. Die Brüder fanden aber viel Bedenken bey der Annahme solcher Knaben, deren künftige Bestimmung eben nicht war, als Glieder der Brüder-Unität sich deren Dienst zu widmen, in das Pädagogium der Unität, das eigentlich nur für diejenigen Knaben, welche gedachte Bestimmung hatten, errichtet worden war. Um dieser Schwierigkeit abzuhelfen, wurde jetzt vom Synodo beschlossen, ein zweytes Pädagogium zu errichten, worin Knaben von ersterwähnter Art unter der Aufsicht der Brüder eine ihren Umständen gemäße anständige Erziehung erhalten könnten. Der Herr Ober-Consistorial-Vice-Präsident, Freyherr, (nunmehriger Graf) von Hohenthal, hatte die Geneigtheit, die Direction dieses Pädagogii zu übernehmen, welches bald darauf in Uhyst in der Oberlausitz zu Stande kam, und bis daher zu besonderer Zufriedenheit derjenigen, welche diesem Institute Zöglinge anvertrauet haben, fortgeführt worden ist.

Ich

Ich übergehe viele andere Ueberlegungen, z. E. über die Reden und Nachrichten, die den Gemeinen zur Erbauung und Unterhaltung der Geistesgemeinschaft mitgetheilt werden; über das Verhalten der Gemeinen gegen ihre Obrig-keiten; über die Synoden; über das Liturgicum und die Kirchengebräuche; über die Kirchenämter und Ordinationen; über die Besorgung der äu-ßeren Bedürfnisse; nebst mehreren; und will nur noch folgendes erwehnen.

In Ansehung der Lehre befand der Syno-dus, daß in der idea fidei fratrum der Bestand der Brüder am Evangelio deutlich und nach der Einfalt dargelegt sey, und äußerte vornemlich den Wunsch, daß alle Lehrvorträge in den Gemei-nen durchgängig dahin übereinstimmen möchten, daß Christus Jesus ganz geprediget werde, und weder seine Gebote von seinen Gnadenverheissun-gen, noch diese von jenen getrennt werden.

Von den Missionen wurde dem Synodo ein umständlicher Bericht dargelegt, nach welchem dermalen hundert und fünf und sechzig Brüder und Schwestern bey denselben angestellt waren. Man war insonderheit bemüht, die Grundsätze, welche bisher bey der Missions-Arbeit mit Nutzen und Segen befolgt worden, zu einer Instruction für diejenigen, die ferner in dem Theile dienen sollten, zu sammlen. Es traf sich, daß der Ju-bel-Gedenktag des Anfangs der ersten Mission der Brüder, nemlich unter die Neger in St. Thomas, gerade in die Zeit fiel, da der Syno-dus versammlet war. Derselbe beging daher

diesen

diesen Tag, den 21sten Augnst, feyerlich mit Lob und Preise GOttes. für den großen Segen, den Er auf die Arbeit der Brüder unter den Helden gelegt hat, und mit inbrünstigem Gebete, daß Er ferner sich in Gnaden dazu bekennen wolle.

Die wichtige Verhandlung von den Gemeinen und deren Chören, und von der Pflege und Bedienung derselben, beschäftigte den Synodus geräume Zeit. Der besondere Gnadenberuf und Bestimmung der Brüdergemeinen wurde angelegentlich erwogen, mit dem sehnlichen Wunsche, daß alle Glieder derselben solchen unverrücklich im Auge behalten, und die Herzen durchgängig aufs neue angeregt werden möchten, dem vorgesteckten Ziele immer näher zu kommen, das uns vorhält die himmlische Berufung in Christo JEsu. Die Ueberlegungen des Synodi deßfalls bezogen sich vornemlich auf die treue Bedienung der Gemeinen ins ganze und in allen Theilen; auf die Zubereitung mehrerer brauchbaren Gehülfen zur Bedienung des Werkes GOttes; auf die Beförderung der Herzensgemeinschaft und Affassung der Glieder unter einander; auf die brüderliche Zurechtweisung derer, die auf Abwege gerathen; auf den nöthigen Ernst zu Verhütung und Entfernung alles dessen, wodurch die Gemeinen in Gefahr kommen würden, das vom HErrn ihnen geschenkte Kleinod zu verlieren und sich der Welt gleich zu stellen. Die anwesenden Diener der Gemeinen wurden dabey mit neuer Zuversicht erfüllt, daß Christus, als der Hirte, sich seiner Heerde selbst annehmen, das kranke

Bb 3

heilen,

delen, das schwache tragen, und eines jeden pflegen werde, wie es recht ist; welches sie zugleich
ermunterte, von neuem das Werk getrost anzufa-
sen und in ihrem Theile alle Treue zu beweisen.

Es wurde dann zu Berathung der Unität ins
ganze abermals eine aus drey Departemens bestehende Aeltesten-Conferenz der Unität ernannt, auch zur Besorgung der Bedürfnisse der
Missionen, ingleichen zur Aufsicht über die Erziehungsanstalten der Unität, besondere Collegia verordnet, und endlich die Angelegenheiten
der einzelnen Gemeinen erwogen, und wegen Besetzung der Aemter in denselben das nöthige ver-
fügt. Am 2ten October wurden drey Bischöfe,
ein Senior civilis und vier Conseniores civiles,
und am 21sten verschiedene Presbyteri und Dia-
koni ordinirt; auch erfolgte die Einsegnung einiger Schwestern zu Diakonissen. An eben diesem
Tage empfingen die versammleten Synodal-Mit-
glieder das heilige Abendmahl zum Siegel aller
während ihres Beysammenseyns vom HErrn erfahrnen Gnadenbeweise, und Tags darauf wurde der feyerliche Beschluß des Synodi mit dankbarer Erwegung der Segen, womit GOtt diese
Versammlung seiner Diener begleitet hatte, mit
einem rührenden Gebete, und in erneuerter Lie-
besverbindung, sich dem Dienste des guten HErrn
fernerhin zu widmen, gemacht, und zuletzt der
Segen des HErrn über die Versammlung aus-
gesprochen.

Regi-

Bb 4

An=

Atkin,

Böhmi=

E.

G.

Gale-

Gnas-

Gras-

Halb-

Hun-

  ein

Kabar=

Krieg

Michael

Quäker

R.

Schul=

Stern=

D b 5   paar

U.

Vincent,

B.

Vincent, (St.) Insel in Westindien 283.
Virginien, Brüder besuchen in dieser Provinz 64.
Völker, in Nikobar, stirbt 366.

W.

Wachau, Deputirte dahin 23. 55. Nachricht von
    dasiger Kolonie 61. 64. 236. sie wird von den
    Regulators bedroht 64. Marschall kommt zurück
    242. Reichel besucht daselbst 243. Kriegsnoth
    246. das Land wird den Brüdern zugesichert
    247.
Wagner, (Johann Georg) geht nach Georgien 67.
    wohnet in Silkhope 69. 248. kehrt zurück nach
    England 250.
Waiblinger, (Jakob) geht nach Labrador 315.
Waiblinger, (Johann Georg) Bischof der Schlesischen
    Gemeinen, stirbt 290.
Walch, (Consistorial-Rath D.) rückt die kurzgefaßte
    Nachricht ꝛc. in seine neueste Religions-Geschichte
    ein 10. desgleichen Spangenbergs Schrift von
    der Arbeit der Evangelischen Brüder unter den
    Heiden 218.
Wales, daselbst besuchen Brüder 51.
Wallfischfänger, verunglückte, werden von den Brü-
    dern in Grönland aufgenommen 331.
Wartatschin, Dorf im Kaukasischen Gebirge 342.
Watson, (Samuel) in Guinea, stirbt 177.
Watson, (Samuel) geht nach Antigoa 271. 282.
Wattewille, (Anna Dorothea von) reiset nach Ame-
    rika 226. 240. wird vermählt mit H. C. A. von
    Schweiniz 241.
Wattewille, (Friedrich von) 29. stirbt 211.
Wattewille, (Johannes von) besucht in Berlin und
    Rücksdorf 37. in Neudietendorf 38. in Ma-
    rienborn 40. in Neuwied 41. in Christiansfeld
    197.

Wohn,

Errata.

Seite 7. Zeile 3. statt überlassene lies überlassenes
— 12. — 5. von unten. statt werde lies würde
— 15. — 1, statt müste lies mußte
— 69. — 12. — Sillehope lies Silkhope
— 91. — 17. — Goschgoschünk lies Goschgo-
        sching
— 118. — 9. von unten. dele endlich
— 170. — 4. von unten. statt Scheichel Belad
        lies Scheich el Belad
— 205. in der Note: Zeile 12. statt aach lies auch
— 209. in der Note: Zeile 5. statt Chan Taischa
        lies Chân Taischa
— 223. Zeile 10. statt Englichen lies Englischen
— 231. — 4. — außer der lies außer den
— 234. — 17. lies verzeigte
— 248. — 9. nach Litiz — muß eingeschaltet werden: wo er vor einiger Zeit zum Dienst der umliegenden Gemeinen angestellt worden war,
— 301. — 2. von unten. dele daß
— 307. — 2. statt uach lies nach
— 316. — 4. — die Felle lies die nöthigen Felle
— — 11. von unten. statt wurden lies wurde
— 354. — 7. statt Ballasar lies Ballasor
— 355 — 4. von unten. statt Geringa lies Che-
        ringa
— 350. — 7. u. f. muß es heissen: Außer dem Wasser trinken die Nikobaren den Saft ze.
— 362. — 2. von unten. statt anch lies auch
— 364. — 12. — — unb lies und
— 369. — 4. — — Versicheruug lies
        Versicherung
— 372. — 4. — — uud auf lies und auf
— — 2. — — besuchenden lies be-
        suchenden
— 373. — 3. statt Aeußeruungen lies Aeußerungen
— 377. — 12. von unten. statt nnd lies und